UN
SOUFFLE
DE
CHANGEMENT

UN SOUFFLE DE CHANGEMENT

VISIONS D'UN MONDE NOUVEAU

STUART WILDE

Traduction de l'anglais par
Claire Perreau

Syntonisez Radio Hay House à HayHouseRadio.com

L'auteur de ce livre ne dispense aucun avis médical ni ne prescrit l'usage d'aucune technique en guise de traitement médical. Le seul but de l'auteur est d'offrir une information générale afin de vous guider dans votre quête de bien-être émotionnel et spirituel. L'auteur et l'éditeur ne doivent être tenus responsables d'aucune manière que ce soit de tout usage personnel des informations contenues dans ce livre.

Éditeur : François Doucet
Traduction : Claire Perreau
Révision linguistique : L. Lespinay
Correction d'épreuves : Isabelle Veillette, Nancy coulombe
Illustration de la couverture : Greg Harlin, WRH, Inc.
Illustrations : Robyn Wilde
Mise en page et montage de la couverture : Matthieu Fortin
ISBN 978-2-89565-664-7
Première impression : 2008
Dépôt légal : 2008
Bibliothèque et Archives nationales du Québec
Bibliothèque Nationale du Canada

Éditions AdA Inc.
1385, boul. Lionel-Boulet
Varennes, Québec, Canada, J3X 1P7
Téléphone : 450-929-0296
Télécopieur : 450-929-0220
www.ada-inc.com
info@ada-inc.com

Diffusion
Canada :   Éditions AdA Inc.
France :   D.G. Diffusion
                Z.I. des Bogues
                31750 Escalquens
                Cedex France
                Téléphone : 05.61.00.09.99
Suisse :   Transat - 23.42.77.40
Belgique :   D.G. Diffusion - 05.61.00.09.99

Imprimé au Canada

Participation de la SODEC. $SODEC$

Nous reconnaissons l'aide financière du gouvernement du Canada par l'entremise du Programme d'aide au développement de l'industrie de l'édition (PADIÉ) pour nos activités d'édition.
Gouvernement du Québec – Programme de crédit d'impôt pour l'édition de livres – Gestion SODEC.

Catalogage avant publication de Bibliothèque et Archives Canada

Wilde, Stuart, 1946-

    Un souffle de changement : visions d'un monde nouveau

    Traduction de: Whispering winds of change.
    "Volume 1".

    ISBN 978-2-89565-664-7

    1. Morale pratique. 2. Vie spirituelle. 3. Changement (Psychologie). I. Titre.

BJ1581.2.W5414 2008   170'.44   C2008-940451-3

Je dédie ce livre
à tous nos frères et sœurs de la planète,
en l'accompagnant de mes prières
et de ma certitude qu'un jour,
l'ordre divin, qui est en tout,
nous permettra d'assister à l'évolution
et à la bénédiction de notre monde.
Alors, les hommes,
les femmes
et les enfants
seront enfin libérés.

Notre heure viendra.

TABLE DES MATIÈRES

Chapitre un
La mort de l'ego du monde 11

Chapitre deux
L'esprit tribal populaire 51

Chapitre trois
Les habitants de la marge 89

Chapitre quatre
Les paliers de la conscience supérieure 121

Chapitre cinq
Vérité ou conséquence ? 149

Chapitre six
La liberté d'expression 177

Chapitre sept
Vendre l'idée d'une onde émotionnelle 207

Chapitre huit
À quand l'apocalypse ? 237

Chapitre neuf
Anatomie d'une crise décente 267

Chapitre dix
Minimalisme : une technique de survie pour l'avenir 293

Chapitre onze

Observation 319

Chapitre douze

Et après ? 361

Annexe

Disparaître de l'autre côté du miroir 399

LA MORT DE L'EGO DU MONDE

CHAPITRE UN

NOUS VIVONS UNE ÉPOQUE PASSIONNANTE. LES VINGT prochaines années verront les changements les plus importants que l'Occident ait connus depuis la révolution industrielle.

En voyageant dans le monde entier comme je le fais, et en rencontrant des milliers de personnes chaque année, j'ai acquis la conviction que seul un faible pourcentage de la population possède une vue d'ensemble de la situation.

J'aime aider les gens à prendre conscience de leur pouvoir intérieur et de leur liberté individuelle. Et je suis inquiet lorsque je vois des êtres tellement emprisonnés dans leur vie et obsédés par leur environnement immédiat qu'ils passent à côté des transformations énergétiques qui se produisent autour d'eux. Même si vous faites un travail sur vous et que vous êtes une personne spirituelle, psychologue et charismatique, ces qualités ne vous aideront pas beaucoup, si, par manque de perception, vous vous retrouvez au cœur de Sarajevo et que les Serbes bombardent les alentours.

L'information, la connaissance et la perception sont devenues essentielles. Il est important d'acquérir une force et un équilibre intérieurs, mais posséder une vue d'ensemble des événements l'est tout autant. Le monde évolue avec rapidité.

Il est vital de bénéficier d'une bonne énergie, mais vous devez également vous trouver au bon endroit au bon moment.

Ce livre est constitué de plusieurs essais et idées qui traitent de l'énergie intérieure des événements importants de notre époque. Vous n'abonderez peut-être pas toujours dans mon sens, mais les principes de base sont clairs et difficiles à nier. Lorsque vous analysez les courants sur lesquels repose la vie, vous pouvez réellement observer le monde et ce qui s'y produit. Cette capacité d'observation vous permettra d'atteindre la ligne d'arrivée tout en évitant les retards, les impasses et les obstacles. Tous les sentiments de l'humanité finissent toujours par se matérialiser dans la réalité extérieure. Cette notion est applicable au développement des villes, des nations et des continents, ainsi que des individus. Inutile de devenir un grand visionnaire ; contentez-vous d'observer le flux intérieur, et vous saurez ce qui vous attend.

12

Pour comprendre l'évolution de la destinée mondiale, il est nécessaire de s'intéresser tout d'abord à la nature du pouvoir — sa concentration, son flux, le lien qui l'unit aux humains, pourquoi ceux-ci le recherchent. Le pouvoir peut être divisé en deux catégories principales : intérieur et extérieur. Le pouvoir intérieur est le courage, la force de caractère, la discipline, l'intégration psychologique et la sérénité spirituelle. Le pouvoir extérieur, qui est principalement celui de l'ego, est celui que l'on observe partout dans le monde. Il s'agit de la force militaire — qui inclut le corps de police et les agences de sécurité — le pouvoir et l'influence politiques, et le pouvoir financier, public et privé. Le pouvoir extérieur provient également de la position sociale. Il est parfois exprimé physiquement, par l'intermédiaire du contrôle sexuel ou de la force.

Pourquoi les humains recherchent-ils le pouvoir extérieur ? Que leur apporte-t-il ? Certains l'aiment parce qu'ils sont mégalomanes et prennent du plaisir à dominer les autres. D'autres le trouvent intéressant parce qu'il leur permet de faire partie d'une élite qui leur apporte des avantages sociaux, des privilèges et des gains financiers, et qui leur donne la capacité de tourner certaines situations à leur avantage.

Au-delà des raisons les plus évidentes, se cache une autre motivation qui révèle la forme et la base du besoin psychologique du pouvoir éprouvé par l'être humain. Si vous pouvez vous arranger pour acquérir du pouvoir, celui-ci vous élèvera automatiquement vers un niveau supérieur à la moyenne. Le pouvoir que vous exercez et la position d'élite dont vous bénéficiez vous élèvent et vous distinguent. Le pouvoir vous permet d'entretenir l'illusion que vous êtes plus important que les autres. À partir de cette position de supériorité, vous êtes en sécurité et vous contrôlez votre destin plus efficacement — certainement mieux que le commun des mortels, qui n'a pas de pouvoir extérieur.

13

Pour l'ego, s'assurer une position de supériorité a une grande importance, car il croit ainsi qu'il se soustrait au destin de l'humanité. Le destin de l'humain est de mourir. Si l'ego rassemble suffisamment de pouvoir, il peut s'élever au-dessus de la mort et devenir immortel. L'ego a au moins la possibilité d'oublier temporairement la mort dans l'exercice et l'expérience du pouvoir.

Les êtres humains sont motivés par l'illusion élitiste de l'immortalité. Il existe une croyance répandue selon laquelle Dieu, ou le destin, ne rappellera pas à lui les personnes spéciales. Certains sont prêts à payer des sommes importantes pour voyager en première classe, en partie parce que les sièges sont plus confortables et la nourriture meilleure, mais surtout parce que la première classe est élitiste. Voyager en première classe paraît plus sécuritaire. Les passagers de première classe sont des êtres spéciaux et importants. Il est bien connu que les passagers de première classe ne peuvent pas s'écraser, brûler et mourir. Seule la masse peut courir un tel risque.

Lorsque vous vous élevez au-dessus de la masse et que vous prenez le pouvoir sur elle, vous vous parez d'une aura divine. Car vous prenez des décisions, et vous contrôlez le destin des autres. Vous agissez auprès d'eux comme un dieu. Vous pourriez même avoir un pouvoir de vie et de mort sur eux. Si vous êtes à la tête d'une entreprise, vous êtes celui ou celle qui a le pouvoir d'embaucher et de licencier les employés. C'est vous qui décidez à qui attribuer les contrats intéressants.

14

Une fois que l'ego a établi une sorte de pouvoir divin sur les autres, il commence à se sentir rassuré quant à son sort. Vous êtes-vous déjà posé ces questions : pourquoi les gouvernements sont-ils tellement obsédés par l'idée de contrôler chaque aspect, à la minute près, de notre vie ? Quelle satisfaction, quel plaisir, tirent-ils d'un tel contrôle ? Une partie de la réponse réside dans la sensation de divinité et dans la confiance qu'un tel comportement leur procure. L'établissement d'un contrôle et d'une influence sur les autres constitue une clé de voûte importante dans la lutte de l'ego pour la vie. Plus il exerce un contrôle important, plus il peut s'élever au-dessus de la multitude et assurer sa survie.

Vous me demanderez peut-être : « Si l'on considère que le monde devient de moins en moins sûr et que le contrôle et l'influence des gouvernements ont mis les nations à genoux, ces mêmes gouvernements vont-ils enfin réaliser que cette volonté de contrôle est une pure folie ? Accepteront-ils de renoncer à une partie de ce contrôle et de libérer les humains ? » Et la réponse sera : « Non, ils ne le feront pas volontairement. » Plus il y aura d'instabilité, et plus les personnes au pouvoir manqueront d'assurance, ce qui les incitera à rechercher le contrôle absolu.

Le pouvoir présente un deuxième aspect qui permet à l'ego d'exercer une sorte d'influence divine. Une des principales leçons que nous apprenons sur Terre concerne le processus par lequel les pensées deviennent réalité. Une idée naît dans votre imaginaire, et une action concertée, accompagnée d'une prudence raisonnable, vous permet, si tout va bien, de voir votre désir se concrétiser dans votre vie. Dans la première phase de ce processus, vous comprenez que ce sont vos pensées, sentiments et actions — et non la chance — qui créent votre réalité. Ensuite, en tâtonnant, vous vous frayez un chemin vers la deuxième phase du processus, qui consiste à transformer le plus efficacement possible vos idées en réalité. Lorsque vous maîtriserez bien ce processus de pensée, vous apprendrez à exercer un contrôle sur votre destin. Arrivé à un tel niveau, vous aurez franchi avec succès toutes les étapes du plan terrestre.

15

Le pouvoir permet aux gens de se soustraire au processus d'apprentissage habituel en profitant de raccourcis intéressants. Exercer un pouvoir est une façon de court-circuiter le système. L'ego peut alors croire qu'il se démarque de la dimension des affaires humaines qui nécessitent une application et des efforts d'une grande banalité. Le pouvoir permet souvent à l'humain de manifester son intérêt pour une vie où l'effort est inexistant ou quasi inexistant. Si, en raison d'un pouvoir extérieur, vous n'avez pas besoin de vous engager dans les processus de conscientisation et d'action pour matérialiser vos désirs, votre ego entretiendra l'idée illusoire que vous êtes une personne spéciale, supérieure, et donc divine. Les dieux sont évidemment des êtres supérieurs et plus confiants que les êtres normaux.

Ainsi, en supposant que le chef de police d'une petite ville du tiers monde souhaite acheter une maison, va-t-il économiser et travailler à la construction de celle-ci pendant son temps libre jusqu'à ce que son désir se concrétise, ou sera-t-il tenté d'utiliser son pouvoir sur la collectivité pour exercer une pression financière dans le but d'obtenir suffisamment d'argent pour acquérir instantanément la maison qui l'intéresse ?

Lorsqu'une personne dépose dix mille dollars sur le bureau du chef de police parce que celui-ci a accepté de fermer les yeux sur un incident, cela ne confirme-t-il pas en soi qu'elle lui confère le statut de dieu humain ? Parce que son pouvoir lui permet d'en emprisonner certains et d'en libérer d'autres, ne dirige-t-il pas leur destin d'une certaine façon ? Et s'il a un pouvoir sur leur destin, il est tout à fait normal qu'il en arrive à la conclusion qu'il est un dieu, ou qu'il est au moins une personne très importante qui mérite le respect des autres. (Qu'est-ce qui a plus de valeur aux yeux d'un individu que sa liberté ?)

Ainsi, le pouvoir du chef de police, qui est ici exercé au détriment du peuple, se transforme comme par magie en une manifestation du « bien » dans l'intérêt des citoyens. En contrepartie d'un certain montant, il leur épargne, dans sa grande mansuétude, les pires désagréments. Le pouvoir a donc l'avantage supplémentaire de soustraire son détenteur au processus pénible de matérialisation qui est la leçon de cette dimension physique, et le lot du commun des mortels. Ainsi, le gouvernement d'un pays n'a pas besoin de déployer d'efforts pour réaliser ses souhaits. Il lui suffit simplement de faire des annonces qui transforment sa volonté en loi. Il peut exiger que l'administration civile se range à sa cause, et il peut forcer les citoyens à payer pour que ses désirs deviennent réalité.

Chaque fois que vous utilisez votre pouvoir pour nuire aux autres, ou que vous forcez les gens, en les menaçant de représailles, à accepter une entente ou un contrat auxquels ils n'auraient normalement pas adhéré, vous portez autant atteinte à votre intégrité spirituelle qu'à la leur. En agissant ainsi, vous niez la nature divine qui est en vous en optant pour une facette de vous-même qui est égocentrique et auto-glorifiante. On assiste à l'heure actuelle à un déplacement d'énergie qui se manifeste, chez un groupe de personnes, par le délaissement de l'ego au bénéfice de l'esprit, par l'intermédiaire d'un réalignement de leur conscience, tandis qu'un autre groupe se sent menacé par l'évolution des événements et se déplace de plus en plus dans la direction opposée, vers l'ego, à la recherche d'un pouvoir de manipulation, d'une garantie et d'un contrôle toujours plus grands sur les affaires humaines.

17

Pour cette raison, nos gouvernements, qui privilégient l'ego, ont une idéologie éloignée de celle des personnes orientées vers l'esprit. Et pour cette raison encore, il existe une multitude de mouvements qui défendent les droits de différents groupes. Ce sont des peuples indigènes et des regroupements sociaux ou commerciaux qui cherchent à obtenir leur liberté. C'est le flux de l'esprit de ce monde qui se manifeste dans l'aspiration spirituelle des humains vers la libération. Ceux qui privilégient la parabole de l'ego et qui évoluent selon un schéma contraire à l'évolution intérieure générale, se retrouveront en état d'isolement. On a démontré que, sur de longues périodes, les personnes qui se rapprochent de Dieu et de la libération rassemblaient une force vitale qui leur permettait de continuer leur chemin. Ceux qui emprisonnent, qui affaiblissent et qui violentent l'humanité, en exhibant les instincts les plus vils, finiront par périr. C'est ce qui explique qu'aucun des grands empires n'ait survécu — chacun s'étant empoisonné avec son propre venin. L'ego qui s'éloigne de Dieu finit par s'éteindre par manque d'énergie. C'est aussi pour cette raison que la tourmente règne dans le monde ; vous assistez à l'engloutissement de l'ego par lui-même, ce qui est très intéressant, même s'il ne s'agit pas d'un spectacle réjouissant.

Ce que vous pensez de la mort de l'ego dépendra de ce que vous êtes. Si vous êtes une personne spirituelle, vous ne serez pas affectée par le fait que l'ego du monde s'auto-détruise. Vous estimerez même que sa destruction sera profitable au monde. Si vous penchez du côté du pouvoir égocentrique, l'idée même de la destruction de ce système vous paraîtra terrifiante. Toute perte de pouvoir ou d'influence entraînera une perte de confiance considérable, et votre instinct vous poussera à essayer de sauver votre place en exerçant plus de contrôle ou en vous appropriant la place de votre voisin. De cette façon, vous aurez au moins de quoi vous assurer votre survie immédiate.

18

L'ego et la manifestation extérieure du pouvoir reposent sur un processus d'une grande prévisibilité, comme nous le confirme une analyse des événements qui ont marqué l'histoire, si bien qu'il est possible de prédire avec précision la prochaine étape. Si vous le voulez bien, je vais vous démontrer que les événements historiques se sont déroulés selon un schéma précis, que l'ego est actuellement dans une impasse, et que le château de cartes qu'est cette illusion s'effondrera au contact de la réalité, de l'honnêteté et de la vérité. Vous pourriez trouver cette démonstration très amusante !

Voici donc ce qui s'est déroulé par le passé et ce qui nous attend probablement dans l'avenir.

La révolution industrielle a chassé les paysans des campagnes pour les assimiler à une économie monétaire. Avec un peu d'argent, on obtient un statut. L'argent vous sort de votre état de victime du destin et vous donne la possibilité de contrôler votre vie. Lorsque les paysans se sont retrouvés dans les villes, ils formaient un groupe serré et pouvaient donc s'organiser entre eux. C'est ainsi qu'est né le mouvement syndical et qu'il a réussi à obtenir une amélioration des conditions de travail. Subitement, ces individus ont décidé de poser des limites ; ils se sont mis à exister et à s'exprimer, ce qui leur a attiré un certain respect. Mais comme ils venaient de quitter leurs terres, leurs rêves étaient encore modestes. En se fondant sur leurs rêves et sur leurs discussions, l'idée leur est venue que tous les hommes et femmes étaient égaux — idéologie à l'origine du socialisme. À la base, le socialisme est une idée spirituelle qui découle naturellement de notre humanité. Dans sa forme la plus pure, il s'agit de la compassion. Cette idéologie convenait très bien à cette période de l'histoire. Comment pourrait-on prétendre que ces ouvriers n'étaient pas reliés entre eux par une responsabilité commune, et qu'ils ne se serraient pas les coudes alors qu'ils partageaient leur énergie et avaient la même appréhension face au rouleau compresseur de l'industrie ? Pourtant, le socialisme est en partie à l'origine du besoin de pouvoir de notre société. Ce n'est pas une panacée, comme beaucoup voudraient nous le faire croire, pas plus qu'un moyen ultime de se libérer. Tandis que la classe ouvrière s'éveillait à de nouvelles possibilités, la révolution industrielle enrichissait de nombreuses personnes. L'aristocratie avait morcelé des empires en s'emparant des terres et des ressources qui appartenaient à des êtres moins fortunés. Désormais, grâce à la finance et au commerce, elle pourrait s'attaquer à des empires encore plus grands, qu'elle utiliserait pour contrôler les gouvernements et prendre le pouvoir sur d'autres nations.

Même les artisans et les classes moyennes, qui étaient assez peu nombreux au moment de la révolution industrielle, sont subitement devenus prospères. L'aristocratie ne s'impliquait habituellement pas dans la fabrication et préférait

19

posséder des terres et des ressources ou se concentrer sur la finance. Ce sont les artisans et la classe moyenne qui ont ouvert des usines pour fabriquer les produits dont nous connaissons encore les marques aujourd'hui. Les nouveaux riches se sont quant à eux associés à l'élite sociale. Des monopoles et des cartels étaient créés afin de partager les profits entre les principaux protagonistes. Pendant ce temps, les idéologies du socialisme et de la démocratie prenaient de plus en plus de place au sein du peuple.

Le nombre élevé de partisans de la démocratie et de la liberté a incité le statu quo à déléguer une partie de son pouvoir politique aux syndicats, et à reconnaître aux ouvriers certains droits de base. Le droit de vote s'est peu à peu étendu à l'ensemble de la population. En théorie, les gens pouvaient choisir le type de gouvernement qu'ils souhaitaient avoir, et éventuellement décider du calendrier législatif de la nation.

Bien que le socialisme et la démocratie aient été acceptés comme la norme, l'élite dirigeante (qui comprenait maintenant les nouveaux riches) s'assurait que la démocratie ne leur ferait pas ombrage. Prenez l'exemple de nos représentants. Sont-ils comme nous ? Parlent-ils en notre nom ? Ou ont-ils décidé qu'ils seraient surtout des sortes de rois et de reines vivant dans de somptueux palais de marbre ? Profitent-ils des privilèges de l'élitisme ? Peuvent-ils vivre comme nous ? La réponse à la dernière question est non. Le président Bill Clinton a dépensé vingt-cinq millions de dollars provenant de l'argent public pour couvrir les frais de ses célébrations d'inauguration. Au diable la dette nationale, faisons plutôt la fête ! La démocratie n'est rien de plus qu'une autre forme de royauté déguisée. Si elle était autre chose, les dirigeants devraient régner en fonction de la volonté du peuple. Je ne trouve, au cours des cent cinquante dernières années de l'histoire, aucun exemple de gouvernement ayant agi en tenant compte de la volonté et de l'intérêt de son peuple. Les gouvernements privilégient les intérêts des rois, de l'élite et du statu quo.

La base du pouvoir aristocratique et capitaliste a changé après la révolution industrielle puisqu'une entente de partage du pouvoir avait été conclue avec les syndicats. Ces mêmes syndicats se sont rapidement développés et ont formé un statu quo socialiste. En fin de compte, il a seulement été question de modifier légèrement les parts du gâteau — que les dirigeants du socialisme partageaient maintenant avec les aristocrates et les capitalistes. Les dirigeants des syndicats se sont rapidement mis à apprécier ce nouveau statut, et ils se sont ralliés au système du pouvoir qui contrôlait le reste de la population. Les gens du peuple n'ont jamais eu droit à une part de ce gâteau, et c'est encore le cas aujourd'hui. Seul un faible pourcentage de notre richesse nationale se retrouve entre les mains de privés. La plupart des ressources et des richesses de la nation appartiennent aux gouvernements, aux entreprises, aux Églises, et à diverses institutions qui les contrôlent. Le commun des mortels exerce peu, ou n'exerce pas de pouvoir.

21

La meilleure façon de comprendre l'évolution spirituelle du monde consiste à analyser l'influence du pouvoir et de l'argent, ce qui peut sembler étrange. Est-il possible que le pouvoir et l'argent soient liés aux choses spirituelles ? La réponse est oui. Vous êtes obligé d'exprimer et de vivre votre humanité et votre spiritualité dans le contexte de la structure du pouvoir dans laquelle vous êtes né. Elle est un peu comme un terrain de jeu sur lequel vous testez vos idées afin, si tout va bien, de prospérer et de nourrir votre esprit. Toutefois, lorsqu'un pouvoir est exercé sur vous, il limite naturellement votre croissance spirituelle et votre potentiel de création. Pour vous épanouir totalement en tant qu'être humain, vous avez besoin d'être libre de vos mouvements et d'avoir suffisamment d'argent pour acheter vos expériences de vie ; car s'il en était autrement, votre passage sur cette planète n'aurait servi à rien. C'est l'argent qui contrôle la mobilité, l'expression personnelle et la créativité. Il agit comme un frein ou comme un accélérateur dans l'évolution de notre rêve spirituel commun.

Les personnes qui ont de l'argent peuvent profiter totalement de leur vie, alors que celles qui n'en ont pas manquent de liberté au même titre que les paysans du Moyen Âge. Ceux qui sont au sommet de la hiérarchie ont bien compris qu'au-delà du pouvoir et des raccourcis que leur position sociale leur permettait d'emprunter dans le processus d'apprentissage évolutif, il leur fallait contrôler l'argent du pays s'ils souhaitaient s'assurer l'immortalité. Jusque-là, l'argent — et donc sa valeur — n'était symbolisé que par les pièces d'or et d'argent de la nation. La nouvelle donne consistait à convaincre les gens qu'un reçu pour de l'or avait autant de valeur que l'or lui-même. Une fois que l'idée était acceptée, la prochaine étape consistait à faire croire à tout le monde que le reçu avait de la valeur en lui-même, et que l'or était donc inutile. À ce moment-là, toute la richesse réelle du monde était détenue par les sphères supérieures de la hiérarchie. Celles-ci contrôlaient le gouvernement, et elles possédaient la plus grande partie des terres et la quasi-totalité des ressources. Les usines, les banques et toutes les institutions financières leur appartenaient, et elles s'étaient maintenant emparées de l'or en l'échangeant contre du papier. De nombreux pays, y compris les États-Unis, ont dès lors produit des déclarations qui interdisaient au citoyen moyen de posséder de l'or.

Ainsi, les personnes qui se trouvaient au sommet de la hiérarchie, leurs familles et leurs amis du gouvernement, avaient pris les rênes du système. Tout leur appartenait. Ils contrôlaient les flux monétaires, les taux d'intérêt et le capital. Ils étaient au-dessus de la loi la plupart du temps, et leur mainmise financière leur conférait un pouvoir illimité sur les actions des autres et sur leur mobilité. Rien d'important ne pouvait être décidé sans leur consentement. Si vous pensiez, en arrivant sur cette planète, avoir pour mission spirituelle de vous exprimer en tant qu'humain, vous étiez surpris de réaliser que tous les chemins qui s'offraient à vous étaient tracés et contrôlés par quelqu'un d'autre.

Si vous aviez la chance d'être né au sein de l'élite, vous pouviez vous exprimer en exerçant votre pouvoir. Mais si ce n'était pas le cas, vous ne pouviez être vous-même sans l'approbation de cette élite dominante. Il est essentiel de comprendre ce point, car il est à la base de tout.

De la même façon que chaque être humain possède une personnalité qui façonne son âme, je crois que la conscience collective de notre monde possède une âme collective planétaire à laquelle nous contribuons tous. Son évolution est parallèle à la nôtre. Elle se développe grâce aux pensées, actions et sentiments collectifs de l'humanité. Avant la révolution industrielle, l'âme planétaire de l'humanité était dans un état tribal embryonnaire et s'exprimait avec simplicité, modestie et immaturité. Parce que son imagination n'était pas développée, ses aspirations étaient simples. Le temps du rêve[1], à l'origine, reposait sur la pureté spirituelle de la Terre et sur le changement des saisons. Lorsque la révolution industrielle a introduit les transports motorisés, la production mécanisée et la feuille de paye, l'âme collective de notre humanité a rapidement pris de l'expansion. Elle était alors en mesure d'aspirer à s'exprimer plus librement.

La révolution industrielle a fait comprendre aux paysans, lesquels s'étaient regroupés dans les usines, qu'ils avaient la possibilité d'acquérir des richesses s'ils savaient fabriquer et

23

---

1. N.d.T. : Thème central de la culture des aborigènes d'Australie où le « temps de rêve » est l'ère qui précède le temps, avant la création de la Terre.

vendre. Cette prise de conscience a permis à l'humanité d'amorcer une évolution importante. Auparavant, les gens ordinaires n'avaient jamais eu la possibilité de s'améliorer, d'évoluer et de s'élever. Les paysans n'avaient eu jusque-là qu'une vague idée de la façon dont la richesse pouvait s'acquérir. Ils n'avaient pas la possibilité d'accéder à ces mécanismes sous le système féodal. Le droit divin, que s'étaient octroyé les rois, trouvait sa légitimité dans le fait qu'ils possédaient la totalité des terres et que les gens étaient très pauvres. La nourriture provenait de la terre, et donc de la bonne grâce de Sa Majesté. Le roi et la reine faisaient très peu d'apparitions publiques, car la royauté vivait dans une dimension différente de celle du petit peuple. Il était donc tout naturel que des paysans considèrent leurs monarques comme des dieux, ou, au moins, comme des incarnations de Dieu sur Terre.

Le droit divin des rois a commencé à perdre du terrain lorsque le peuple a réussi à combler le fossé spirituel et psychologique qui le séparait de la monarchie. Après la révolution industrielle, le processus d'évolution qui permettait de gagner sa liberté n'était plus la seule prérogative des dieux, et il a été progressivement rendu accessible à n'importe quelle personne possédant de la volonté et du talent. C'est pour cette raison que les États-Unis ont mené une guerre contre le roi d'Angleterre. Les Pères fondateurs, dans leur immense sagesse, ne pouvaient pas accepter l'idée que le roi, ou l'aristocratie britannique, ait préséance sur le Nouveau Monde et puisse traiter de haut un peuple qui vivait de l'autre côté de l'océan, donc dans une autre dimension. Ils souhaitaient instaurer un système dans lequel chaque personne disposerait du pouvoir de se libérer sur les plans spirituel, financier et religieux.

Après avoir traversé la révolution industrielle, l'âme collective planétaire a amorcé le XIXe siècle avec une conscience accrue. Elle a pris confiance et elle a ressenti le besoin de s'exprimer. L'âme collective a progressivement réalisé qu'elle pouvait libérer une grande partie d'elle-même (le peuple) en refusant d'être soumise au contrôle de son groupe minoritaire, représenté par l'élite. L'élite hiérarchique, qui a toujours contrôlé l'information et les connaissances, et qui s'est emparée du pouvoir, est en réalité l'ego, à l'échelle mondiale, de l'âme collective planétaire. Elle contrôle et domine le terrain de jeu mondial, et par là même, l'âme mondiale, de la même façon qu'un ego individuel contrôle normalement sa vie. Le peuple représente l'esprit de l'âme collective planétaire, qui exprime modestement les aspirations de l'humanité. L'esprit de l'âme collective se doit de rester silencieux et passif jusqu'à ce que le pouvoir de l'ego soit maîtrisé.

25

Le désir de libérer le peuple de la domination de l'ego du monde s'est tout d'abord manifesté chez les anarchistes. Avec le temps, le terme « anarchie » a été associé avec le désordre civil et le terrorisme, mais sa signification initiale était empreinte d'une grande spiritualité. L'idée d'anarchie a germé dans l'esprit de deux Anglais, Gerrard Winstanley, qui était un réformateur agraire souhaitant rendre les terres au peuple, et William Godwin, auteur de l'ouvrage *Enquête sur la justice politique* (1793). Ce dernier prônait l'abolition du gouvernement, car il jugeait que l'autorité était contre nature et que les gens devaient être libres de mener leur vie en se fiant aux dictats de la raison. Toutefois, on considère que le père de l'anarchie est Pierre-Joseph Proudhon, né en 1809 en France. En effet, son livre *Qu'est-ce que la propriété ?* (1840) a donné naissance à un mouvement politique basé sur l'idée que l'abolition du gouvernement et du statu quo permettrait au peuple de vivre dans l'harmonie. À l'origine, l'idéologie des anarchistes reposait sur des notions de compassion et de spiritualité. Ce n'est que plus tard que leurs idées ont été reprises par des révolutionnaires plus virulents, comme Mikhail Bakunin et Errico Malatesta, lesquels ont lutté contre le statu quo en menaçant sa stabilité au moyen d'actes terroristes. Ce sont les révolutionnaires anarchistes qui ont contribué au déclenchement de la Première Guerre mondiale, en faisant assassiner l'archiduc François-Ferdinand d'Autriche par le terroriste serbe Gavrilo Princip, à Sarajevo.

Ironiquement, les anarchistes n'ont pas eu d'impact réel sur la structure du pouvoir de l'époque. La Première Guerre mondiale nous a mis sur la voie préconisée par Proudhon. Cette guerre a marqué un tournant important dans l'évolution spirituelle de l'Occident, et elle a été la conséquence inévitable de la perte de contrôle et de la menace de l'ego européen et mondial. À l'échelle humaine, cette guerre a été tragique, mais à l'échelle métaphysique, elle s'est imposée comme la grande libératrice de l'humanité. Ce conflit s'est avéré une expérience douloureuse non seulement pour les masses (huit millions de morts) qui se sont sacrifiées pour la cause de l'âme collective planétaire, mais également pour l'ego des hiérarchies dominantes. En effet, l'aristocratie a été balayée du continent européen, et en Angleterre, elle a également subi des pertes importantes. La guerre a dévasté l'Europe à tel point qu'elle a forcé l'ego du statu quo à battre en retraite. Beaucoup de choses ont changé après la guerre. La domination de l'élite européenne s'est estompée, ce qui a profité considérablement aux survivants de la guerre et à leurs descendants. L'esprit du peuple pouvait enfin s'élever librement.

Il est impossible de surestimer les répercussions des deux guerres sur l'évolution spirituelle des humains. Chaque fois que l'ego est ébranlé, l'esprit dispose d'une plus grande marge de manœuvre. La Grande Guerre de 1914-1918 a marqué la fin de l'ère victorienne et a mis le peuple sur le chemin de la liberté. Les Années folles ont été une des manifestations de cette nouvelle liberté. Les Anglaises ont obtenu le droit de vote. Mais la progression de la conscience était entravée par des facteurs sociaux et des problèmes économiques. Chaque fois que l'ego du monde est mis à rude épreuve, comme cela a été le cas lors des deux guerres mondiales, la peur qui enchaîne mentalement le peuple et qui le domine perd du terrain. Subitement, les gens ne veulent plus accepter l'ancien ordre établi, car ils réalisent qu'il ne leur était pas favorable. L'âme collective planétaire a remporté ici une grande victoire.

27

La Deuxième Guerre mondiale a balayé pratiquement tout ce qu'il restait de la royauté européenne, et le statu quo a dû, une fois de plus, abandonner un peu plus de son contrôle. Dans les années cinquante, le mouvement pour la liberté a pris une place prépondérante. Nous avions subitement la possibilité de rêver, et notre rêve devenait plus ambitieux — c'était celui d'une société basée sur le mérite, et non sur le droit à la naissance, offrant les mêmes chances à tous les individus. Ce rêve semblait réalisable, mais derrière chaque réussite se dissimule un embryon d'échec. Les années d'après-guerre ont été prospères et les travailleurs ont commencé à bien s'en sortir. Ils achetaient des maisons, déménageaient vers les banlieues, et élargissaient le champ de leurs possibilités. Le socialisme s'intéressait aux personnes moins fortunées, donc tout le monde a trouvé un certain confort dans ce contexte. Mais la hiérarchie dominait et contrôlait encore pratiquement tous les aspects de la société. En réalité, elle avait calmé la prise de conscience des ouvriers en leur permettant de s'élever légèrement. Ainsi, de nombreuses personnes sont passées de la classe ouvrière à la classe moyenne, et celles qui sont restées dans la classe ouvrière ont décidé de se tourner vers le socialisme, même s'il ne leur permettait pas de changer de statut. Tout le monde a oublié l'idéal de la liberté pendant un moment, en faisant abstraction de la domination de l'élite. Les gens du peuple se laissaient leurrer par l'illusion qu'en s'élevant dans la hiérarchie, ils se retrouveraient dans les strates sociales de l'élite. En fin de compte, tout le monde était satisfait d'évoluer dans la bonne direction.

Cependant, une fois la première euphorie de consommation passée, les gens se sont mis de nouveau à se questionner. L'âme collective planétaire, qui avait pris le temps de se reposer dans cette période de stabilité confortable, était maintenant prête à continuer son ascension. Elle savait que son cœur et son esprit s'incarnaient dans la masse de l'humanité et que, si elle voulait évoluer spirituellement, il lui fallait se libérer de la domination de l'ego. Cette désolidarisation est une évolution naturelle pour l'âme collective planétaire. Un macrocosme de ce même processus se produit en vous lors de votre progression spirituelle. Lorsque vous avez regardé à l'intérieur de vous et avez médité sur votre vie, vous avez suivi des chemins spirituels. Vous avez vite réalisé que, si vous souhaitiez progresser en tant qu'être conscient, vous deviez contrôler votre ego et permettre à votre cœur et à votre esprit de reprendre le contrôle sur votre vie.

L'idée que l'âme collective planétaire puisse être libérée de la mainmise de la hiérarchie n'existe pour l'instant que dans l'imaginaire collectif de l'humanité. Mais parce qu'elle est là, et parce que les gens y pensent, une distance s'est créée entre les individus et le système. Des millions de personnes sont désenchantés — elles s'éloignent mentalement, même si la réalité les oblige à rester et à jouer le jeu. Le processus grandiose et majestueux dont vous allez être témoin au cours des années à venir est la libération du cœur et de l'esprit de l'âme collective planétaire de la domination de son ego.

C'est seulement maintenant que l'âme collective de notre planète s'éveille à cette formidable nouvelle idée. Telle une créature préhistorique géante s'élevant au-dessus de son état primaire, elle est devenue consciente et a réalisé que son destin reposait dans une conscience supérieure. Ses yeux sont désormais ouverts — elle est capable de se voir. Elle comprend finalement qu'elle est à la fois une seule âme et six milliards d'âmes. La fratrie du monde a pu enfin être conçue, pour naître et s'incarner dans la réalité. Sa conception s'est exprimée après la guerre avec la création des Nations Unies.

29

Martin Luther King et le mouvement pour les droits civiques sont ensuite entrés en scène. Bien qu'au départ Martin Luther King s'est contenté de parler au nom de son peuple — en insistant sur le fait que les Afro-américains étaient égaux aux Américains et aux Européens — il a fini par défendre la fratrie de l'humanité tout entière. Pour une raison ou pour une autre, Martin Luther King connaissait le contenu du rêve, où reposent les pensées inconscientes de l'humanité. Avant lui, et avant que l'âme collective planétaire n'envisage de se désolidariser de son ego, personne ne savait avec précision quelle était la direction intérieure de l'âme collective ou de son rêve. Certes, les gens avaient des soupçons, et des pensées inhabituelles de liberté s'immisçaient dans leur conscience depuis une centaine d'années, mais l'heure était maintenant venue. Auparavant, l'humanité était encore en évolution. Les êtres humains étaient trop occupés à se battre ou à se remettre de leurs guerres pour porter attention à la progression de l'âme collective. Voyez-vous, avant Martin Luther King, personne n'avait parlé au nom de l'âme collective depuis bien longtemps.

Cet homme noir d'une grande humilité, qui se sentait étroitement lié à l'héritage tribal de l'humain, et qui connaissait le rêve de l'âme collective, a ainsi fait son entrée. Il a défendu sa vision avec fermeté et il nous a incités à nous rappeler du rêve. Il nous a parlé de ce qu'il avait vu. Il avait vécu le temps du rêve, et il savait ce que souhaitait l'âme collective de l'humanité. Il a donc décidé de prendre la parole, avec fierté et sans avoir peur, pour prononcer la phrase la plus puissante de ce siècle : « I have a dream... » (J'ai un rêve...). Lorsqu'il s'est lancé dans ce discours mémorable, ses mots ont atteint le cœur et l'âme de millions d'hommes et de femmes. Il était la voix qui parlait en notre nom à tous. Ses idées ont pénétré dans l'esprit des humains, au-delà de l'ego, de la race et du pouvoir — pour atteindre l'esprit résidant à l'intérieur de chacun. Il s'est adressé directement au cœur même de l'inconscient collectif des États-Unis et de l'humanité tout entière. Martin Luther King a été, pendant un bref moment, l'incarnation de l'inconscient collectif. Il a affirmé que l'esprit de l'humanité aspirait désormais à l'égalité entre toutes les parties dont il était composé. Il a déclaré que le rêve exigeait la liberté de tous. Mais lorsqu'il a manifesté son opposition à la guerre du Vietnam, l'ego a été pris de panique et s'est débarrassé de lui.

30

Jésus s'était également exprimé au nom de l'âme collective, en expliquant à son peuple qu'il n'avait pas besoin de la religion pour adorer Dieu, car Dieu est en nous. L'énergie des premiers chrétiens n'était probablement pas assez forte pour que ceux-ci acceptent ce message. L'âme collective planétaire n'était pas prête — elle ne pouvait pas assumer cette idée. La notion de liberté totale était trop effrayante. Pour cette raison, les humains ont interprété le merveilleux message de libération de Jésus comme un besoin de créer une hiérarchie différente, laquelle pourrait remplacer la Loi juive.

Ainsi, au moment même où les syndicalistes se joignaient au statu quo, l'Église chrétienne en a fait autant.

John Fitzgerald Kennedy s'est exprimé au nom de l'âme collective de son peuple dans son fameux discours « Ne demandez pas... ». Il y affirmait que les Américains devaient abandonner le point de vue de l'ego qui demande ce qu'il peut obtenir, et adopter une vision plus large en demandant quelle contribution ils pouvaient apporter. Mais même si Kennedy était un grand homme, il n'a jamais exprimé cette idée dans une perspective mondiale. Contrairement à Martin Luther King, le président Kennedy appartenait à l'élite, et l'adulation dont il faisait l'objet, conjuguée à l'influence de son frère, l'a incité à succomber à la corruption du pouvoir. Il a étendu son pouvoir à l'Amérique du Sud et a essayé de faire assassiner Fidel Castro. À mon avis, il n'avait plus d'esprit collectif en lui. Il s'est retrouvé au-devant de la scène politique, et le sommet de la hiérarchie a pris ombrage de sa politique de réduction de l'armement, ce qui lui a valu son transfert dans l'autre dimension.

31

Pendant ce temps, l'âme collective de notre humanité continuait à évoluer et à apprendre à se connaître. Le monde occidental est passé, pour la plus grande partie, de la révolution industrielle à l'ère de l'information et de la technologie. Le monde asiatique est quant à lui passé du secteur tribal au secteur industriel, tandis que l'Afrique, les îles du Pacifique et les contrées éloignées de notre planète, ont conservé l'esprit de la nature pour assurer l'équilibre.

La technologie a permis aux hiérarchies dominantes d'accroître leur capacité de créer de l'argent factice en augmentant l'endettement via quelques chiffres par le truchement de l'ordinateur. L'argent a perdu sa valeur réelle pour se transformer en reçu échangeable contre une valeur, puis en reçu ayant sa propre valeur, et enfin en une forme de pensée incarnée dans un terminal d'ordinateur ayant la capacité de créditer de l'argent tout neuf au compte d'une personne. Le papier a été éliminé parce que trop lent et encombrant, et le flux monétaire n'était donc plus tributaire de la rapidité d'impression. L'argent pouvait maintenant se déplacer à la vitesse de la lumière. Mais il se trouvait toujours en grande partie entre les mains du statu quo, ou de ceux qui s'étaient ralliés au statu quo, par le biais d'actes commerciaux. Lorsque des individus ont commencé à s'opposer au monopole du pouvoir et de l'affluence qui avait été créé, le gouvernement les a fait taire en vendant à tout le monde une nouvelle idée : « l'effet de retombée économique ». Selon cette théorie, les miettes qui tombaient de la table du banquet finiraient par atteindre le peuple, ce qui serait bénéfique à chacun.

32

Les gens du peuple ont donc récupéré les miettes et ils les appréciaient, mais elles ne leur donnaient aucun pouvoir réel. Ils voyaient et ils entendaient ceux qui étaient au sommet de la hiérarchie et qui profitaient d'un banquet trop beau pour le peuple, et ils se demandaient tout naturellement si cet effet de retombée prévoyait un deuxième service. Malheureusement, ce banquet coûtait tellement cher que le sommet de la hiérarchie a commencé à se raccrocher un peu plus à ce qu'il avait, si bien qu'on n'entendit plus parler de retombées.

Pendant ce temps, le mouvement de conscientisation a incité des millions de personnes à prendre contact avec leur être profond. C'est de cette façon que l'âme collective de notre monde finira par se faire entendre. Il semble que la multitude des parties qui composent l'âme collective regarde maintenant en elle et commence à parler de ce qu'elle voit au plus profond de son esprit intérieur et de son rêve. Bientôt, les humains seront en mesure de se rappeler des images du rêve et pourront parler de son contenu. Ce jour-là, tout le monde connaîtra la vérité et comprendra comment les habitants de cette planète finiront par évoluer.

C'est là que nous en sommes aujourd'hui. Penchons-nous maintenant sur l'avenir du pouvoir, de l'argent et de l'âme collective planétaire.

En apparence, il semblerait qu'il n'existe aucun moyen de briguer le pouvoir des monopoles des mégapoles ou le contrôle de l'argent et de l'information dont les gouvernements et le statu quo bénéficient. L'âme collective planétaire semble être destinée à se cantonner à cette partie d'elle-même qui n'impose sa volonté que l'espace d'un court instant.

33

Mais tous les extrêmes du pouvoir, exprimés par le biais de l'ego, finissent toujours par s'autodétruire. Lorsqu'un système social ou politique dispose d'un pouvoir illimité, il perd le sens des réalités. Car l'ego a une tendance compulsive. Il n'a de cesse de rechercher une immortalité qui n'existe pas, et il ne peut pas s'arrêter, car il ne peut pas voir clairement ce qui se passe en dehors de lui-même. Dans son aveuglement, il perd ses points de repère, comme lorsque vous voyagez en train de nuit, les rideaux tirés, et que vous ne savez pas où vous êtes ni à quelle vitesse vous vous déplacez. À mesure que l'ego s'éloigne, il perd un peu plus de contrôle.

Si Hitler avait mis un terme à la guerre à la fin de l'année 1940, le fascisme aurait pris le contrôle du continent européen tout entier. Il aurait pu faire la paix avec l'Angleterre, ne plus l'importuner, et en faire de même avec la Russie. Il aurait pu négocier avec la hiérarchie américaine, qui va habituellement là où se trouve l'argent. Je doute que les États-Unis auraient tenté de libérer l'Europe si leur commerce et un semblant de liberté avaient été rétablis. L'Europe pourrait encore être fasciste. Le pouvoir ne peut pas se limiter volontairement, car l'ego n'accepte aucun obstacle à son importance et à son immortalité. Ironiquement, c'est la marche sur Moscou, exécutée dans le blizzard, qui est venue à bout de Napoléon, et de Hitler par la suite, et c'est cette même marche allégorique, à travers les vents glacials de la réalité, qui sera à l'origine de l'effondrement des échelons modernes du pouvoir. La dette importante qui provient des dépenses du socialisme et du gouvernement est couverte par une bonne partie de l'argent que le gouvernement réussit à soutirer aux contribuables. À l'heure actuelle, les paiements d'intérêt de la dette nationale de certains gouvernements peuvent s'élever à un montant correspondant à quarante pour cent de leur revenu national. Chaque unité monétaire qu'ils versent en intérêts est une unité sur laquelle ils n'ont aucun contrôle. L'endettement limite progressivement la mainmise du statu quo, ainsi que sa capacité de manipulation.

Lorsque vous lisez dans le journal que le gouvernement vient de dépenser vingt ou trente milliards de dollars ou de livres sterling qu'il n'a pas, vous devriez vous réjouir au lieu de tomber dans la déprime ou l'inquiétude comme le fait tout le monde. Prenez un stylo, écrivez à votre représentant politique, félicitez-le pour sa clairvoyance, encouragez-le à dépenser encore plus. En insistant sur ce point, vous rendrez service à tout le monde. Car plus le gouvernement dépensera l'argent qu'il n'a pas, mieux ce sera pour nous à long terme, même si cela risque de créer des problèmes dans un premier temps. Quoi qu'il en soit, il est important de se rappeler que le fait d'être dominé par lui pose un problème en soi, à court et à long terme !

Le pouvoir découle de la capacité à légiférer, mais sans argent, la législation n'a pas d'intérêt. C'est l'argent qui rassemble les pays. Lorsqu'il n'y a plus d'argent, les unités distinctes d'un pays s'éloignent de l'influence du contrôle central. Par exemple, aux États-Unis, le gouvernement fédéral a commencé à redonner du pouvoir aux États, parce qu'il ne dispose pas de l'argent nécessaire pour imposer le contrôle dont il a autrefois bénéficié.

Si l'on tient compte de l'écart actuel entre les revenus et les dépenses du gouvernement américain, d'ici l'année 2118 celui-ci aura besoin de 100 % de son revenu au seul effet de couvrir la dette nationale. Par conséquent, le sommet de la hiérarchie ne pourra que perdre le contrôle des États-Unis. À moins de s'y prendre autrement, elle sera prise au piège. Ceux qui contrôlent le pays ne peuvent pas arrêter de dépenser, au risque de perdre leur influence et leur pouvoir politique — mais à mesure qu'ils dépensent, ils perdent du pouvoir en contribuant à la dette qui devra de toute façon être couverte. Donc, ils n'ont pas d'autre choix que de dépenser, dépenser, dépenser, jusqu'à ce qu'il ne reste plus rien. Ainsi est la nature de l'ego : il ne peut pas accepter de diminuer son influence à prétention divine. Si les personnes qui se trouvent au sommet de la hiérarchie consentaient à abandonner leur pouvoir, il leur faudrait retourner dans un monde de mortels et dans une dimension infernale de la réalité — là où réside le peuple. Nous savons au moins que d'ici l'an 2118, les États-Unis d'Amérique sont destinés à connaître des changements considérables. Ils pourraient très bien cesser d'exister s'ils ne modifient pas leurs méthodes. Les États, individuellement, reprendront leur pouvoir et décideront probablement de se retirer de l'union par le biais d'un vote. De plus petits groupes pourraient former une confédération d'États pour remplacer les États-Unis, mais le pays, tel que nous le connaissons aujourd'hui, pourrait cesser d'exister sur le plan politique. Car la structure de son pouvoir de contrôle sera décimée.

35

Les livres qui retracent l'histoire des États-Unis prétendent que l'union des États-Unis a été un processus volontaire et naturel par lequel les États ont accepté de gaieté de cœur de s'unir sous la direction du gouvernement basé alors à Philadelphie, alors qu'elle a en réalité été créée par la force. Ceux qui tentaient de quitter l'union ne s'en sortaient pas vivants. La guerre de Sécession a été déclenchée lorsque la Caroline du Sud et les autres États du Sud ont fait sécession pour créer une confédération indépendante (1861). L'union ne s'est pas formée naturellement ; elle a été créée par la guerre, de la même façon que l'Union soviétique a créé une coalition non naturelle d'États unis par la force sous la domination de Moscou. Les États de l'est des États-Unis ont pris le

36

contrôle sur les États du sud et étendu leur pouvoir en annexant des terres indiennes ou espagnoles et en les transformant en États de l'ouest. Dans ce processus, rien ne s'est fait sur une base volontaire. Le contrôle qu'exerce actuellement Washington sur le peuple américain ne repose que sur la force et l'argent. Il ne possède aucune autorité réelle si ce n'est celle que le peuple est obligé de concéder aux autocrates en échange de leur vie. Nous dénonçons les dictatures militaires du tiers monde, et pourtant, pratiquement toutes les nations occidentales ont commencé par des dictatures militaires. La seule différence est que les nôtres sont vieilles, alors que celles de l'Afrique ou de l'Amérique du Sud sont récentes. À l'exception de cet aspect, il s'agit de la même chose.

Certains pourraient me dire que nos dirigeants ont le droit juridique d'imposer leur volonté parce que nous leur avons concédé ce droit en votant pour eux. Mais la notion de « juridique » n'est qu'une des facettes du processus par lequel l'ego du statu quo impose sa volonté. À mon avis, ce droit ne repose sur rien. Ces élections ne sont qu'un leurre démocratique. Les gens n'ont pas le droit de prendre de vraies décisions, et aucun choix ne leur est donné. Comment peut-on parler de démocratie lorsqu'il s'agit de choisir lequel, parmi les deux ou trois partis qui vous sont proposés, pourra profiter de vous et de votre pays pendant les quelques années à venir ? S'il existait une petite case sur les bulletins de vote qui permette de cocher la mention « aucun des choix proposés » et de se libérer de la hiérarchie, on pourrait alors parler de démocratie. Quoi qu'il en soit, le système s'est assuré qu'on ne pourrait pas se débarrasser de lui, en conservant la totalité du pouvoir et toutes les prises de décision. Le processus électoral — dont nous sommes tous tellement fiers — n'est rien de plus qu'un procédé par lequel nous choisissons quelle partie de l'ego de la nation sera suffisamment forte pour s'imposer. Nous votons pour des gardiens de prison, et non pour ouvrir les grilles de celles qui nous enferment.

37

Les gens ne s'éveillent que maintenant à l'idée qu'ils ne sont pas obligés d'être des victimes du système. Rien ne justifie une telle chose. Les impôts nous volent, les lois nous manipulent. Nous ne sommes pas obligés de les subir et ils n'ont aucune valeur spirituelle intrinsèque. La façon dont les lois modifient le chemin de notre évolution et transforment la réalité est contre nature. À mesure que le statu quo nous dérobe notre argent, il se rapproche un peu plus de la sécurité et relègue de plus en plus le peuple à une zone d'activité économique où la survie est précaire. Ainsi, pendant que deux ou trois pour cent de la population conservent leur sécurité en faisant le moins d'efforts possible, le reste est dépouillé de son pouvoir et souffre de sa vulnérabilité aux dangers réels et à l'éventualité d'un effondrement financier. C'est ce qui explique le désordre social.

Jusqu'à présent, l'argent qui provenait du gouvernement a permis à la plupart des gens de survivre. Mais la proximité du danger est tellement inconfortable que notre peuple refusera tôt au tard de continuer à l'accepter. Jusque-là, nous n'avons assisté qu'à quelques révoltes populaires mineures, comme la revendication en Californie pour l'abolition de l'impôt foncier dans les années soixante-dix et la révolte en Grande-Bretagne concernant les impôts locaux — au cours de laquelle le peuple avait eu le courage de prendre les choses en main et de dire au gouvernement d'aller se faire voir.

Mais lorsque les gouvernements manqueront d'argent, l'incertitude économique dont seront assaillis les moins favorisés de la société les incitera rapidement à descendre dans la rue. Ils verront que le droit à une existence exempte de stress n'est pas l'apanage du statu quo de l'homme blanc, pas plus qu'il ne nous est octroyé. Ce droit ne dépend que de nous. Si une personne n'a besoin de travailler que vingt heures pour assurer sa subsistance, elle ne doit pas être obligée à en faire plus. En manipulant et en terrorisant le peuple, les gouvernements exigent de la population active qu'elle consacre au moins quarante heures de sa semaine à son travail pour bénéficier d'un minimum de sécurité économique. Les déductions et les impôts des gouvernements sont calculés de façon à ce que personne ne prenne trop d'avance. Chaque semaine, les travailleurs de la nation sont dans une situation aussi précaire que la semaine précédente. Ils sont obligés de travailler quarante heures simplement pour garder le même poste. Le gouvernement et l'industrie peuvent ainsi contrôler la nation et dominer la main-d'œuvre et les actions du peuple. Mais à mesure que celui-ci comprendra ce qui se passe, il n'acceptera plus de faire des économies chaque semaine. Les gens ont besoin d'argent pour se construire une force spirituelle. Il est difficile d'évoluer sur le plan spirituel si vous avez à peine de quoi survivre, car vous ne disposez alors pas de moyens supplémentaires pour acheter des expériences de vie et développer de nouvelles idées. Dans l'ancien temps, on se contentait de donner quelques pièces aux paysans pour qu'ils ne meurent pas de faim. Ainsi, ils n'avaient pas de questions à se poser et ils se contentaient de survivre. Ce même principe est encore valable pour les nombreuses personnes qui ont juste assez de moyens pour vivre et pour s'offrir quelques bières le week-end. Mais à mesure que l'humanité prendra conscience des choses et que des millions de personnes délaisseront l'ego pour se tourner vers l'esprit, la sécurité financière ne représentera plus qu'une partie du problème. Il est tout aussi important de rendre votre quête de vie possible et d'avoir une liberté d'action.

Lorsque la population aura dépassé les questions de survie et commencera à prendre en compte ce dont elle a réellement besoin pour évoluer spirituellement, elle comprendra à quel point l'ego du monde est dévastateur, et elle refusera de participer à son expansion. On ne peut contrôler les gens que par le biais de l'intimidation et du contrôle économique. Car lorsque leurs croyances et leur évolution spirituelle sont menacées, ils se défendent avec férocité. L'histoire foisonne d'exemples de guerres saintes.

Pendant ce temps, des regroupements massifs, souvent unilatéraux, se créent un peu partout et deviennent des courants politiques. D'importantes populations ont été rassemblées par la force ou par l'influence de l'argent. Certaines ont également été unifiées par besoin d'une défense commune, mais lorsque la guerre froide a pris fin, cette nécessité n'était plus d'actualité. De nombreux regroupements nationaux sont devenus inutiles. Lorsque la mainmise centrale aura desserré son étreinte, les différentes populations se sépareront. Les nations exploseront et se diviseront en parties de plus en plus petites. Il n'y a que de cette façon que l'on peut créer de nouvelles possibilités — et que le pouvoir peut être rendu au peuple.

Le processus a déjà commencé, mais les gens ne l'ont pas totalement intégré. Ils pensent que les problèmes de l'Europe proviennent des guerres ethniques. Dans un certain sens, c'est le cas. Mais par-dessus tout, leurs problèmes proviennent d'un processus par lequel des groupes tentent de se débarrasser des frontières artificielles qui leur ont été imposées par le biais de traités et d'ententes, et pour lesquels ils n'ont pas eu leur mot à dire. Les manipulateurs qui ont façonné les populations à leur avantage sont ceux qu'il faut blâmer. Un peu partout dans le monde, des groupes cherchent à se libérer de la domination hiérarchique et tentent d'obtenir une certaine autonomie. Les Écossais et les Irlandais essaient de se libérer du contrôle des Anglais. Les Basques ne facilitent pas la vie du gouvernement espagnol. Les Tchèques et les Slovaques se sont séparés. L'Italie du Nord, qui en a assez d'être soumise au gouvernement corrompu de Rome, cherche à se séparer du Sud. La Russie et la Yougoslavie ont déjà commencé à se fragmenter. Le processus a bel et bien été entamé. Les gens réalisent qu'ils ne seront pas libres tant que des gouvernements centraux et des groupes nationaux feront pression sur eux. L'Europe pourrait bien finir par se diviser en plusieurs États autonomes.

40

Le traité de Maastricht, qui était censé former une Europe bien homogène, est destiné à s'effondrer, car il va à l'encontre du désir de l'âme collective. Les Européens ont été manipulés et trompés par leurs gouvernements. Ce traité a été présenté comme une concrétisation de la fratrie européenne, offrant au passage une devise commune, un passeport commun, une défense commune et des objectifs communs. Les populations y ont cru et ont eu confiance, en pensant qu'un tel processus était la concrétisation d'un dessein supérieur.

Mais ce traité n'est pas la concrétisation d'une idée spirituelle provenant d'un rêve collectif. C'est une législation imposée par le sommet de la hiérarchie, dans le but de soumettre les Européens à une manipulation et à un contrôle illimités. La fratrie de l'humanité ne peut pas se présenter sous forme d'un regroupement politique instauré par le biais du pouvoir. Elle doit au contraire s'exprimer librement, comme une identité spirituelle collective prenant sa source dans l'amour et dans l'humanité que nous partageons. Mais elle ne naîtra que lorsque tout le monde aura compris et accepté que nous faisons tous partie d'une seule âme spirituelle.

Les politiciens choisiront toujours d'emprunter les raccourcis qui leur permettront de garder le contrôle. Par exemple, John Major, le premier ministre britannique de l'époque, avait refusé que son peuple ne puisse s'exprimer sur le traité au moyen d'un référendum par peur de mettre en péril son avenir politique de marionnette du pouvoir britannique. S'il avait perdu à la question du traité de Maastricht, il aurait disparu de la scène politique. Soixante-dix pour cent des Britanniques étaient totalement opposés au traité et ne souhaitaient pas en faire partie, mais on a refusé de les laisser s'exprimer. Une fois encore, c'est l'ego de la nation qui a pris le dessus sur ce que lui disait son cœur. Lorsque le projet de loi du traité a été présenté au parlement pour ratification, la question a fait l'objet d'un débat houleux et les résultats du vote des parlementaires se sont révélés très serrés. Les députés de l'époque opposés au parti de John Major ont dû se ranger aux côtés de celui-ci après avoir été menacés de représailles en l'absence de coopération. Le projet de loi a donc été voté à une faible majorité. Le traité de Maastricht est un parfait exemple de machination et d'utilisation du pouvoir. Pour le vendre aux Européens, il a été enrobé de mensonges. L'Europe dispose d'un parlement pour lequel a voté la population, mais le contrôle de la Communauté économique européenne n'était pas entre les mains du parlement, mais entre celles de la commission de la CEE. Ses membres n'étaient pas élus mais nommés par les gouvernements qui constituaient la Communauté. En Europe, le pouvoir s'est déplacé d'un totalitarisme démocratique, dans lequel chaque pays choisissait son parlement, à un totalitarisme démocratique européen incarné par le parlement européen. À partir de là, il s'est rapproché d'une dictature absolue en se manifestant par le biais de diverses hiérarchies d'élite qui les contrôlent et qui choisissent les membres de la Commission.

42

Je suis sûr que la plupart des Européens sont en accord avec cette union économique et avec l'idée d'une Europe supérieure incarnée par l'amitié et la coopération. Et c'est d'ailleurs parce que le pouvoir politique se dissimule souvent de façon subtile derrière ces idéaux que leur liberté est menacée. La moitié du temps, on ne sait pas réellement ce qui se passe. La plus grande partie de l'Europe n'a jamais vu le traité de Maastricht. Lorsque les électeurs danois l'ont eu entre les mains, ils s'y sont tout naturellement opposés. Que Dieu bénisse le Danemark. Malheureusement, le gouvernement danois n'était pas satisfait du vote « non » et a demandé qu'un autre référendum soit effectué l'année suivante. Les médias danois ont été sollicités et la télévision a diffusé des messages effrayants des mois avant le vote, ce qui a permis au gouvernement d'obtenir un « oui » largement majoritaire au référendum suivant. Cela démontre bien que nos dirigeants ne respectent pas l'idée de la démocratie. Quoi qu'il en soit, lorsque les électeurs danois et le reste de l'Europe se seront fait une bonne idée de l'utopie unilatérale qui siège à Bruxelles et à Strasbourg, ils auront une tout autre opinion, et des têtes devront tomber. La supercherie sera alors dévoilée au grand jour et les fondements du traité seront répudiés.

À mesure que l'âme collective évolue, les gens commencent à réaliser que le renoncement à leur liberté et à leur héritage, en échange de la perspective de conditions meilleures ou d'une charité quelconque, n'est pas à leur avantage. Un tel comportement n'a rien de spirituel. Au départ, le socialisme a aidé les gens, mais le socialisme extrême — par lequel vous vendez votre âme à l'État qui pourra ensuite vous contrôler et diriger votre vie — est une idée dépassée. Cette idée est née de la révolution industrielle ; elle n'appartient plus à notre époque et elle est contraire à la mission de l'âme collective. Le socialisme moderne ne peut pas survivre, car il crée les mêmes raccourcis dans l'évolution des enseignements à ce niveau que la jouissance du pouvoir hiérarchique. Le socialisme permet à un individu de se soustraire à la leçon spirituelle de la transformation de ses pensées en actions pour concrétiser ses rêves. En vertu du socialisme, la substance et les possibilités créatrices sont fournies par les autres. Prendre ainsi les gens en charge les déposssède de leur pouvoir et de leur spiritualité, et les transforme en esclaves de la corruption étatique. Ils perdent alors leur libre arbitre et compromettent leur intégrité.

43

L'âme collective ne peut pas évoluer correctement si le socialisme dépossède des millions de personnes de leur pouvoir. Tout le monde devra finir par être autonome parce que c'est un comportement spirituel, et parce que ce sont ceux qui créent l'énergie qui subissent les conséquences d'un socialisme extrême. Celui-ci les tire vers le bas, ce qui compromet la croissance, le bien-être et la progression de l'âme collective planétaire. En outre, le socialisme procure à nos gouvernements une autre excuse pour s'immiscer dans la vie des gens sous prétexte de faire preuve de charité. Tout cela va changer, en partie sous la pression de l'endettement croissant, et en partie parce qu'il n'y a plus d'entente entre une majorité de populations.

À mesure que les gens évolueront et feront preuve d'un plus grand courage, ils se libèreront de la mainmise du gouvernement qui les contrôle et se mettront à l'écoute de l'esprit qui est en eux. Leur liberté et leur héritage spirituel seront alors bien plus précieux pour eux que n'importe quelle récompense offerte en échange de leur loyauté. Les humains seront animés par le désir de s'épanouir.

44

Bien sûr, si les gouvernements n'avaient pas passé leur temps à profiter du peuple, nous n'aurions pas eu besoin d'un socialisme d'État, et au lieu de cela nous aurions pu avoir quelques économies personnelles. Mais les répercussions de l'impôt sont énormes. Il appauvrit les gens, ralentit leur évolution et les oblige à abandonner jusqu'à la moitié des fruits de leur travail à l'État. Par exemple, si vous commencez à travailler lorsque vous avez dix-huit ans et que vous payez 3 000 dollars en taxes diverses au cours de la première année, cette somme vous sera enlevée à vie. Si vous pouviez la déposer dans un compte non imposable, dont les intérêts s'élèvent à huit pour cent, jusqu'à ce que vous ayez 65 ans, vous disposeriez de 111 000 dollars à la fin de cette période. Si vous ajoutiez le même montant l'année suivante, vous disposeriez d'une somme supplémentaire de 103 000 dollars. À l'âge de vingt-et-un ans, les impôts que vous aurez payés au cours de vos trois premières années de travail, se seront transformés en un montant de 310 000 dollars lorsque vous aurez atteint l'âge de soixante-cinq ans.

Les sommes d'argent dont on dépouille ainsi les gens pendant leur vie active sont tellement importantes que tout le monde serait facilement millionnaire au moment de la retraite. Personne n'aurait besoin de la pitance concédée par l'État et les citoyens plus âgés seraient riches. Ce qui leur resterait de leur fortune serait légué à leurs descendants, qui deviendraient à leur tour encore plus riches. Le pouvoir se déplacerait progressivement du sommet de la hiérarchie vers le peuple. En réalité, la grande majorité des gens meurent en laissant peu ou pas d'actif. Bien sûr, on nous dit que le gouvernement ne pourrait pas diriger le pays s'il n'y avait pas d'impôts. Mais c'est précisément là qu'est le problème selon moi : c'est parce que le gouvernement veut diriger le pays que nous payons des impôts. En réalité, nous n'avons besoin ni des impôts ni du gouvernement. Nous pourrions mettre fin au socialisme, réduire le contrôle de l'État, privatiser la plupart des fonctions du gouvernement, et, par l'intermédiaire d'une taxe sur les biens et services, nous pourrions diriger le pays avec une fonction publique réduite mais efficace. Un groupe de représentants avisés pourrait superviser différents aspects de la bureaucratie pour s'assurer que celle-ci respecte les besoins du peuple. Mais leurs fonctions resteraient du domaine de la supervision et non de la législation.

45

L'âme collective planétaire n'a pas encore suffisamment évolué pour pouvoir s'opposer à l'idée d'un gouvernement, mais elle finira par y venir. Les structures vont disparaître progressivement. Il ne peut pas en être autrement parce que le peuple s'est élevé sur le plan métaphysique au-dessus de ses dirigeants par le biais d'une discipline et d'une perception intérieures accrues. Bien que les gens du peuple n'exercent qu'un pouvoir extérieur limité, leur pouvoir intérieur s'est développé avec discrétion et rapidité. Nos dirigeants, qui privilégient le pouvoir extérieur, prennent du retard par rapport à la progression spirituelle de la nation. Lorsque ce retard sera suffisamment important, la mainmise que le gouvernement a sur le peuple n'aura plus de raison d'être. Leur « divorce » sera prononcé lorsque les chèques du gouvernement faibliront. Car le pouvoir est actuellement maintenu en achetant le consentement du peuple. Si ces chèques sont réduits — ou éliminés — la vérité sera enfin dévoilée au peuple, qui mettra en doute la légitimité des autorités.

Vous êtes un esprit éternel ; vous étiez libre avant d'arriver sur terre et vous le serez lorsque vous partirez. Aucun gouvernement ne vous contrôlera dans le royaume céleste. Entre-temps, vous avez accepté cet état d'existence spirituelle comprimé dans un corps physique pour que l'esprit qui est en vous puisse mieux se renforcer, se comprendre et se percevoir par le biais de la gravité accrue inhérente à l'état physique. Puis, lorsque vous regarderez à l'intérieur de vous et laisserez la place au silence et à la sérénité, vous sentirez l'esprit et verrez le rêve. Vous ne rechercherez pas un pouvoir extérieur, car vous bénéficierez d'une réelle immortalité qui s'exprime par un contrôle sur l'ego, au travers de la discipline. Vous reprendrez contact avec votre esprit. Enseignez cette idée aux autres et bientôt elle atteindra la majorité, et le système tel que nous le connaissons aujourd'hui n'aura plus de raison d'être.

46

C'est alors que les humains que nous sommes, qui avons une bonne part de bonté et de vertu en nous-mêmes, serons en mesure de continuer notre évolution spirituelle. Lorsque le rêve de l'âme collective se sera répandu, toutes les idées qui lui seront contraires nous déplairont à un point tel qu'elles n'auront aucune base sur laquelle s'établir. Le royaume des Cieux se manifestera enfin sur Terre. L'idée que vous devez lutter pour vous libérer de l'ego repoussant de l'État est insensée. C'est la même chose que le chef de police qui fait preuve de largesse en ne vous emprisonnant pas. Il s'agit de pratiques malhonnêtes. Vous n'avez pas besoin de gagner votre liberté, car vous êtes déjà libre. Il est impossible d'emprisonner la force de Dieu.

Malheureusement, le processus par lequel l'ego abandonne le contrôle de l'esprit ne peut habituellement se produire qu'à la suite d'un effondrement. Il est pratiquement impossible que l'ego renonce volontairement à sa mainmise, de la même manière que la plupart des gens ne commencent leur voyage intérieur qu'après une épreuve — maladie, faillite, stress, rupture amoureuse. Une crise sera donc nécessaire pour réduire l'ego du monde au point où l'esprit pourra reprendre le contrôle.

47

Dans un premier temps, le système exercera une pression accrue, et l'on assistera à d'importants bouleversements sociaux et à une surveillance accrue de l'État policier. Mais tout cela finira par disparaître. L'ego a tendance à la lâcheté ; il ne peut pas supporter la lumière de Dieu, car s'il lui fait face, il y verra son reflet. Il ne supporterait pas de voir cette image de près. Lorsque tous nos frères et sœurs de la planète se seront rassemblés et dégageront une lumière spirituelle suffisante, des changements se produiront. Pourquoi ? Parce que les lois naturelles le garantissent. L'écrivain américain Wayne Dyer a écrit dans son ouvrage *Real Magic* : « Si l'on se fonde sur les lois de la physique, lorsqu'une quantité suffisante d'électrons s'alignent dans un atome pour former une position, tous les autres s'alignent de la même façon. C'est ce que l'on appelle la transition de phase, [...] notre monde vit actuellement cette transition. La force invisible qui aligne les électrons au sein d'un atome, cette intelligence spirituelle qui existe en tout, atteint la masse critique sous forme d'un nombre important d'êtres humains, et les résultats se manifestent dans notre monde. Cette force ne peut pas être arrêtée. Certains essaieront, mais ils seront balayés du chemin. » Tous les événements politiques et spirituels importants des vingt prochaines années découleront de la lutte entre l'ego du monde et l'esprit de l'âme collective de l'humanité.

Dans le tome I de *Un souffle de changement*, nous pourrons analyser plusieurs éléments qui domineront cette lutte de la conscience entre l'ego et l'esprit sur les plans personnel, national et international. Je vous proposerai quelques idées qui vous permettront de profiter de ce processus. Les nations laisseront la place aux États, qui à leur tour feront place aux petites municipalités. En fin de compte, lorsque les êtres humains auront tous évolué et assumé leurs responsabilités, ils pourront devenir des nations à eux seuls. Parce que chacun sera en mesure d'exprimer sa lumière intérieure, l'âme collective planétaire sera épanouie et son pouvoir sera immense.

Il n'y a plus de raison pour que nous acceptions la marche qui nous est imposée. Nous avons la capacité de choisir notre rythme. Nous avons évolué, même si certains ne l'ont toujours pas compris, alors il nous faudra le leur montrer. Je ne crois pas à la violence, mais je pense que nous devons adopter une approche autoritaire. Celle-ci se doit d'être spirituelle, polie et bienveillante, en gardant à l'esprit que la hiérarchie est l'ego. À l'heure actuelle, nous ne pouvons pas nous débarrasser complètement de l'ego de l'âme collective planétaire, et nous devrons donc nous assurer qu'elle reste en retrait.

Chaque personne peut contribuer à ce processus. Mettons de côté nos différences et prenons plutôt contact avec le lien spirituel de l'âme collective. Laissez-la s'exprimer, et affirmez haut et fort : « Moi aussi, j'ai vu le rêve. Moi aussi, je m'exprime à travers lui lorsque je dis "Monsieur, Madame, que la paix soit avec vous. Nous voulons récupérer nos gens — chaque homme, chaque femme, chaque enfant. Nous le voulons, et nous le voulons maintenant !" »

Ces paroles sortent de la bouche des enfants...

L'esprit tribal populaire

CHAPITRE DEUX

POUR COMPRENDRE COMMENT LA FORCE SPIRITUELLE DE L'ÂME collective planétaire prendra progressivement le dessus sur l'ego, il nous faut retourner en arrière et analyser les composantes de l'âme planétaire, ainsi que la façon dont chacun de nous évoluons au sein de celle-ci.

L'âme collective de l'humanité est constituée de l'esprit collectif et de l'identité spirituelle de tous les êtres qui ont vécu dans le passé et qui vivent aujourd'hui. Je pense qu'il s'agit là de la mémoire inhérente et immortelle de notre planète, ainsi que de l'inconscient collectif. Je considère l'âme collective comme un être évoluant de la même façon que vous, à la différence près qu'il le fait sur une période plus étendue.

Bien que les humains soient des individus, ils ont tendance à évoluer en groupes, comme c'était principalement le cas dans l'histoire ancienne, où les gens étaient moins indépendants. Les regroupements tribaux permettaient alors de créer un certain niveau d'énergie, lequel présentait des caractéristiques qui lui étaient propres. L'identité spirituelle d'un regroupement tribal est, dans les enseignements anciens, l'esprit populaire de la tribu. On dit que l'esprit populaire de chaque clan contient sa mémoire tribale. C'est ce que les aborigènes d'Australie appellent le « temps du rêve ». Pendant des dizaines de milliers d'années, la population mondiale — que ce soit les privilégiés ou les défavorisés — a évolué en fonction des mentalités de ces unités tribales. Bien entendu, certains s'en sont éloignés, mais lorsqu'ils le faisaient, ils emportaient avec eux leur culture et leur héritage tribal. Ainsi, même quand il était en Chine, Marco Polo était toujours un Vénitien. Bien que les membres d'une tribu aient des personnalités distinctes, et que chacun possède son propre potentiel au sein de la structure tribale, ils ne peuvent pas exprimer pleinement cette individualité. Ils s'habillent tous et parlent tous de la même façon. Ils mangent la même nourriture. Ils partagent des pensées, des religions et des traditions communes. Ils reproduisent les comportements des autres, et il est donc difficile de les différencier sur le plan spirituel.

Imaginez une tribu d'Amazonie qui n'a pas eu de contact avec le monde extérieur, et qui a évolué en tant qu'unité distincte. Une seule voix suffit pour décrire l'inconscient collectif, l'héritage et les traditions de cette tribu — les idées auxquelles elle croit. Ce quantum tribal, ou identité, se trouve à l'intérieur de l'identité collective de l'âme collective planétaire dont elle fait partie. Imaginez que l'âme collective est un filet de pêche, et qu'à l'intérieur de ce filet se trouvent des millions de balles de tennis — chacune de ces balles représentant une des tribus du monde. Avant le Moyen Âge, l'âme collective planétaire était constituée en quasi-totalité de ces identités tribales. Chaque plan fournissait un mot de la « phrase cosmique » qui permettait à l'âme collective planétaire de se décrire. Imaginez maintenant qu'un individu quitte la tribu amazonienne, s'installe à l'étranger, trouve un travail et se marie avec une Portugaise. Avant, dans son rêve — sa mémoire inconsciente — il faisait partie de l'esprit populaire de son peuple. Il se trouvait à l'intérieur de la « balle de tennis ». Parce qu'il vit maintenant une existence distincte, sa mémoire tribale s'estompe progressivement et se trouve remplacée par une nouvelle mémoire qui est le reflet de sa nouvelle situation et de son nouveau comportement. Les enfants de cet individu naîtraient en dehors de l'héritage tribal amazonien. Ils évolueraient au sein de la nouvelle identité de leur père et de leur mère. Ses petits-enfants en seraient encore plus éloignés, même si certaines traditions peuvent se transmettre d'une génération à l'autre.

Dans cet exemple, l'âme collective de notre planète contient maintenant toutes les balles de tennis qu'elle contenait avant — y compris celle qui porte le nom de « tribu amazonienne » — mais elle comporte également une composante spirituelle toute nouvelle, incarnée dans l'être qui a formé sa propre tribu. C'est un peu comme si le quantum tribal initial avait libéré un électron distinct, créant ainsi deux unités, et donc une plus grande énergie.

Le Moyen Âge a été témoin du début du processus d'individualisation, mais ce n'est qu'au moment de la révolution industrielle, dans les années 1800, que les gens ont vraiment commencé à se libérer de la mainmise de l'esprit ancestral. Les diasporas européennes se sont mises en place, non sans difficulté, créant des problèmes en Russie et des pressions ethniques dans l'Empire austro-hongrois, ainsi que des tensions économiques, comme celle de la famine irlandaise dans les années 1840. Tous ces événements ont été à l'origine de migrations massives vers d'autres pays, y compris les États-Unis. Le fait d'être séparés géographiquement de la terre qui contenait leurs rêves a eu pour effet de rendre l'esprit populaire des tribus plus élastique. L'esprit tribal a alors commencé à perdre de sa force. Avant les années 1800, l'idée qu'une personne puisse avoir un destin distinct — c'est-à-dire une évolution individuelle en dehors de son clan — était peu répandue. Très peu de personnes envisageaient de faire une telle chose. Le système féodal et le manque de mobilité physique et économique incitaient les gens à se cantonner à leurs unités sociales et tribales. L'endroit où l'on naissait était souvent celui où l'on passait sa vie.

Les limitations étaient encore plus importantes que cela. La plupart des gens ne savaient pas lire, ils étaient peu informés et ils ne pouvaient pas réellement être influencés par des forces extérieures. C'est ce que la tribu savait et croyait qui formait le courant dominant de la pensée et de la personnalité d'un homme ou d'une femme. La pensée libre n'existait pas vraiment. Il y avait bien sûr des philosophes et des scientifiques, ainsi que quelques livres qui proposaient de nouvelles idées, mais cette pensée « nouvelle » n'était qu'une variante sophistiquée de la pensée religieuse ou tribale, et elle n'avait pas de répercussions sur la masse humaine, puisque la grande majorité des gens ne savaient pas lire. Les nouvelles idées et les découvertes scientifiques restaient au sein de l'intelligentsia, qui ne comptait que peu de membres. Tandis qu'Isaac Newton formulait ses lois sur la gravité, rien ne changeait dans la vie des paysans. Ce n'est qu'au moment de la révolution industrielle que la science a commencé à avoir des applications réelles pouvant avoir un impact sur les gens et sur leur conscience. Avant cette époque, la masse de l'humanité n'avait jamais été exposée à quelque chose de particulièrement différent ou nouveau. Et elle ne le souhaitait pas, parce qu'elle n'était pas prête. Les pensées inhabituelles avaient pour effet de perturber l'esprit collectif des anciennes tribus. L'ignorance et la suspicion prévalaient. C'est pour cette raison que les personnes solitaires, excentriques ou étrangères étaient considérées comme une menace. Habituellement, les tribus sont xénophobes. Les étrangers et les idées étranges étaient considérés comme compromettants

54

pour l'intégrité psychique de la tribu et une menace pour sa sécurité.

Les choses n'ont pas changé jusqu'au début de l'avant dernier siècle dernier, où l'âme collective planétaire a vécu un « big bang » très similaire à celui que l'Univers a connu au début des temps. L'industrialisation et la migration massive ont poussé les unités tribales à se séparer en groupes de plus en plus petits. Les gens partaient pour trouver du travail. Lorsque le peuple s'est défait massivement de la mainmise directe de leur esprit tribal, il s'est en partie libéré. Il pouvait rêver plus librement. Les gens ont commencé à avoir des pensées indépendantes et à s'exprimer avec moins de restrictions. La philosophie, les inventions et les idées évoluaient avec une grande rapidité. L'esprit de l'humain se libérait doucement. L'âme collective planétaire contenait maintenant des millions d'électrons partiellement indépendants, en plus de toutes les tribus initiales. Ces événements ont eu pour effet de faire évoluer plus rapidement l'âme collective planétaire.

55

La tolérance était une nouvelle notion. Elle n'est apparue que lorsque les gens ont quitté leur tribu et ont développé une véritable individualité. Tant que le monde conservait son état tribal, l'idée d'une planète et d'un peuple n'était pas envisageable. Les tribus, ainsi que diverses nations en développement, manquaient trop de confiance et étaient trop enfermées dans leurs propres perceptions pour accepter les autres. Ce n'est qu'à l'époque moderne que la notion de tolérance a pris tout son sens, lorsque les entreprises sont devenues des multinationales et que les gens ont été mis en contact avec le reste du monde par le biais de la communication.

Le processus est très lent. Il est en route depuis cent cinquante ans, et il reste encore beaucoup de chemin à parcourir. Encore aujourd'hui, seulement vingt pour cent des Américains sont détenteurs d'un passeport. La plupart des

Américains vivent dans l'esprit américain. Ils manifestent peu — ou pas — d'intérêt pour l'extérieur. Ils ne s'intéressent pas aux événements mondiaux à moins que ces derniers aient un lien direct avec les États-Unis. Quoi qu'il en soit, les peuples du monde entier commencent à se libérer de la pression de leur programmation culturelle. La migration massive, qui ne s'est pas interrompue depuis la Seconde Guerre mondiale (à l'issue de laquelle les contrôles d'immigration ont été allégés), a entraîné la formation de sociétés multiculturelles. De la même façon que les diasporas européennes ont forcé les gens à migrer — en étendant ainsi leurs frontières psychologiques et intellectuelles — les unions entre personnes de cultures différentes ont provoqué un « big bang » au sein du patrimoine génétique tribal (qui contient la composante génétique de la mémoire tribale). Auparavant, le patrimoine génétique concernait presque exclusivement la tribu, puisque les unions avec des personnes de l'extérieur étaient mal vues ou carrément interdites. Le mélange des gènes de différentes tribus a contribué à étendre l'esprit tribal de façon subtile, mais importante. Il a renforcé la notion de monde et de peuple unique. L'éducation et l'information contribuent également à cette ouverture culturelle. De plus en plus de gens trouvent le courage d'avancer vers leur liberté. Cette migration massive à l'extérieur de l'esprit traditionnel aboutira à la libération spirituelle des êtres humains.

On doit comprendre la situation de la façon suivante : chaque personne a un esprit immortel en elle. Lorsque les humains vivaient en tribu, cet esprit n'avait aucun moyen de s'épanouir. Il ne pouvait pas s'exprimer de façon indépendante. Il pouvait seulement contribuer, de façon passive, à l'esprit traditionnel de la tribu. Nombreux sont ceux qui ne sont pas encore suffisamment forts pour franchir le pas — ils ont besoin d'être entourés d'une tribu et de leurs repères familiers pour se sentir en sécurité.

Le processus d'individualisation est un pas essentiel pour l'humanité. Il est impossible de savoir réellement qui on est, si on ne se libère pas de son héritage tribal. Il n'y a pas suffisamment d'espace entre l'individu et son esprit tribal pour pouvoir s'observer. Cet espace que vous créerez pourra être géographique au départ, mais il finira par se transformer en une distance psychologique et spirituelle. Vous vous êtes peut-être éloigné des frontières de votre esprit tribal populaire, mais vous ne deviendrez un esprit totalement indépendant, avec un destin indépendant, que lorsque vous vous en serez totalement affranchi. Car si vous restez dans ces frontières, vous êtes toujours en partie dans l'esprit tribal collectif.

Envisagez les choses sous cet angle : vous avez des pensées personnelles, mais elles ne sont pas très différentes des autres pensées de votre culture. Chaque matin, un million de membres de tribus se lèvent et pensent, « petit déjeuner ». Si vous êtes Français, vous exprimerez ce que vous considérez comme votre individualité dans le langage et le contexte de la culture française. Vous adopterez les idiosyncrasies et les nuances de la pensée et des plaisirs français. Vous vous fondrez émotionnellement dans le mode de vie français. Vous considèrerez probablement que ce mode de vie est supérieur à celui des autres cultures. Vous passerez votre temps avec d'autres Français, et ainsi de suite. Votre individualité s'exprime par l'intermédiaire de l'esprit traditionnel français et de tout ce qui est français. Ces règles sont valables pour tous les autres regroupements culturels. Le lien émotionnel, intellectuel et social que vous entretenez avec cette culture limite votre individualité. Bien sûr, vous pouvez décider de vous distinguer et de vous poser en radical, mais vous n'exprimeriez toujours que des idées françaises. Or, ce n'est pas là que réside, à l'heure actuelle, l'individualité spirituelle.

À mon avis, le processus spirituel est similaire aux lois de la physique quantique, dans laquelle des particules atomiques et subatomiques apparaissent telles des ondes d'énergie. Ce n'est que lorsque vous aurez pris la décision consciente de vouloir connaître la position exacte d'une particule, et seulement à ce moment-là, que cette particule, présente dans l'onde, s'individualisera et deviendra solide et indépendante, en adoptant une position précise et une identité distincte.

Il me semble qu'il y a un lien entre notre voyage à l'extérieur de notre esprit traditionnel, vers notre individualité, et le comportement de la matière atomique et subatomique. Même si les atomes se déplacent en groupes d'ondes mal définis, ils existent quand même dans un état « tribal ». Dans cet état, ils n'ont pas de masse ou de position absolue, mais uniquement la probabilité d'une position. L'onde n'est pas constituée de matière solide, et ce n'est évidemment pas l'atome lui-même qui ondule, mais plutôt une perturbation amorphe de l'information. C'est par la volonté d'un observateur qu'une particule peut devenir solide et indépendante. Grâce à l'observation, la particule passe de l'état de mouvement ondulatoire à celui d'identité distincte qui a une masse et dispose d'une place précise dans l'infini. On peut dire qu'il a ainsi développé ses propres caractéristiques et qu'il s'est libéré de l'influence de l'onde à laquelle il appartenait.

On en conclut donc que l'écart ou l'espace qui sépare une particule et son observateur constitue une composante essentielle de la création d'une individualité solide. Car si l'observateur se trouvait à l'intérieur de la particule, il ne pourrait pas établir d'écart ou d'espace entre lui et cette particule — celle-ci ne pourrait donc jamais devenir solide. Supposons que l'esprit tribal et sa culture sont une onde subatomique. Lorsque vous vous trouvez à l'intérieur de cette onde, il vous est impossible de vous observer correctement parce que ce que votre être — votre énergie totale — oscille en fonction de cette onde tribale. Il n'y a donc pas d'écart. Votre esprit et celui de la tribu se mélangent. Vous vous répandez dans l'onde, et celle-ci se répand en vous. Votre identité spirituelle réside dans un schéma flou de probabilités qui constitue le mouvement ondulatoire de l'identité culturelle et de l'esprit traditionnel de votre tribu. Dans de telles circonstances, il vous est impossible de devenir une particule distincte. Ainsi, si vous souhaitez vous distinguer, vous devrez vous éloigner de l'influence de la tribu — l'interférence ondulatoire qui brouille votre identité — en créant un écart psychologique et spirituel entre vous et cette dernière. Sans distance, il ne peut y avoir d'observation. Et sans observation, il est impossible de se définir spirituellement.

Lorsque des ondes de particules subatomiques se rencontrent, elles établissent des schémas d'interférence ; dans le langage des émotions, on pourrait dire qu'elles s'irritent mutuellement. En fait, ces ondes ne pourraient pas être détectées par le matériel scientifique si ces interférences ne se produisaient pas. De la même façon, les membres d'une onde tribale doivent créer de l'agitation pour se faire remarquer, ce qui explique que se plaindre soit devenu un passe-temps national. Les particules ne se plaignent pas beaucoup ; elles auront plutôt tendance à faire ce qu'il faut pour arranger ce qui ne va pas. L'énergie ondulatoire demande aux autres de réparer ce qui ne va pas en elle. Tant que la masse de l'humanité se cantonnera à l'état ondulatoire de l'esprit tribal, il y aura peu de chances pour que la paix règne dans le monde. La nature subatomique des schémas d'interférence créés par les ondes rend la paix impossible. Des cultures qui évoluent à proximité les unes des autres finissent obligatoirement par s'irriter, ce qui provoque forcément des problèmes.

Cependant, lorsque les gens s'individualisent pour former des particules spirituelles distinctes, tous ceux qui se trouvent dans ce même état peuvent coexister en paix. Parce qu'elles ont une masse définie et une position absolue et précise, les particules en état solide sont plus détachées. Il existe un espace absolu entre elles, et elles ne peuvent donc pas s'irriter. Généralement, elles n'ont même pas besoin d'entrer en contact, mais lorsqu'elles le font, l'explosion crée de l'énergie, contrairement à l'interférence qui aura plutôt tendance à réduire l'énergie qui se trouve dans l'état ondulatoire.

60

Ce n'est qu'en passant par cet état de particule que nous pourrons faire régner la paix dans le monde. L'harmonie distincte est une fonction de l'état solide. C'est pour cette raison que l'élément central de ma philosophie a toujours été l'introspection, qui permet l'observation, et le détachement émotionnel qui permet la création d'espace. En apprenant ensuite à ne pas s'immiscer dans la vie des autres, vous pourrez vous libérer de l'onde et des turbulences qu'elle vous impose. Celle-ci sera à son tour libérée des turbulences que vous lui imposez.

L'image qu'a l'ego de son individualité n'est qu'une aspiration, au mieux une illusion. La séparation qui se produit lorsqu'on instaure un état intérieur de particule solide par le biais de l'observation et de la contemplation n'est pas réellement spirituelle. L'ego, qui existe dans l'onde, n'a pas d'identité solide. Il est destiné à connaître l'insécurité et la contradiction que lui confère l'état de flou dans lequel il évolue. Or, il s'agit précisément de l'inverse de ce à quoi aspire l'ego. Lorsque l'ego se projette à l'extérieur, vers les lignes ondulatoires des autres, il cherche à être rassuré :

« Dites-moi que je vais bien, que j'ai raison, que je suis quelqu'un de spécial. Définissez-moi en m'observant. »

Ce faisant, l'ego tend vers l'état de particule en espérant obtenir une indépendance solide. Et lorsque cela ne fonctionne pas, il se tourne vers d'autres stratégies qui lui permettront peut-être d'établir sa spécificité, ce qu'il fait habituellement par le biais de son statut et de sa position. Ainsi, l'ego cherche à se différencier des autres, en se joignant à un club ou pourquoi pas à une religion élitiste.

C'est pour cette raison que les religions ont du succès, malgré la nature souvent simpliste et enfantine de leurs enseignements. Elles confèrent à l'ego — qui est emprisonné dans l'onde — une transcendance spirituelle en lui offrant de la distance. « Avec cette religion, nous sommes séparés du reste de l'humanité (l'onde) dont le destin est de brûler dans les feux de l'enfer » (c'est-à-dire dans l'oubli de l'énergie nébuleuse qui définit l'oscillation du mouvement ondulatoire).

61

Tout l'intérêt de l'élitisme et du statut social réside dans le fait qu'une personne de l'extérieure puisse l'observer. Sans cette observation extérieure, ils ne sont d'aucun intérêt pour l'ego. C'est pour cette raison que les fidèles d'une église doivent se rassembler régulièrement pour prier — pour qu'ils puissent pratiquer leur élitisme, et surtout pour s'observer pendant qu'ils le font. Ils établissent ainsi l'illusion de la solidité de l'état de chaque membre. La faiblesse d'une telle pratique réside dans le fait qu'il est impossible d'établir un état solide dans un schéma ondulatoire — qu'il soit tribal, religieux ou subatomique.

Mais cela n'empêche pas l'ego de tenter sa chance. Par le biais de l'élitisme, il cherche à établir sa distinction et à attirer des témoins de sa séparation. C'est pour cette raison que le statut de célébrité et le prestige revêtent une telle importance à l'heure actuelle. Le principe est bon, mais c'est son exécution qui ne convient pas. Par exemple, l'ego dépensera 75 000 $ pour devenir membre d'un club sportif sélect, en espérant qu'il s'agisse de la bonne méthode. Mais malheureusement pour lui, la distance qu'il doit établir entre lui et les autres n'est pas sociale ; elle n'est pas extérieure, mais intérieure.

L'introspection est le seul moyen d'établir véritablement cette distance. Elle permet d'avoir un contrôle mental et de refuser à l'ego certaines de ses projections extérieures. L'ego n'aime pas perdre de son influence, car elle lui permet d'avoir confiance en lui. Il ne peut pas se laisser anéantir, et il luttera contre vous jusqu'au bout. Il en sortira parfois vainqueur, et d'autres fois perdant, mais il en profitera toujours pour s'affirmer un peu plus. Ironiquement, pour que l'ego puisse atteindre son rêve spirituel d'une identité distincte, il doit être perdant. Pauvre ego, il a perdu d'avance !

À l'inverse d'une particule subatomique, l'esprit humain — dans lequel réside l'ego — a la capacité de s'observer. Ainsi, il n'a pas besoin de l'amour (concentration) d'un scientifique pour devenir solide et réel. Il peut se détacher de l'onde tribale, et, plutôt que d'aimer (se concentrer sur) le monde extérieur pour obtenir cette réalité solide, il peut s'aimer lui-même. Par le biais de l'observation, l'esprit peut établir une identité indépendante dans le monde spirituel intérieur. En traitant votre esprit et vos émotions, vous pouvez vous libérer de l'angoisse que vous avez héritée de votre onde tribale. C'est ce que les psychologues et conseillers spirituels appellent le lâcher-prise. Lorsque vous parvenez à l'appliquer, cette méthode crée un espace absolu entre vous et l'interférence de type ondulatoire qui provient de votre esprit tribal populaire. Le détachement vient ensuite accentuer ce processus en créant un espace absolu entre vous et les émotions que vous avez héritées des autres, ainsi qu'un espace absolu supplémentaire entre vous et vos propres émotions. Vous vous détachez pour devenir une particule. Vous êtes maintenant individualisé sur le plan spirituel, et vous évoluez selon votre propre image, au-delà de l'onde.

Il est intéressant de noter que la progression humaine de l'état de mouvement ondulatoire à celui de particule peut être symbolisée par l'évolution de la danse. Les danses tribales sacrées sont des regroupements au cours desquels les participants s'agitent en mouvements ondulatoires, en formant souvent un cercle, qui est un symbole extériorisé du rassemblement de leurs esprits. Ils font tous les mêmes mouvements. Le chef de la tribu s'adonnera probablement à un spectacle en solo de par son statut particulier, mais la danse s'exprime comme une sorte de vague ondulatoire à laquelle participe la quasi-totalité de la tribu.

63

Après les danses tribales se sont développées des danses populaires, comme la danse écossaise (*Reel*). Il s'agit là encore d'une danse en groupe où les participants doivent suivre certaines règles — elle ne fait aucune place à l'expression libre. Le ballet est quant à lui une forme plus sophistiquée et libératrice de danse en groupe. Le corps de ballet est la tribu, et les solistes sont leurs roi et reine. Les danses de salon sont apparues plus tard. Avant, elles se dansaient en groupe, en suivant un rythme et exécutant des pas précis, mais elles se dansent maintenant en couple. La femme a peu de liberté puisqu'elle doit se laisser guider par l'homme. Elle se déplace vers l'arrière et lui vers l'avant, ce qui est représentatif de nos traditions tribales dans lesquelles les femmes sont soumises au contrôle masculin. Mais les danses de salon laissent un peu de place à l'interprétation. Lorsque les deux danseurs se séparent, comme dans le charleston ou le twist, ils effectuent pratiquement les mêmes mouvements, mais la femme est libérée du contrôle de l'homme. Enfin, nous arrivons à la danse disco moderne, où les deux danseurs ont chacun une totale liberté de mouvement. Cette évolution de la danse me fait penser à la transition entre le mouvement ondulatoire et la particule indépendante.

Si seulement il était aussi simple d'effectuer cette transition que d'apprendre une nouvelle danse. En réalité, la transition qui mène vers une liberté personnelle totale n'a rien de simple. Le clan procure aux individus une sécurité et une solidité qui proviennent de la familiarité et des relations étroites. Vivre au sein d'une onde est moins exigeant, car le fait qu'elle soit imprécise donne la possibilité d'une responsabilité partagée. La vie d'une particule est plus instantanée et mieux définie. Elle ne peut pas réellement déléguer ses responsabilités, car aucune ligne ondulatoire ne la relie à d'autres particules. Le chemin qui mène vers l'individualité totale est donc assez solitaire. Il nous force à être autonomes. Dans le monde subatomique, la transcendance d'une particule de l'état de mouvement ondulatoire à celui d'état solide est instantanée. Dans notre monde, ce transfert est plus lent et progressif. Les difficultés que présente cette transition ont poussé les gens à chercher un juste milieu entre la sécurité de l'onde populaire tribale et l'état de particule totalement libre de l'individualisme absolu.

64

L'Amazonien que nous avons pris en exemple plus tôt et qui a quitté la jungle pour se marier avec une Portugaise s'est éloigné de la sécurité de sa tribu dont il ne partage plus l'évolution, puisqu'il a formé sa propre sous-culture. Étant donné que celle-ci est encore nouvelle, il serait surprenant que cet homme et sa famille aient le pouvoir d'exister psychologiquement par eux-mêmes. Il est donc tout naturel qu'ils souhaitent appartenir à un nouveau groupe. Ils en trouveront probablement un, au sein d'une identité nationale plus grande, qui, dans ce cas précis, serait le Brésil. À mesure que le temps passe, il commence à s'identifier à la nationalité brésilienne au détriment de ses origines. Sa femme, qui a probablement appartenu à un regroupement tribal portugais, s'est écartée de cette molécule par le mariage, et elle commence également à adopter progressivement une identité brésilienne. Pendant ce temps, la tribu initiale de cet homme, qui réside dans l'esprit traditionnel de son peuple, se considère toujours indienne.

Dans le même ordre d'idées, les habitants de l'ouest de l'Angleterre, qui se sont considérés pendant des milliers d'années comme des Cornouaillais, ont fini, le temps passant, par se percevoir d'abord comme des Anglais, puis comme des Cornouaillais. Au cours des cent cinquante dernières années, à mesure que ce transfert des populations a progressé, un esprit national est né de cet amalgame de tribus. La plupart des gens déplaçaient leur sentiment de loyauté vers leur nouvelle identité nationale. La mémoire des tribus a été maintenue par les personnes qui ont pris la décision de rester sur les terres de leurs ancêtres, et les cultures ethniques qui étaient regroupées comme de nouveaux groupes tribaux se sont rassemblés dans différents quartiers des villes. Par-dessus tout, la plus grande partie de la cohésion tribale de nos sociétés s'est désintégrée pour se transformer en un sentiment national.

C'est ce transfert d'un alignement tribal à une identité nationale qui est à l'origine de nos nations modernes. Ce processus a été à la fois social, politique et militaire. La création d'un État-nation a constitué la première étape que l'âme collective planétaire ait franchie en plusieurs milliers d'années. Mais il ne régnait pas de liberté d'expression totale au sein de ces États-nations, car les chefs de tribus y ont seulement été remplacés par des gouvernements. La culture nationale n'exerce pas de contrôle aussi puissant que la culture tribale, mais elle domine néanmoins la pensée des gens. Nous avons progressé vers l'autonomie, mais nous ne pouvons pas prétendre que nous sommes libres. En réalité, nous sommes passés d'une onde tribale à une onde nationale plus importante, possédant une énergie supérieure. Les deux guerres mondiales ont eu pour effet de décimer et de disperser de nombreux groupes ethniques. La Première Guerre mondiale a mis le processus en route, et la Seconde Guerre mondiale a pris le relais en regroupant de nombreuses unités nationales pour créer des pays clairement définis. Nombre de nos frontières nationales sont relativement modernes, et la plupart d'entre elles ont été établies au moyen des conquêtes — principalement au cours du siècle dernier. Après les guerres, le contrôle était principalement exercé par la royauté, et les classes supérieures se sont retrouvées entre les mains du gouvernement, et non du peuple. Il est donc resté des gouvernements associés à une hiérarchie industrielle et commerciale. En Angleterre, une partie de l'aristocratie a réussi à survivre, principalement les familles qui détenaient d'importants intérêts commerciaux, mais dans l'ensemble, sa mainmise économique et sociale s'est estompée. Au cours des années cinquante et soixante, la conscience des gens s'est modifiée, car le pays a commencé à prôner une plus grande égalité et les gouvernements travaillistes ont mis fin à la transmission héréditaire de la fortune en augmentant considérablement les droits sur les biens des personnes décédées. Il ne restait donc plus que le gouvernement et les grandes entreprises.

La notion d'esprit mondial n'est pas encore une réalité. Les gens en parlent toujours, mais, en vérité, la masse de l'humanité a trouvé un point d'ancrage quelque part entre l'esprit tribal et national, bien que des millions de personnes commencent à s'éloigner de cet état pour adopter une vision

66

plus globale. Mais elles représentent une petite minorité, si l'on considère l'ensemble de la population mondiale.

Les visions tribales et nationales sont chauvines et très discriminatoires. Il va de soi que si une personne existe en partie ou en totalité à l'intérieur du mouvement ondulatoire de son esprit tribal, ou dans celui de son esprit national, elle ne serait pas assez distancée de celui-ci pour pouvoir se créer une individualité spirituelle en tant que telle — elle devrait se limiter à l'éventualité ou à la probabilité de celle-ci. Comme elle ne s'est pas séparée pour devenir une particule distincte, elle ne peut pas totalement respecter ou comprendre l'individualité des autres, puisqu'elle ne connaît pas cet état.

67

Bien que la télévision ait apporté une ouverture d'esprit, le processus de mondialisation nécessitera encore du temps. Regarder les autres sur un écran en couleurs est une chose, mais pour comprendre la notion de famille mondiale, il est nécessaire d'étendre son énergie, de voyager et d'aller à la rencontre de vos connaissances. Vous devez faire l'expérience du monde. C'est pour cette raison que les personnes qui empruntent un chemin spirituel voyagent beaucoup. Cependant, la plupart des gens ne parviennent pas à effectuer ces déplacements. Nous avons toujours en nous les restes de l'esprit tribal dépourvu de confiance psychique. Néanmoins, chaque génération devient un peu moins discriminatoire que la précédente.

Le comportement des gouvernements n'aide pas lorsqu'ils utilisent les médias pour rassembler le peuple autour d'un sentiment de fierté nationale, en espérant qu'ils obtiendront ainsi leur loyauté la plus totale. Ils s'en servent pour garder les gens enfermés dans l'onde nationale. Un des stratagèmes régulièrement utilisés consiste à juxtaposer le gouvernement d'une nation sur l'identité de celle-ci, ce qui a pour effet de brouiller, dans l'esprit des gens, la frontière qui sépare normalement deux composantes très distinctes — le gouvernement d'une nation et la nation elle-même. Il est implicite que l'allégeance (ou tout au moins le consentement passif) au gouvernement est nécessaire, en tant que composante de l'allégeance à la nation. Le message est donc le suivant : si vous n'appuyez pas les institutions de la nation, vous trahissez votre pays. Ce mensonge est présenté avec beaucoup de subtilité. Il s'adresse directement à l'esprit tribal ou national, en exigeant des citoyens qu'ils ne risquent pas de faire tanguer le bateau en déstabilisant l'intégrité de l'onde nationale.

Il s'agit donc d'une industrie de propagande qui fait appel à la fierté nationale et en profite pour renforcer son ego. Les événements sportifs auxquels notre nation participe sont extrêmement bien couverts par les médias. Ainsi, on fait croire à tout le monde que les singeries de ces sportifs sont le fruit d'une grande nation — et qu'ils sont un reflet de notre valeur individuelle, ainsi que le produit des merveilleuses politiques et actions du gouvernement. C'est pour cette raison que les sports font l'objet d'une telle promotion. Secouer l'ego national est un moyen très efficace de détourner les gens des vrais problèmes. Pourquoi des millions de personnes, qui ne manifestent habituellement aucun intérêt pour le sport, sont-elles envoûtées par les Jeux olympiques partout dans le monde ? Parce que ce qu'il reste de l'ancien esprit tribal, lequel s'est transformé en esprit national, est regonflé à la moindre petite victoire. Ainsi, une médaille de bronze en ping-pong créera un héros national, et ses compatriotes auront alors une meilleure opinion d'eux-mêmes. Les restes de l'esprit tribal sont toujours très présents. Si votre esprit est mondial, vous regarderez peut-être le match de tennis de table pour le plaisir, mais il vous importera peu de savoir qui va gagner. Vous n'allez pas avoir la grosse tête parce qu'une personne que vous n'avez jamais rencontrée, mais qui a la même nationalité que vous, obtient de bons résultats. Son succès ne signifie rien pour vous puisque vous n'êtes pas programmé à l'intérieur de la molécule nationale. Cependant, la plupart des gens le sont. On prend bien soin de s'assurer que nos dirigeants nationaux sont associés aux héros sportifs sur différents clichés photographiques — l'équipe de basket-ball sur la pelouse de la Maison blanche, l'équipe de cricket à Downing Street, à Londres, et ainsi de suite. Il s'agit là d'une forme de propagande qui cherche à associer un dirigeant politique au triomphe national, en suggérant qu'il a sa part de responsabilité dans la réussite de ces sportifs. La ferveur internationale, qui entoure les événements sportifs, légitime l'ego national et entretient l'illusion que le peuple d'un pays est spécial et différent des autres. Nous avons gagné, les étrangers ont perdu, nous sommes donc les meilleurs.

Ces valeurs, qui sont quelque peu extrémistes et immatures, sont en train de disparaître, et le développement d'une économie mondiale prouve aux gens qu'ils ne peuvent pas exister s'ils s'isolent sur le plan national. Nous devons aller vers les autres. Ce faisant, nous devons apprendre à les connaître et à les respecter si nous voulons négocier avec eux. Les négociations développent l'amitié et la confiance, et avec le temps, l'esprit national finira par desserrer son étreinte. Les humains ne seront libres que lorsque l'esprit national aura changé et qu'ils seront capables de se considérer comme un peuple mondial. Les hiérarchies dominantes parviendront toujours à se servir des personnes à l'esprit étroit et de l'ego en général, pour cautionner leurs actions. En exacerbant le sentiment de fierté nationale, le gouvernement enferme les gens dans un état d'esprit qui lui permet de les convaincre facilement que ce qui est bon pour le pays l'est également pour l'individu. Cette idée est facilement acceptée par les gens qui appartiennent à une onde tribale, en raison du lien indistinct qui les relie aux autres et de leur existence ondulatoire. Bien sûr, très peu de personnes ont une idée précise de ce qui est bon pour leur pays et de ce qui ne l'est pas. Elles n'ont pas — ou ont peu — d'informations indépendantes, et elles ont donc tendance à accepter les messages du gouvernement sans critique. Et même si elles ne tirent aucun bénéfice personnel de certains projets de loi qu'elles soumettent, elles le font en pensant qu'une loi bénéfique pour le pays doit l'être pour les individus. Pour contrôler et manipuler les gens, les dirigeants entretiennent le concept d'esprit national collectif et ses soi-disant bienfaits. Et c'est par ce même processus qu'ils vous incitent à faire la guerre pour faire entrer leurs politiques en vigueur.

De la même façon que nous avons dû dépasser notre identité tribale pour évoluer, nous devrons un jour délaisser notre identité nationale pour nous libérer. L'explosion politique de l'Europe de l'Est et la décentralisation prochaine de nombreux pays est une composante essentielle de ce processus. En divisant les nations en unités politiques plus petites, nous prenons le contrôle de nos affaires. Même si la création de ces unités politiques risque d'avoir des répercussions économiques néfastes dans un premier temps, elle représente l'unique moyen de prendre le contrôle de notre destin.

Ironiquement, pour que l'âme collective planétaire puisse évoluer, nous devons apprendre à penser mondialement et à agir localement. Le mouvement actuel, qui tend vers une conscience supérieure, instaure un esprit mondial. Les bouleversements politiques et économiques auront pour effet de créer des unités locales plus faciles à contrôler. À long terme, le grand État-nation est voué à l'échec.

Si vous vous disciplinez et apprenez à contrôler votre ego en faisant de l'introspection et en instaurant un sentiment de sérénité, l'esprit qui est en vous se développera. Son énergie vous envahira et transformera votre perspective tribale en une vision plus large. Des millions de personnes délaissent l'allégeance qu'ils ont faite à une identité nationale pour se tourner vers une identité planétaire. C'est par ce transfert de la conscience et par la mort de l'ego que l'État-nation se modifiera progressivement et finira par disparaître. Il est impossible d'emprisonner un esprit mondial dans une onde nationale, car ce n'est pas viable à long terme. Je pense qu'il est juste de dire que le mouvement écologique est une des conséquences de l'esprit mondial, car il tente d'établir une responsabilité mondiale qui ne pourra être totalement assumée que lorsque nous serons devenus un peuple mondial.

71

La quête pour une conscience supérieure est quelque chose de très puissant si l'on y pense bien. Lorsque les gens commencent à regarder en eux, ils disent : « Je me suis affranchi de mon esprit tribal traditionnel, j'ai progressé au rythme de la révolution industrielle, je m'élève désormais au-dessus de mon héritage national et je suis sur le chemin de l'infinité de l'esprit qui est en moi. » C'est en regardant à l'intérieur de soi que l'on pourra s'élever au-delà de l'évolution terrestre.

L'identité spirituelle de la planète s'est développée progressivement. Les personnes qui ont entrepris ce voyage de progression poussent les autres à en faire de même. Cela se produit non seulement par le biais de l'influence et du contact, mais également par la communication que l'âme collective planétaire entretient avec elle-même. Les pensées et les idées se déplacent silencieusement d'une personne à une autre, sans que nous en ayons conscience. Nous participons tous au dialogue qui se déroule au plus profond de l'inconscient collectif. Cela ne signifie pas que nous ne pouvons pas être une particule indépendante de l'onde, mais plutôt que nous pouvons communiquer entre nous. Rien n'arrive sans conséquence. Si vous faites tomber ce livre par terre, l'univers tout entier en sera affecté et s'ajustera à la nouvelle position du livre. Tout est lié. Il existe des liens tribaux, des liens nationaux, des liens universels, et il en existe probablement même au-delà. Imaginez qu'il s'agisse en fait d'un immense esprit dont chaque composante se libère pour que l'esprit tout entier puisse être libre lui aussi. Ainsi, si l'on revient à l'échelle de notre planète, en supposant qu'il vous vienne une idée à laquelle personne n'a jamais pensé, le simple fait que cette idée soit née en vous permettra aux autres d'en profiter de façon instantanée. Nous sommes tous reliés entre nous, parce que nous venons du même endroit. Votre corps existe dans notre ère moderne, mais ses composantes sont très anciennes. Prenez par exemple une molécule de fer dans votre sang. Cette molécule a été créée il y a quinze milliards d'années, au moment du Big Bang. Elle a voyagé à travers l'Univers, depuis le début des temps, pour exécuter une fonction utile dans votre flux sanguin. En une fraction de seconde, à 10^{-35} après le Big Bang, l'Univers tout entier et les composantes de cette molécule de fer ont été comprimés dans un espace équivalent à la taille d'un grain de sucre brun. Tous les êtres humains proviennent de cet espace comprimé, comme c'est le cas des galaxies et des étoiles. Nous ne faisons qu'un. Nous avons traversé le temps, depuis ses débuts jusqu'à ce jour. L'esprit du monde, qui prend la forme d'idées et de souvenirs dans l'âme collective planétaire, ne fait également qu'un.

Pour vous donner un exemple tiré de mon expérience personnelle, je vais vous expliquer d'où me vient ma conviction que les êtres humains communiquent en silence entre eux. La chaleur que dégage notre corps s'étend comme une éruption solaire à une distance d'environ deux centimètres et demi. Au-delà de cette distance, l'énergie électromagnétique du corps et de l'esprit s'étend à une distance d'environ soixante à quatre-vingt-dix centimètres. Cette énergie est moins prononcée vers le bas du corps que vers les zones de la poitrine et de la tête. Dans les temps anciens, les écrivains qualifiaient ce champ électromagnétique d'« éthéré », qui est un terme emprunté à Homère et qui, d'après ce que j'ai compris, provient d'un terme grec qui signifie briller, brûler, resplendir. Ce champ éthéré peut être facilement perçu à l'œil nu si l'on adopte une vision périphérique. Les bâtonnets rétiniens sont situés sur les côtés de l'œil et sont plus sensibles que les cônes, qui sont situés au centre. La vision périphérique est donc plus réceptive à la lumière et à l'énergie subtiles que la vision directe.

En vous concentrant sur votre vision périphérique pendant suffisamment longtemps, vous pouvez l'activer. Vous devez rappeler à votre esprit que vous souhaitez cette information. Pendant des milliers d'années, notre vision périphérique s'est affaiblie, car nous n'en avons plus besoin pour nous protéger des prédateurs. Avec de la concentration, il est possible de la développer. Et avec le temps, vous serez en mesure de voir l'énergie éthérée que dégage chaque personne. Il ne s'agit pas tant d'un don psychique ou spirituel que d'un entraînement de l'œil. Vous devrez incliner légèrement votre tête pour que la lumière puisse atteindre les côtés et le centre de vos yeux. La vision périphérique est moins efficace lorsque la lumière du soleil est très forte ou lorsque l'éclairage est artificiel. Le meilleur moment pour percevoir l'énergie éthérique est au crépuscule.

L'énergie éthérée des humains est constituée de stries et de motifs distincts qui sont créés par les pensées et les émotions. Vous ne pouvez pas voir les pensées elles-mêmes, mais vous pouvez percevoir les motifs qu'elles forment. De larges bandes et des flashs d'énergie se déplacent très rapidement, tels de minis éclairs, du cuir chevelu vers les limites extérieures du corps éthéré, puis, une fois à l'extérieur, ils s'amincissent et finissent par disparaître. À l'avant du corps, l'énergie réagit principalement aux émotions, et, à l'inverse des flashs mentaux qui proviennent de la tête, les mouvements frontaux ont tendance à former des ondulations qui se propagent du cou et de la poitrine et qui disparaissent lorsqu'ils ont dépassé la région des genoux. Ce mouvement en spirale se fait souvent vers l'avant, en partant de la poitrine. C'est également vrai de l'énergie éthérée située dans les parties génitales, laquelle se déplace en un mouvement de spirale qui se dirige vers l'avant et non vers le bas.

Ce mouvement de rotation est parfois présent en haut de la tête, mais il est plus prononcé vers le bas du corps. L'énergie qui irradie à partir de l'arrière du corps se déplace moins loin, habituellement à une distance allant de quinze à trente centimètres. Elle est souvent beaucoup moins visible que celle que nous projetons au-dessus de nous et vers l'avant. Lorsqu'une personne se déplace, toute l'énergie se déplace avec elle. À mesure que nous avançons, nous laissons derrière nous une sorte d'image fantôme qui délimite l'espace que nous venons de franchir. Lorsque deux personnes se croisent dans la rue ou se heurtent par mégarde, leurs corps éthérés se mélangent, et il est possible de percevoir ce phénomène. Et lorsque ces deux personnes s'éloignent l'une de l'autre, le corps éthéré de chacune tente de conserver ce contact jusqu'à ce que la distance soit trop grande et que les deux énergies soient séparées. C'est un spectacle très intéressant à regarder. Si une jolie femme passe devant un groupe d'individus, il est possible de voir leurs corps éthérés tenter de la suivre. En temps normal, si vous observez une personne à une certaine distance, elle ne vous remarquera pas. Mais si vous adoptez une vision périphérique, et que vous percevez son corps éthéré, pendant ne serait-ce qu'un quart de seconde, cette même personne vous remarquera immédiatement, même si vous n'avez pas projeté vers elle de pensées ou de sons particuliers. Dans quatre-vingt-dix pour cent des cas, la personne en question sentira que vous la regardez et se tournera légèrement ou complètement dans votre direction. Elle ne saura même pas pourquoi elle se retourne, car il s'agira d'un mouvement instinctif. Mais il y a des exceptions, comme lorsqu'une personne est plongée dans ses pensées ou submergée par certaines émotions.

75

Je me suis récemment retrouvé dans un hôtel à Hawaii, dont le restaurant était séparé de la mer par un sentier que les vacanciers empruntaient pour aller d'un bout de la plage à l'autre. Alors que j'étais assis dans ce restaurant au moment du coucher du soleil et que je discutais avec des amis du phénomène de l'énergie éthérée, je me suis mis à observer les passants. Je m'amusais, après avoir désigné un passant précis à mes amis, à essayer d'attirer son attention en l'observant, de façon à ce qu'il se retourne vers moi. J'ai répété l'expérience sur quarante personnes, et seulement quatre d'entre elles ne se sont pas retournées.

Si j'avais projeté une pensée particulière vers ces personnes, vous pourriez dire que le fait qu'elles se soient tournées provenait d'une sorte de transfert de pensée. Ou vous pourriez dire qu'il s'agit de trente-six coïncidences. Mais j'ai joué à ce jeu tellement de fois que j'ai dépassé l'hypothèse du hasard. Je suis convaincu qu'en regardant simplement le corps éthéré d'une personne, celle-ci le ressent et se retourne pour savoir d'où lui vient cette sensation. Ce phénomène me conforte dans l'idée que nous sommes tous reliés à un niveau profond. Dans certaines circonstances, que nous ne connaissons pas avec certitude, nos pensées se déplacent.

L'intervalle propice à une perception éthérée peut se limiter à une distance allant de 35 à 45 mètres pour une vision précise, mais je crois que, pour l'inconscient collectif de l'humanité, il n'existe aucune limite. Nous faisons tous partie d'un même rêve. Ne confondez pas l'idée de notre lien planétaire à un niveau inconscient et celle d'une évolution spirituelle à l'image du phénomène des ondes et des particules. L'identité solide d'un être humain évolué n'est pas compromise par la communication qui peut exister entre tous les humains.

76

J'ai la sensation que cette communication s'accélère et que l'âme collective planétaire possède un esprit qui lui est propre et se déplace en différents endroits. Vous pouvez envisager cette évolution comme le voyage d'un enfant vers la vie adulte. Pendant les deux premières années de sa vie, un enfant ne sait pas ce qu'est la séparation avec sa mère. Vers l'âge de deux ans, il commence à s'identifier avec son père et avec les autres membres de sa famille. Ce faisant, il commence à prendre de la maturité et se distingue progressivement de sa mère. Vers douze ou treize ans, il s'éloigne de sa famille et se rapproche de ses amis. C'est dans ces amitiés d'adolescence que se décident les nouvelles associations tribales. Elles durent normalement jusqu'à ce que l'enfant devienne adulte et forme une nouvelle unité familiale en se mariant ou qu'il s'éloigne du groupe pour vivre seul.

L'âme collective planétaire a connu le même processus de maturation par l'intermédiaire des parties individuelles qui la composent. Elle a commencé son enfance dans son état tribal (la Terre Mère), où elle avait peu — ou n'avait pas — de conscience d'elle-même, puis elle a évolué vers une identité nationale (la famille étendue), puis vers une identité internationale (les amis), et enfin vers un état qui dépasse ce que l'on est en mesure de concevoir.

Bien sûr, l'âme collective planétaire ne progresse pas de façon linéaire, comme le font les humains de leur naissance jusqu'à leur mort. Au lieu de cela, elle fait l'expérience de ces différents états de façon simultanée. Une partie de la population tribale en est encore à l'état tribal, la majorité des gens vivent dans un alignement national, et des groupes de plus en plus importants ont adopté une perspective intercontinentale ou mondiale. Cette extension de l'âme collective planétaire lui a permis de développer sa perception et sa force. Le « big bang » qui s'est produit à un niveau socioéconomique pendant les années 1800 a créé de l'énergie, mais sans l'extension qui s'est produite entre les quatre états évolutifs, l'âme collective planétaire ne pourrait se considérer comme un être entier. Elle ne pourrait jamais s'accomplir. Des millions de personnes se retrouvent maintenant sur le chemin qui mène de l'état tribal à la perspective mondiale. Ces personnes évoluées savent comment exister aux frontières de l'esprit planétaire — au-delà du processus évolutif normal de l'humanité. Je qualifie ces personnes d'« habitants de la marge ».

77

Lorsque ces personnes se désolidarisent de la vibration ondulatoire, elles se retournent sur ce monde tribal qu'elles ont quitté et éprouvent de la difficulté à s'associer à ce monde. Un peu comme un adolescent rebelle qui ne se retrouve pas dans l'éducation que lui ont donnée ses parents et tente d'établir sa propre identité, ces habitants de la marge s'opposent à l'autorité du statu quo. Celui-ci ne leur fait plus peur. Ils le considèrent comme quelque chose de dépassé, et ils commencent à considérer qu'ils sont au-delà de tout ça.

Un autre aspect fascinant de cette prise de pouvoir par l'âme collective planétaire réside dans l'influence des femmes modernes. De la même façon que l'Amazonien qui s'est éloigné de son pays a créé une nouvelle énergie, les femmes modernes ont créé la même explosion d'énergie en prenant du pouvoir et en devenant indépendantes. Elles se sont libérées de la sempiternelle domination masculine.

Je vous propose de visualiser ce processus. L'âme collective planétaire s'est affranchie de son état tribal, mais la moitié de la population est dominée par le sexe opposé. À travers l'histoire, la progression des deux sexes a été étroitement liée, puisqu'une partie contrôlait et dominait toujours l'autre. Mais subitement, la femme a réalisé qu'elle avait un pouvoir et elle a donc décidé de se libérer de la domination du mâle, créant un peu plus d'espace dans l'esprit planétaire et une source d'énergie toute nouvelle — un déplacement spirituel encore plus rapide. De la même façon que l'Amazonien a dû prendre sa liberté pour former un électron indépendant, les femmes du monde entier s'affranchissent de l'emprisonnement qu'est la domination masculine. Il ne s'agit pas uniquement de rendre justice aux femmes, mais également d'une contribution essentielle à l'évolution de l'âme collective planétaire. Notre planète ne peut pas se réaliser pleinement tant que ses deux polarités — mâle et femelle — n'auront pas pris suffisamment de distance pour créer une synapse d'énergie appropriée. Rappelez-vous que sans espace entre l'homme et la femme, aucun des deux ne peut être observé correctement. Le monde ne peut pas atteindre son potentiel maximal si les femmes sont emprisonnées. L'ego du monde est principalement masculin. Le pouvoir des femmes sera nécessaire pour aider l'identité spirituelle du peuple à prendre le dessus sur l'ego.

Deux générations d'enfants ont grandi depuis la Seconde Guerre mondiale. La première génération, c'est-à-dire les enfants de la vague « Flower Power », a bien réussi à se déso-

78

lidariser de ses parents. La deuxième a pris une distance encore plus grande.

C'est pour cette raison que la génération actuelle d'adolescents manifeste tellement d'hostilité et d'apathie. Il ne s'agit pas uniquement du processus normal de désolidarisation des parents. La génération moderne a pris beaucoup de distance avec l'esprit tribal de son peuple ; elle ne se retrouve pas dans le monde du secteur industrialisé et elle profite du fait que ses parents se chargeront du travail ingrat à sa place. Elle ne voit pas l'intérêt de l'onde nationale, car celle-ci ne lui offre pas beaucoup plus qu'une occasion de prêter allégeance à ceux qui sont au sommet de la hiérarchie, ce qui ne lui apporte rien de plus que ce qu'elle a déjà. Elle se retrouve donc dans une situation délicate.

79

Cette génération ne possède pas la sophistication métaphysique ou l'expérience du monde nécessaires pour aller de l'avant, et tout mouvement vers l'arrière la soumet à un contrôle — lequel la force à renoncer à son indépendance. Nous avons offert l'indépendance à nos enfants sur un plateau d'argent — ils sont nés avec — et ils n'ont donc aucune idée des efforts qu'Il est parfois nécessaire de déployer pour l'obtenir. La télévision leur montre les avantages d'une liberté émotionnelle et financière, et nombreux sont ceux qui en font l'expérience parce que leurs parents ont de bons moyens financiers. Ils sont directement arrivés au bout du chemin de l'évolution sans franchir les étapes nécessaires. La plus grande partie de ces jeunes se retrouvent à la frontière extérieure de l'expérience évolutive, en dehors du corps principal de la société. D'une certaine façon, ce sont les personnes les plus libres qui n'aient jamais foulé le sol de notre planète, mais au sein de cette liberté, ils n'ont aucun endroit où aller. Alors, ils errent. Et souvent, aucun travail ne les attend.

Les avancées technologiques en terme de productivité, et la mauvaise gestion des gouvernements, les ont placés dans une situation d'incertitude perpétuelle. Dans les pays socialistes, les enfants arrêtent leurs études pour toucher les allocations de chômage, et ils vivent encore de cette aide dix ans plus tard. Plusieurs vivent actuellement comme des habitants de la marge. Ils ne participent pas au jeu de la vie, et tout laisse à supposer qu'ils ne le feront jamais. Par conséquent, ils n'ont pas de sentiment d'appartenance, et nombre d'entre eux n'acceptent pas d'être dominés par le système — il n'y a aucune raison pour qu'il en soit autrement puisqu'ils n'en retireraient aucun avantage.

Dans les démocraties occidentales, de plus en plus de gens — qui se comptent par millions — quittent quotidiennement le système. Soit ils s'en séparent complètement, soit ils gardent un contact avec lui pour des raisons économiques. Dans les deux cas, ils sont détachés sur les plans émotionnel et spirituel. Des millions d'autres personnes, qui font encore partie du système, ont pris du recul, sur le plan politique, par rapport à un jeu auquel elles ne souhaitent pas participer. Les gens ont un véritable ras-le-bol et sont désillusionnés. Pour cette raison, ils cherchent l'occasion de quitter l'onde et de devenir des particules.

Cette distanciation est également encouragée par le climat économique. Si les règles du jeu ne sont pas à votre avantage, si les conditions vous empêchent d'aller de l'avant, il est fort probable que vous finirez par perdre tout intérêt dans ce jeu. Et il existe un autre élément important qui influence l'ensemble de ce processus : pour que les jeunes puissent aller de l'avant, ils ont besoin de capital. La majorité de ce capital est étroitement contrôlé. Si vous voulez « louer » de l'argent, vous devez jouer le jeu, et celui-ci est contrôlé par les personnes situées au sommet de la hiérarchie. Mais actuellement, ce n'est pas suffisant. La dette mondiale et le service de la dette ont provoqué un resserrement monétaire important. Le capital est désormais pris en otage par ceux qui ont le contrôle et qui souhaitent s'en servir pour leur propre survie. Il n'y a pratiquement pas d'argent à investir dans le financement des idées de la nouvelle génération. Ces jeunes n'ont pas de travail et ne disposent pas des moyens qui pourraient leur permettre de concrétiser leurs idées. Le peu de capital qui existe est entre les mains des entreprises. Si les jeunes veulent l'utiliser, ils doivent se joindre au système. Face à ce choix, nombre d'entre eux voteront « non ». La soumission volontaire, et souvent apathique, des millions de personnes qui acceptent d'être dominés par le système n'est plus garantie. Les gens considèrent de plus en plus l'alliance des grandes entreprises avec les politiciens comme un frein à leur potentiel d'évolution. En principe, la démocratie est définie comme une gouvernance « par le peuple ». Mais nous sommes en train de réaliser qu'il n'en est rien et que la gouvernance n'est effectuée que par des représentants soumis à une corruption à laquelle nous ne nous associons pas. Le pouvoir de ce système est donc remis en question, à juste titre.

À notre époque, l'idée qu'un groupe de personnes que vous n'avez jamais rencontré et qui n'a pas votre intérêt à cœur puisse avoir le contrôle sur vous est devenue absurde. La théorie de l'onde ne laisse aucune place aux particules. Quand on y pense, le pouvoir de cette onde ne repose sur rien. Comment l'ego du statu quo pourrait-il menacer et contrôler l'évolution spirituelle de six milliards d'êtres humains ? En réalité, il n'a pas un tel pouvoir.

Prenez l'exemple de la Chine, qui représente vingt pour cent de la population mondiale. Ce pays est actuellement gouverné par une dizaine de vieux fossiles qui tirent les ficelles derrière la scène en espérant manipuler indéfiniment le peuple chinois. Selon vous, quelles sont leurs chances d'y arriver ? Je suppose que le souvenir des millions de personnes tuées à cause de Mao Tsé-Toung et de ceux qui ont péri sur la place Tienanmen est toujours présent. Lorsque la population pourra s'exprimer, j'imagine que les cartes d'adhésion au parti communiste chinois deviendront des documents très menaçants.

Lorsque les droits divins des rois ont disparu, la seule base à la manipulation du statu quo reposait sur une habitude qui avait été instaurée et sur des menaces de représailles formulées par l'État. Notre État moderne est une institution violente. Il tue les gens qu'il n'aime pas. Et ceux-ci sont nombreux. Je ne sais pas ce que vous en pensez, mais personnellement, je ne veux plus cautionner une telle absurdité. Il me semble que tuer des gens pour maintenir un manipulateur arrogant au pouvoir est odieux. De telles méthodes vont à l'encontre du principe spirituel de l'âme collective planétaire et des sentiments profondément enracinés de tous les êtres ayant un minimum de conscience et de décence.

Nous savons que, si notre planète doit survivre, nous devons trouver un meilleur moyen de résoudre nos problèmes, en manifestant plus d'amour. Nous devrons également mettre fin au monopole égocentrique qu'une minorité exerce sur les activités et les ressources de notre planète. Nous ne pouvons pas permettre à deux ou trois pour cent de la population de piller la planète pendant que le reste de l'humanité est esclave du système.

Certains diraient que ce genre d'idée n'apportera que le désordre, mais un tel argument ne peut venir que de ceux qui ont intérêt à maintenir le système actuel tel qu'il est. Ne vous méprenez pas, je ne prétends pas que nos pays ne devraient pas disposer d'une administration officielle, mais je dis plutôt que nous n'avons plus besoin de ces soi-disant démocraties modernes. Nous sommes plus évolués que cela. Nous avons besoin d'unités plus petites — lesquelles seraient des oligarchies gérées par des personnes conscientes et bienveillantes qui respecteraient les idées et l'indépendance de chacun.

Nous devrons créer de petites démocraties directes pour que les gens puissent faire des choix et mener la vie qu'ils souhaitent. Nous avons suffisamment de maturité pour savoir ce que nous voulons, et nous voulons un système qui nous représente. Nous ne voulons pas du discours de façade qui nous assure que tout va bien dans le meilleur des mondes. Nous devons nous mettre d'accord pour être réalistes et pour analyser les faits. Car nous sommes capables de voir par nous-mêmes que la réalité est considérablement différente de la version officielle qui nous est proposée.

83

Dans un avenir assez rapproché, tous les habitants du monde occidental en prendront conscience en même temps. Ils réaliseront subitement qu'ils n'ont plus à supporter la pression de l'ego. Lorsque ce moment sera arrivé, la force que recevra l'âme collective planétaire, grâce aux millions de personnes ayant la même idée simultanément, donnera du courage à celles-ci et aux autres pour ne pas trembler devant les tanks qui les menaceront. Les militaires ne réagiront pas, car de nombreux soldats commenceront à partager notre ressenti. Ils nous laisseront la voie libre, parce que les soldats font aussi partie du peuple.

Ces idées peuvent paraître extrêmes, mais elles ne le sont qu'aux yeux de l'ego qui refuse tout obstacle à sa domination. Ce ne sont pas des idées radicales aux yeux de l'âme collective planétaire, car elles constituent une grande partie de la vérité qui se trouve au fond du cœur de la plupart des humains. Il ne s'agit pas d'une révolution politique, mais spirituelle. Les humains aspirent à une liberté d'expression, mais ils sont découragés parce qu'ils ne savent pas comment l'obtenir. Ce qu'il y a de merveilleux, c'est que s'ils sont suffisamment patients, celle-ci leur sera offerte sur un plateau d'argent. Tout ce que nous avons à faire est d'attendre. Nos frères et nos sœurs l'obtiendront en temps voulu. Entre temps, nous pouvons travailler sur nous-mêmes et prendre contact avec les autres pour contribuer au processus d'évolution mondiale.

84

Notre heure viendra aussi sûrement qu'aujourd'hui est suivi de demain. Si vous ne me croyez pas, il n'y a rien d'autre que je puisse dire, mis à part que vous avez tort. Qui, au début des années 80, aurait parié sur l'effondrement du communisme en U.R.S.S. ? Très peu de personnes. Qui, vers le milieu des années 90, aurait parié sur l'effondrement de nos démocraties modernes ou sur la dévolution de l'union des États américains ? Très peu de personnes, une fois de plus.

Tout ceci s'explique par le fait que l'ego n'a aucun lien réel avec le cœur. Ce sont les problèmes économiques qui ouvriront le chemin. Le sang nous montera à la tête et notre ego n'y survivra pas. Si vous acceptez ceci comme étant une réalité, c'est ce qui se passera. Tout ce que vous avez à faire est de vous organiser pour être au bon endroit au bon moment. C'est d'une facilité déconcertante. Ne vous fiez pas aux informations officielles et ne vous étonnez pas si, au cours des années, la situation s'améliore temporairement. Contentez-vous d'observer ce que les gens expriment avec leur cœur et vous saurez plus ou moins ce qui vous attend par la suite.

Il y a des choses que nous pouvons faire pour aider l'âme collective planétaire à atteindre un nouveau plateau évolutif, mais avant d'aborder cette question, penchons-nous tout d'abord sur le phénomène des habitants de la marge. Car celui-ci nous aidera à comprendre le fonctionnement de la strate d'énergie massive qui s'oppose actuellement à une pensée dépassée. Cette strate de conscience supérieure constitue désormais le pouvoir et le fondement de l'âme collective planétaire qui s'exprime à travers le cœur et l'esprit des gens.

Les habitants de la marge

CHAPITRE TROIS

LES HABITANTS DE LA MARGE SPIRITUELLE CONSTITUENT UN phénomène très intéressant, puisqu'il s'agit du premier regroupement important d'individus ayant amorcé la transition intérieure de l'état d'onde à celui de particule. En agissant ainsi, ils ont créé une division dans l'évolution de notre monde — j'y reviendrai dans un instant. Bien sûr, il existe dans toutes les sociétés des excentriques et des marginaux : clochards, ermites, drogués, bandits, terroristes et nombreux autres. Mais ces catégories ne sont pas les mêmes que celles des habitants de la marge spirituelle dont il est question. La plupart de ces personnes inadaptées sont en marge parce qu'elles n'ont pas de statut économique ou parce que leur fonctionnement psychologique contribue en grande partie à les maintenir à l'écart du reste de la société. Ces groupes de personnes semblent peut-être différents du reste de la société, mais ils font souvent partie du mouvement ondulatoire de l'expérience humaine. Ils occupent même un rôle important dans le désordre de l'existence. Le clochard s'efforce de survivre, le drogué erre dans les rues à la recherche de drogue, le bandit passe son temps à voler, et le terroriste complote pour sa prochaine attaque.

Mais les marginaux dont il est question ici sont ceux dont l'esprit — qui est le centre même de leur être — est en train de quitter, ou a déjà quitté, le système. Ils s'en sont détachés et se sont projetés en dehors de l'évolution et de la destinée du commun des mortels et de l'onde populaire tribale ou nationale. Ces habitants de la marge spirituelle sont généralement en accord avec la force divine universelle qui provient de leur propre esprit, lequel se désolidarise actuellement de l'onde tribale. Parce qu'ils se sentent habités par une identité spirituelle, les habitants de la marge sont en mesure de comprendre l'infinité en toute chose. Il peut paraître contradictoire de penser qu'il soit nécessaire de quitter la masse pour comprendre que l'on appartient à un « tout » et que celui-ci est relié à nous. Au départ, on ne se sent lié qu'à sa tribu, sans envisager d'appartenance à quelque chose de plus grand. Mais lorsque l'on s'individualise pour devenir une particule, on se distance suffisamment de l'onde tribale pour mieux cerner le lien que l'on entretient avec tout ce qui est. Là réside la différence entre la perspective limitée que l'on a à l'intérieur de l'onde tribale nébuleuse et la vision dégagée d'une particule dont le destin se joue en dehors de l'onde. Progressivement, notre appartenance tribale est remplacée par une appartenance infinie et silencieuse provenant d'une conviction intérieure qu'il est difficile de décrire avec des mots.

Ces habitants de la marge ne sont-ils rien de plus que des originaux mystiques, ascètes ou hippies ? Certainement pas. Partout dans le monde, des millions de personnes ont maintenant franchi le cap. Nombre d'entre elles sont tout à fait normales et bien intégrées à la société. Elles mènent souvent des vies ordinaires. Elles donnent l'impression d'être en accord avec la société, et de l'extérieur il est souvent impossible de les différencier des autres, mais dans leur cœur et leur esprit, elles résident aux frontières de l'esprit du monde, dans une dimension de conscience à laquelle peu de gens ont accès.

Comme je participe à des séminaires et donne des conférences dans le monde entier, j'ai eu l'occasion de discuter avec des milliers de personnes qui décrivent toutes la même sensation, presque mystique, d'aliénation par rapport au processus normal suivi par l'humanité. Elles ont évolué en parallèle des autres, ce qui ne signifie pas qu'elles soient asociales. Car en réalité, nombre d'entre elles ressentent un amour et un respect profonds pour leur prochain. Simplement, elles se sont détachées des préoccupations courantes. Je me considère comme un membre à part entière du groupe des habitants de la marge — et c'est peut-être également votre cas. Je me rappelle avoir rêvé, lorsque j'étais adolescent — et cela ne date pas d'hier — que je m'opposais à ma présence sur Terre. J'essayais d'attirer l'attention de quelqu'un, car j'avais l'impression d'avoir été abandonné par erreur dans un lieu étrange du paradis, si bien que je clamais mon innocence. Cette expérience a éveillé en moi un profond sentiment d'injustice. Avez-vous déjà fait ce genre de rêve ?

91

Je me suis demandé si le sentiment de distanciation de ces habitants de la marge provenait d'un héritage spirituel profond ou s'il s'agissait plutôt d'un travail qu'ils avaient fait sur eux-mêmes au fil des années. Et j'en suis arrivé à la conclusion que certains étaient dans cette disposition parce que leur « moi supérieur » ou esprit était très actif et présent dans leur vie, tandis que chez d'autres, elle était le résultat de leur éducation ou d'autres influences. Progressivement, par le biais de pratiques et de disciplines ésotériques, le pouvoir de leur moi supérieur s'est manifesté avec force dans leur vie et a influencé leur ressenti spirituel.

Je pense que dans mon cas, les deux hypothèses sont valables. Dès l'âge de sept ou huit ans, j'ai commencé à ressentir l'impression étrange que je ne suivais pas le même processus que le reste de l'humanité. Je suis convaincu que de nombreuses personnes ont eu un ressenti similaire. Je me rappelle que, lorsque je me promenais en forêt avec mon père ou faisais une promenade en bateau avec lui, je passais des heures à regarder le ciel dans l'attente que quelqu'un ou quelque chose vienne me chercher. À côté de ces sentiments, je pense que mon éducation m'a permis de ne pas subir l'influence constante du sentiment d'appartenance. Mes parents vivaient en Allemagne, et, lorsque j'avais deux ans, nous sommes partis vivre en Afrique où nous avons beaucoup bougé, puisque nous ne sommes jamais restés plus d'un an ou deux dans la même maison. Nous avons tout d'abord vécu à Tripoli, en Libye, et nous avons terminé notre périple à Tema, au Ghana, où j'ai vécu jusqu'à l'âge de onze ans, avant d'être envoyé en pensionnat en Angleterre. Ma mère était Sicilienne, mais je n'avais jamais mis les pieds en Sicile. Je n'étais pas Africain — bien que je me sentais plus proche de ce peuple que des Anglais — et je n'appartenais pas au monde des hommes noirs, pas plus qu'à celui des hommes blancs. Je n'ai même pas appris à parler l'anglais correctement avant l'âge de cinq ou six ans — mon père et ma mère parlaient allemand et italien à la maison. Pendant mes sept années de pensionnat, j'ai été séparé de mes parents et de ma maison en Afrique. Je me sentais déconnecté et je portais peu d'intérêt à l'école et aux idées qu'elle prônait. Tandis que mes camarades de classe se fondaient dans le moule social de cette institution, je continuais à résister. Je me suis donc retrouvé dans des situations difficiles parce que je voulais m'assurer que le système ne s'emparerait jamais de mon cœur.

J'ai mené une lutte merveilleuse. Je ne peux pas dire que j'en suis toujours sorti vainqueur, parce que le système avait quand même une certaine autorité sur moi, mais j'ai remporté quelques victoires. Bien sûr, je devais parfois prétendre que je m'étais totalement intégré, au risque d'empirer mes problèmes. Mais je voyais ça un peu comme on fait une promesse en croisant les doigts derrière le dos pour la renier. En incluant le temps passé à l'école, j'ai vécu vingt ans en Angleterre. Mais au bout du compte, je me suis déclaré « pas vraiment anglais ». Lorsque j'en suis arrivé à cette conclusion, les circonstances m'ont permis d'émigrer aux États-Unis. Les Américains se sont montrés très accueillants, mais je ne ressentais toujours pas de sentiment d'appartenance, même si je m'y sentais bien. Lorsque, à l'âge de vingt-huit ans, j'ai commencé à m'intéresser à la métaphysique et à étudier les principes taoïstes du détachement, j'ai eu la sensation d'être en terrain connu. Il n'est pas difficile de se détacher lorsqu'on n'appartient à nulle part. Ainsi, dans mon cas, l'aspect de ma conscience qui s'apparente aux habitants de la marge provient en partie de mon éducation et en partie d'une force intérieure qui m'a attiré en dehors du système. On pourrait en conclure que notre éducation façonne nos sentiments, lesquels choisissent des circonstances pour nous mettre sur le chemin des habitants de la marge.

Voici un point intéressant : dans le cadre de mes séminaires, j'ai souvent posé les questions suivantes aux participants : « Combien d'entre vous ont la sensation d'avoir plus ou moins terminé leur évolution en tant qu'humains, et de n'avoir plus grand-chose à apprendre ? » Environ un tiers des participants lèvent la main. On pourrait être tenté de dire qu'ils sont vraiment sûrs d'eux — comment peut-on se permettre de prétendre que l'on a appris toutes les leçons de l'humanité ? Mais en discutant avec ces personnes, on réalise qu'elles manifestent, pour la plupart, une grande humilité et une véritable authenticité. Elles ne cherchent pas à se faire remarquer. Elles croient sincèrement qu'elles en sont à leur dernière expérience humaine, ou qu'elles sont allées au bout de ce qu'elles avaient à faire. Si vous leur posez la question, elles

93

vous diront toutes qu'elles ne souhaitent pas revenir. Elles savent qu'elles ont accompli leur mission.

Bien entendu, l'idée que l'on ne puisse pas apprendre les leçons de l'humanité avec simplicité et rapidité nous vient de la religion, qui a tout intérêt à tenir ce genre de discours. Je pense que les enseignements bouddhistes sont intéressants et ont beaucoup à offrir, mais je n'ai jamais adhéré à l'idée qu'un millier d'incarnations soient nécessaires pour pouvoir quitter le plan terrestre. Si l'on considère que Bouddha a dit (en supposant qu'il l'ait jamais fait) que rester assis sous l'arbre de l'Illumination était la seule chose que nous ayons à faire, il est normal que les écrivains bouddhistes aient pensé qu'il leur faudrait une éternité pour se comprendre et pour comprendre leur environnement. Mais à l'heure actuelle, nous savons pratiquement tout ce que nous devons savoir, et il reste peu de mystères. S'il y a quelque chose que vous ne savez pas, c'est probablement parce que vous n'en avez pas besoin. Et ce dont vous avez besoin, vous êtes en mesure de l'intégrer rapidement. Le monde tout entier, ainsi que toutes les expériences qu'il recèle, sont théoriquement à votre disposition de façon instantanée. La psychologie et notre connaissance des affaires humaines sont tellement sophistiquées qu'il n'existe plus vraiment de modèles comportementaux qui n'aient déjà été étudiés et expliqués des centaines de fois.

Les religions nous enseignent que nous devons nous efforcer de reproduire la perfection des maîtres, mais nous savons au plus profond de nous que ceux-ci n'étaient pas aussi parfaits que ce que les rédacteurs l'ont laissé entendre. Cela dit, ce n'est pas la perfection que nous recherchons, mais simplement la paix, la compréhension, et la douceur d'une réconciliation personnelle.

Je suis convaincu que les leçons de l'humanité ne sont pas si complexes que ça. Si elles étaient si difficiles à atteindre,

94

personne ne les apprendrait sur cette planète. En tant qu'esprit éternel, vous ne vous imposeriez pas une évolution sur le plan physique, si les leçons offertes étaient incompréhensibles. Par conséquent, il existe un moyen de recevoir le message.

Dans l'état ondulatoire, une transcendance semble tout à fait impossible. Comment un individu peut-il s'affranchir de l'interférence qui y règne et réussir à évoluer ? Le modèle d'interférence inhérent à l'état ondulatoire est perpétuel, si bien qu'il donne l'impression que nos leçons sont éternelles, perpétuelles et incompréhensibles. Mais une fois que l'on est sorti de l'onde et que l'on se retrouve à l'état de particule distincte, il n'existe plus d'interférence. On réalise alors soudainement qu'il s'agit moins de leçons à apprendre que d'un état subatomique à atteindre. Vous n'avez pas de leçons à apprendre, car vous devenez ces leçons. Vous êtes ces leçons, et il est possible de les comprendre de façon quasi instantanée.

95

Dans mon livre *The Force*, j'attribue une vitesse de vibration hypothétique à l'humanité moderne. J'ai choisi une vitesse de vingt mille cycles par seconde, ce qui signifie que l'être humain dans son ensemble — physiquement, mentalement, émotionnellement et spirituellement — déplace son corps éthérique à cette vitesse hypothétique. Bien sûr, la vitesse réelle doit être bien plus élevée, si l'on considère que la lumière se déplace à une fréquence supérieure à 10^{15} cycles par seconde, mais nous n'avons pas besoin de connaître les données précises pour comprendre ce concept. Une vitesse hypothétique fera l'affaire.

À mesure que vous élevez votre conscience et devenez plus fort et plus ouvert, ces cycles par seconde s'élèvent également, et vous vous déplacez de plus en plus vite. Dans l'état éthérique, vous pouvez observer ce phénomène.

L'énergie de certaines personnes est sombre et ne se déplace que sur une courte distance ; elle a un aspect opaque et terne, tandis que d'autres personnes dégagent une énergie lumineuse et claire. Cette énergie éthérique est vitale. Dans de rares cas, elle peut se déplacer assez loin, c'est-à-dire au-delà de la distance habituelle de quelques dizaines de centimètres. La vitesse vibrationnelle moyenne totale de l'humanité est en hausse constante depuis quelque temps. Mais pendant des milliers d'années, elle n'a pas trop bougé. La différence entre les niveaux les plus élevés et les plus bas de conscience n'a jamais été très importante. Celles de l'aristocrate et du paysan n'étaient pas si grandes, même si l'aristocrate était habituellement le seul à savoir lire et écrire. Ils faisaient tous les deux partie de l'esprit tribal. Ce en quoi l'aristocrate croyait, et le pouvoir métaphysique qu'il exerçait, étaient à peu près les mêmes chez le paysan, parce qu'ils étaient tous les deux impuissants sur le plan spirituel. L'introspection était rare, et il n'existait donc presque pas de particules indépendantes. Il n'y avait aucune analyse ou psychologie, pas plus qu'il n'existait de perspective en dehors de l'esprit tribal. Tout le monde vivait à différents niveaux sociaux de la même ignorance et de la même peur collectives. Tous étaient victimes des circonstances de l'histoire. Les classes supérieures, parce qu'elles avaient accès à la connaissance, auraient pu continuer leur évolution spirituelle, mais elles ne pouvaient pas se sortir de l'onde parce qu'elles étaient trop obsédées par leur statut et leur ego. À ce moment-là, rien ne laissait penser qu'une personne avait la capacité de s'individualiser et de contrôler sa vie. Cette idée aurait semblé tout à fait ridicule et séditieuse. Au lieu de cela, on plaçait sa confiance dans la religion et dans sa relation à un Dieu ayant des émotions. Vous pouviez vous en sortir ou pas. Il n'y avait pas de sécurité, peu de justice, et la science n'en était qu'à ses débuts. La peur, l'ignorance et le sectarisme envahissaient chaque niveau de la société.

Penchons-nous sur la figure 1. Imaginons que la vitesse moyenne de l'humanité en l'année 1700 de notre ère était moins élevée que celle d'aujourd'hui, et qu'elle oscillait autour de douze mille cycles par seconde. Les gens se situeraient en deçà ou au-delà de ce niveau, mais la bande ou séparation située entre les deux ne serait pas très importante.

La figure 2 concerne l'année 1960, et vous pouvez constater que notre bande hypothétique s'est élargie. Le niveau inférieur a légèrement augmenté depuis l'année 1700, mais le niveau supérieur, constitué de personnes de plus en plus mobiles et éduquées, a enregistré une croissance bien plus importante. Bien sûr, on ne peut pas expliquer ce que sont les niveaux les plus bas et les plus élevés, mais on sent la différence dans notre vie. Pensez aux connaissances et au pouvoir dont dispose un expert atomiste par rapport à un paysan qui travaille dans une rizière. Ou prenez l'exemple d'une personne à la conscience élevée qui se déplace à toute vitesse dans l'environnement moderne, et comparez-la avec un membre d'une tribu papoue de Nouvelle-Guinée.

97

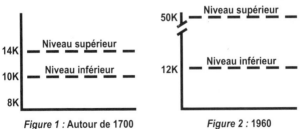

Vitesses vibrationnelles métaphysiques de la compréhension humaine et éthérée

Figure 1 : Autour de 1700   Figure 2 : 1960

Les années soixante ont été témoins d'une grande transformation. Les jeunes de l'après-guerre refusaient de se conformer aux idées que leurs parents entretenaient avant la guerre, et l'utilisation massive de drogues psychodysleptiques (qui modifient l'état d'esprit) a rapidement modifié la donne, principalement parce qu'elles avaient pour effet de stimuler l'imagination. Au-delà de la peur, la raison pour laquelle les gens n'allaient pas plus loin dans leur niveau de conscience était leur manque d'imagination. Beaucoup de personnes brillantes pourraient voir leur énergie faire des bonds bien plus considérables si elles ne se soumettaient pas autant au contrôle de l'intellect.

98

Cette transformation générale a été appuyée par d'autres facteurs. Lorsque Armstrong a mis un pied sur la Lune en 1969, la religion en a pris un coup, car l'humain venait soudainement d'étendre sa progression à l'extérieur de la Terre (et d'atteindre le paradis d'un point de vue métaphorique). L'être humain allait donc avoir moins besoin de la religion. En effet, les idées restrictives de nombreuses religions semblaient étriquées et rétrogrades lorsqu'un Univers tout entier était à découvrir.

Les hippies des années soixante ont également eu leur rôle à jouer dans la conscience de l'humanité. Leur mouvement pacifiste a eu des répercussions sur la société à tous les niveaux, et il a créé une nouvelle dimension de conscience qui n'était pas emprisonnée ou limitée par les frontières que l'esprit du monde avait créées pour la population. Progressivement, nombreux sont ceux qui ont été libérés et ont eu la possibilité de s'élever (voir la figure 3).

Le mouvement hippy constitue la base sur laquelle se sont ultérieurement appuyés les habitants de la marge spirituelle. Cela ne revient pas à dire que ces derniers sont des hippies

sous acide des années soixante, mais que leurs enfants ont
ouvert la voie et que les habitants de la marge en ont profité.

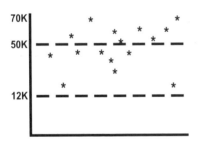

Le mouvement hippy et la
progression de la conscientisation
ont permis à de nombreux
individus de s'élever.

Figure 3 : 1960-1975

99

Vous vous poserez peut-être la question suivante : puisqu'il existe différents types de drogues depuis le début des
temps, comment se fait-il que cette transformation ne se soit
pas produite plus tôt ? Ça a été le cas pour certains, mais leur
nombre n'était pas important. Il est intéressant de noter que
les cultures tribales qui disposaient de psychotropes ont également été celles qui étaient à l'origine des philosophies les
plus évoluées sur le plan métaphysique. Les Mayas, et la culture du peyotl chez certains autochtones américains, en sont
deux exemples.

La sous-culture des hippies des années soixante, qui met-
tait l'accent sur les hallucinogènes, était différente de la
culture des années vingt en matière de drogue, laquelle était
principalement basée sur les opiacés qui endorment les sens
au lieu d'élever l'imagination. De plus, le mouvement hippy
disposait d'une plus grande marge de manœuvre, car il
évoluait dans un système social qui avait été libéré par la
guerre.

Dans les années 70, la prise de conscience que le mouvement hippy avait déclenchée a commencé à avoir des répercussions financières, ce qui a subitement conféré du pouvoir
aux hippies. Ils savaient comment influencer les autres. Ils

avaient le pouvoir de se tenir à l'extérieur du système et de narguer ceux qui étaient encore à l'intérieur. Lorsque les autres personnes ont réalisé que cette marginalisation ne portait aucun tort et qu'elle permettait au contraire à la majorité de prospérer, elles ont été nombreuses à passer outre leur peur de se séparer d'un système bien réglé et d'un esprit tribal. Le statu quo a donc perdu sa légitimité, et les gens ont préféré s'individualiser, puisque de cette façon aucun tort ne leur était causé. Partout dans le monde, des millions de personnes ont suivi cet exemple ; elles se sont éloignées du modèle d'évolution établi et se sont dirigées vers la marge.

100

Une fois libérées de la mainmise d'un système conservateur, elles disposaient d'un plus grand espace pour faire l'expérience d'une conscience supérieure.

Il ne faut pas confondre la conscience supérieure avec l'intelligence, le statut et l'argent. Dans l'onde tribale, l'intelligence et l'argent vous séparent des autres. Mais il existe désormais de nombreuses personnes dont l'énergie métaphysique est supérieure à celle de n'importe quel membre de l'onde tribale, parce qu'elles possèdent une nouvelle conscience et une individualité. Les gens les plus riches et les plus intelligents, mais qui n'ont pas travaillé sur eux-mêmes, ne se sont habituellement pas encore affranchis de l'onde tribale. Il existe au sein de celle-ci une limite d'énergie qu'il est impossible de dépasser. En fait, si vous êtes très riche, il y a de fortes chances pour que vous soyez profondément ancré dans l'onde tribale puisque c'est à cet endroit que vous pourrez faire de l'argent. Un technocrate moderne, qui manifeste un grand génie, peut avoir une identité spirituelle très limitée malgré sa grande intelligence. Car la nature de sa profession exige qu'il se cantonne aux limites de l'esprit du système. Même si ce technocrate se situe en haut de l'échelle du système, sa progression est limitée. Parfois, le fait d'être très intelligent peut gêner l'évolution spirituelle, parce que la domination de la logique et de l'intellect représente un frein et un emprisonnement.

Progressivement, la bande d'énergie qui oscille juste au-dessus du principal processus évolutif (illustré à la figure 3) a commencé à se forger une identité différente. C'est ce qui a donné naissance au mouvement Nouvel Âge et à une culture alternative. Plus la cohésion était grande au sein de ce mouvement, plus celui-ci réussissait à s'élever. Les molécules les plus rapides, qui s'élevaient en formant une sorte de courbe, se sont rapidement éloignées du système. La partie inférieure de ce mouvement était constituée de nouveaux venus et de personnes qui ne s'étaient pas encore totalement affranchies du contrôle psychologique exercé par les personnes encore présentes dans le système, représentées par une bande située au-dessous.

101

Il s'est produit ensuite un mouvement très intéressant. À mesure qu'une courbe s'élevait et se déplaçait en prenant la forme d'un croissant, la bande du système se transformait également. Ainsi, la partie la plus lente de la bande a régressé et s'est déplacée vers le bas pour suivre un chemin évolutif plus lent (voir la figure 4).

Progressivement, les deux courbes se sont séparées, et l'esprit du monde s'est retrouvé en déséquilibre et envahi par la confusion et la peur. Les personnes qui se trouvaient dans l'onde du système ressentaient presque en permanence une perte de contrôle et un accablement. Ces sentiments ont résonné en eux pendant quelques années — vers la fin des années 80 et au début des années 90 — et leur manque de confiance a fini par se transformer en une réalité. La cohésion du système s'est ainsi affaiblie sur les plans social et économique.

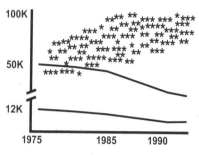

Figure 4 : L'écart dans la conscience humaine, 1975-1990

102

L'extrémité supérieure de la bande du système, qui était constituée des personnes les plus favorisées sur les plans social et économique, a également été affectée par la rapidité des événements. Nombre de ces personnes ont connu des difficultés économiques, dont la plupart n'ont pas réussi à se sortir. Elles ont donc décidé de revoir leurs attentes à la baisse — pas tant pour se protéger que parce qu'elles n'étaient pas en mesure de tenir la distance. Le boom des années 80 a permis à de nombreuses personnes beaucoup moins favorisées d'améliorer leur situation. Lorsque la conjoncture économique s'est modifiée, la scène sociale s'est transformée en conséquence. Le taux de chômage des cadres a considérablement augmenté. Le recul de la bande du système présentée à la figure 4 explique la montée des partis de droite dans les démocraties occidentales. Car en réaction à tous ces événements, certains sont devenus plus conservateurs et réactionnaires.

L'augmentation de la courbe des habitants de la marge présente plusieurs aspects qu'il est intéressant de prendre en compte. Il existe donc maintenant un écart entre cette courbe et l'extrémité supérieure de la bande du système. C'est ce dont il est question lorsque je parle de rupture dans notre évolution. L'extrémité inférieure de la bande du système est restée extrêmement tribale et craintive, tandis que les parties médiane et supérieure ont moins peur, mais sont encore profondément liées au statut et à l'aspect matériel de la vie. Lorsque l'économie s'est détériorée, leurs attentes et leur énergie sont retombées en même temps.

Je sais que j'ai souvent tendance à me moquer du système dans mes livres, mais il est important de respecter ceux qui en font partie lorsque vous croisez leur chemin. Après tout, le système est une composante de notre évolution — nous sommes tous passés par là. Le problème est que dans ce système, l'esprit tribal et l'ego règnent en maîtres absolus. Ces deux caractéristiques du système le rendent plus vulnérable aux changements de conditions. D'ailleurs, il subit actuellement un revers terrible, et les anciennes valeurs et idées tribales se désagrègent sous l'effet de la pression. Les gens sont perdus, et nombreux sont ceux qui éprouvent des difficultés à lâcher prise et à accepter de faire évoluer leur conscience. Mais la courbe ascendante des habitants de la marge a tendance à attirer les gens vers le haut grâce à son énergie spirituelle. À mesure que les gens commenceront à se questionner sur la validité de l'ancien ordre établi, ils seront de plus en plus nombreux à se laisser aspirer par cette force.

103

L'extrémité supérieure de la courbe des habitants de la marge se situe maintenant en dehors de l'évolution du plan terrestre. C'est un peu comme si ces personnes étaient mortes dans ce plan pour entamer leur évolution dans une autre dimension, même si elles sont toujours vivantes sur le plan physique. Elles se sont projetées en dehors de la destinée du monde. Elles sont donc libres sur les plans karmique et spirituel.

Vous vous demandez probablement quel est leur rôle. Bien sûr, leur progression fait partie de l'évolution naturelle des humains. Mais pourquoi ceux-ci ont-ils été si nombreux à faire ce voyage au même moment ? Il semble évident que les conditions y étaient propices, mais existe-t-il une explication d'un ordre supérieur ? Pourquoi l'âme collective planétaire a-t-elle besoin de créer un groupe de particules solides et indépendantes en dehors de l'onde principale ? De toute évidence, il ne serait pas pratique qu'un groupe de personnes relativement stables et conscientisées agisse comme une force stabilisante, tandis que le reste du monde est ballotté par les conditions agitées des années 90 et des années suivantes. Et l'on sera certainement tenté d'affirmer que le rôle de la courbe des habitants de la marge est d'élever le reste du monde. Mais vous devez toutefois vous demander si les membres du système ont réellement besoin d'être élevés, surtout si l'on considère qu'ils sont nombreux à se tourner vers un niveau vibratoire inférieur plus lent et plus confortable. Toute tentative d'accélération aurait probablement des répercussions néfastes puisqu'ils ont déjà de nombreux sujets de préoccupation.

104

Au-delà des raisons évidentes de cette évolution impressionnante de la courbe des habitants de la marge, réside l'idée fascinante que le fait d'avoir un si grand nombre de personnes en dehors du système de pensée établi préserve ce même système de l'autodestruction, en agissant comme une soupape de sécurité. Voici comment j'explique ce phénomène : l'esprit du système et l'ego recherchent à l'extérieur d'eux-mêmes — en plaçant Dieu au-dessus — une expérience supérieure, un avenir reluisant, la prochaine sensation excitante, et ainsi de suite. Leur pouvoir est affaibli par leur aspiration constante à ce qu'ils n'ont pas. Le rêve est une caractéristique de la vie que mènent les membres de cette onde nébuleuse, car il est plus simple que l'action concrète. C'est pour cette raison que les rêves de l'être humain ordinaire ne sont pas souvent réalisés.

Les habitants de la marge regardent également vers l'extérieur lorsqu'ils s'élèvent et s'affranchissent du courant principal, mais lorsqu'ils parviennent à l'extrémité supérieure de leur courbe, ils ne peuvent aller plus loin. Il leur est impossible de pénétrer dans une autre dimension sans mourir. Ils peuvent avoir un aperçu des autres mondes, mais ils n'appartiennent pas encore à ceux-ci. Arrivés à un tel niveau, les habitants de la marge ne peuvent que faire demi-tour et reprendre le même chemin en sens inverse. Au départ, il y a une montagne, puis celle-ci se transforme en une montagne mystique, sainte — les mains des dieux, le terrain de jeu des anges — et au bout du compte, il ne s'agit que d'une fichue montagne... point final.

105

Cela peut vous paraître décevant, mais ça ne l'est pas sur le plan spirituel. En effectuant ce voyage, vous entrez en contact avec la véritable essence, ou la raison spirituelle, derrière toute chose, c'est-à-dire l'éclat céleste de la lumière divine. Et vous serez heureux de prendre le chemin du retour parce que vous aurez désormais une vision spirituelle du bien-fondé des choses. Votre esprit tout entier baignera dans la grâce de la lumière de Dieu, et la beauté spirituelle de cette expérience sera avec vous à jamais.

Lorsque les habitants de la marge font demi-tour, ils créent un champ de force qui agit comme une limite, et comme une zone tampon, qui crée une séparation avec la bande du système. Rappelez-vous que les habitants de la marge ne se déplacent pas en vaisseau spatial ou autre véhicule similaire, mais qu'ils attendent à côté du commun des mortels à l'arrêt de bus. Cependant, leur pouvoir collectif a pour effet d'encercler les projections mentales de l'esprit tribal et de son ego, lui renvoyant le reflet de ce qui est vrai et de ce qui est illusoire. Progressivement, tous les humains sont obligés de se regarder en face. Le mouvement vers une conscientisation supérieure a déjà eu d'importantes répercussions sur le monde, à différents niveaux. La santé et l'alimentation, l'investissement éthique, la conservation et l'écologie, la paix dans le monde, et ainsi de suite. Par-dessus tout, on apprend aux gens qu'ils peuvent atteindre un état d'exaltation au-delà du désordre et des problèmes qui dominent leur vie. Lorsque le mouvement vers une plus grande conscientisation s'est installé plus en profondeur, il a permis à tout le monde de se tourner vers l'introspection et vers la méditation, et d'adhérer à des idées « marginales » sans être traité de dégénéré.

106

Par le biais de notre élévation de conscience, nous soignons progressivement la planète de la pollution dont le statu quo est responsable. Au cours des quarante dernières années, la télévision a permis aux gens d'en savoir plus sur le monde dans lequel ils vivaient, mais elle a également été la source d'une grande angoisse. En effet, elle présente un monde prestigieux au commun des mortels qui ne peut plus envisager de vivre autrement. Lorsque l'esprit du monde est bombardé d'images idéalistes d'abondance et de richesse, l'ego est titillé, et il donne naissance à des attentes déformées.

Vers l'extrémité inférieure de la bande du système — au niveau du cycle vingt mille et au-delà — il n'y a pratiquement aucune chance qu'une personne puisse faire l'expérience de ce paradis télévisé. Mais la religion du prestige et du statut social entretient néanmoins l'ego, et c'est ainsi que l'esprit du monde s'est laissé convaincre par l'idée que nous étions tous extrêmement importants, et que nous devions tous profiter des avantages de ces images télévisées comme s'il s'agissait d'un droit constitutionnel. Ainsi, l'esprit de l'humanité tend vers l'état de particule dans le monde extérieur. Le prestige est une illusion. La télévision et les médias entretiennent cette illusion parce qu'ils doivent caresser les gens dans le sens du poil s'ils veulent obtenir leur approbation et leur vendre des choses. Ainsi est née l'idée qu'il était inutile de travailler sur soi et de faire de son mieux pour réaliser ses rêves, puisqu'il suffit simplement de les vouloir. Quelqu'un, ou quelque chose, à l'intérieur de l'onde vous apportera ce que vous souhaitez. Ce qui revient à dire qu'une individualité distincte pourrait naître de l'attrait de cette vision de la vie.

La femme sophistiquée et parée de bijoux qui se pavane dans une publicité télévisée ou qui se prélasse au bord d'une piscine semble ne pas avoir à faire d'effort. Elle est un produit de l'ego qui aspire à une reconnaissance instantanée dépourvue d'effort. On ne vous montre évidemment pas les dix années de dur labeur et d'efforts qu'il est nécessaire de fournir, dans la vraie vie, pour atteindre un tel confort matériel.

Le prestige est ainsi devenu essentiel pour tous, alors qu'auparavant il ne l'était que pour une minorité. Nous sommes donc maintenant programmés pour en demander encore plus, et c'est ce à quoi travaillent la société et les politiciens. Mais la richesse totale ne peut être créée que progressivement, à raison de quelques points de pourcentage par année. Malgré tout, l'ego de l'humanité continue d'être gonflé par la télévision. Des millions de personnes ont maintenant des exigences élevées. Après tout, pourquoi pas, puisqu'on leur a dit que c'était juste et possible. Le peuple a exigé que quelqu'un améliore ses conditions de vie. Les intellectuels ont réclamé le pouvoir et le respect, peu importe leur contribution à cet effet. Les mères ont refusé de se contenter de s'occuper de leur famille, préférant une place au soleil dont les publicités télévisées ont assuré qu'elles ne devaient pas se passer. Tout naturellement, les épouses sont parties à la chasse de ce rêve, pendant que les enfants restaient à la maison avec leur baby-sitter électronique — entendre par là la télévision — qui les abreuvait de demi-vérités. Pas étonnant que les jeunes soient un peu confus, les pauvres. Le glamour de ce paradis télévisé dénué d'efforts s'avère très différent de la réalité à laquelle sont confrontés les jeunes lorsqu'ils se retrouvent dans la rue à la recherche d'un travail. La réalité va souvent à l'encontre de la vision idyllique qui nous est proposée, ce qui explique que l'on préfère l'ignorer et rechercher plutôt une gratification instantanée — celle qui nous a été promise. Le message selon lequel le prestige doit être accessible à tous est devenu une sorte de religion, et il a été accompagné de tous les mensonges nécessaires pour légitimer une vision désespérément irréaliste.

108

Confrontées à la perspective de décevoir l'onde tribale et de déclencher la réaction négative qui ne manquerait pas de suivre, nos institutions ont décidé de chercher des moyens d'offrir le plus possible au plus grand nombre, le plus rapidement possible. La bonne fée était trop occupée pour s'en charger. Peu importait que cette richesse ne soit pas réelle ; l'essentiel étant qu'elle parvienne à tout le monde avant que la foule ne se déchaîne. Ainsi, les dépenses du gouvernement sont montées en flèche, et lorsqu'il n'y avait pas suffisamment d'argent, on en inventait. Cartes de crédit, billets à ordre, actions, obligations à haut risque, hypothèques, bail avec option d'achat, et que sais-je encore ; le maximum était fait pour satisfaire l'ego sur une base régulière. Pendant un certain temps, le rêve que diffusait la télévision semblait devenir réalité. Des jeunes fraîchement sortis de l'université gagnaient 500 000 $ par an en travaillant à Wall Street, déplaçant ainsi les illusions d'une partie de l'ego du monde à une autre. Tout était possible. On pouvait avoir un nouveau cœur, des seins en silicone, un visage tout neuf et plus jeune, et même l'immortalité. Il suffisait simplement de dire : « Je suis spécial(e). Je suis une particule loyale. Je mérite d'être immortel(le) ». Il n'y avait rien d'autre à faire ; au pire, ce serait juste un mensonge de toute une vie. Et c'est ainsi que le système a été rapidement pollué par cette immense supercherie.

Cette illusion ne pouvait être entretenue que par d'autres mensonges, et c'est ainsi que s'est créée une société dans laquelle tout le monde exigeait de vivre le rêve sans tenir compte de la réalité. Avoir de l'argent, une maison et un bel avenir est devenu un passage obligé, et si les gens n'y parvenaient pas par leurs propres moyens, ils attendaient que cela vienne à eux. Ceux qui faisaient des efforts pour acquérir une maison et mener une vie confortable étaient culpabilisés. La télévision présentait des histoires de personnes défavorisées en insinuant que la richesse des autres était responsable de leur pauvreté. Il était donc implicite que l'on avait la responsabilité de concrétiser le rêve de tous les pauvres. L'ego des personnes paresseuses adorait cette idée, car elle leur permettait de transférer leurs responsabilités aux autres, dans ce qui était en réalité un communisme psychologique collectif. On ne parlait pas de travail, d'application ou d'efforts puisque de telles notions allaient à l'encontre du mensonge. On ne peut pas conseiller à des sans-abri de trouver un travail, d'économiser de l'argent et de louer ou d'acheter une maison comme tout le monde. Ce serait un sacrilège. Et une telle vision des choses serait bien trop réaliste. L'ego préfèrera se trouver des excuses. Les sans-abri ne peuvent pas travailler, il n'y a pas de travail, il n'y a pas suffisamment d'argent. Dans certains cas c'est peut-être vrai, mais l'idée implicite est la suivante : si vous avez travaillé pour pouvoir mener la vie dont vous rêvez, vous avez la responsabilité de garantir au moins un niveau minimal du rêve télévisé à tous ceux qui vivent dans le même pays que vous. En outre, vous êtes responsable d'un certain nombre de personnes vivant dans d'autres pays.

109

L'énergie est la seule valeur réelle, car tout le reste finira par s'effondrer. Mais pour l'instant, l'absurdité du mensonge se dissimule dans les moindres recoins de notre vie : dans nos religions, qui nous offrent le paradis si nous adhérons à leur système élitiste et respectons quelques règles simples ; dans nos gouvernements, qui promettent n'importe quoi pour acheter leur pouvoir ; dans nos écoles, qui enseignent et légitiment le mensonge en gonflant l'ego des enfants à l'aide de propagande et d'informations qu'ils ne peuvent pas utiliser dans la vraie vie — de nos jours, tout le monde obtient un diplôme, même ceux qui savent à peine lire et écrire. Ce grand mensonge est le thème central de la religion du nouveau monde que la télévision a créé. Aucune partie de notre société n'est épargnée. Et personne n'ose dire la vérité aux gens.

Mais les habitants de la marge sont différents. Parce qu'ils considèrent la vie comme une énergie et savent se regarder en face, ils commencent à accepter la vérité. Ils délaissent l'ego pour se tourner vers l'esprit. Ce processus est un peu douloureux au premier abord, et il y a beaucoup à intégrer, mais ils acceptent progressivement la réalité. Ils comprennent à quel point la vérité est à la fois source d'humilité et de puissance.

L'important est qu'en s'élevant et en apprenant les leçons de l'humanité, les habitants de la marge ont influencé le reste du monde sur le plan intérieur. L'esprit du système évolue même s'il ne le réalise pas. Il est influencé par une vibration supérieure. Cette inoculation subliminale de pouvoir offrira une protection psychologique à l'esprit du monde à mesure que les conditions changeront.

Le fait qu'il s'agisse d'un processus de masse a pour conséquence de tempérer l'ego du monde et de limiter son trop-plein d'énergie. Les habitants de la marge récupèrent l'énergie libérée par les individus blessés et la renvoient au monde. Le pouvoir de l'esprit du monde est de moins en moins dispersé. Le processus de guérison est en bonne voie. Je n'adhère pas à l'idée que la planète est une victime, ou que l'esprit collectif de l'humanité ne sait pas ce qu'il fait ou ce qui se produit autour d'eux. Au contraire, je vois un ordre et une progression naturelle au sein de l'histoire. J'ai la sensation que l'âme collective planétaire sait ce qu'elle fait. De la même façon que la biologie nous démontre que cette sphère rocheuse qui se déplace à toute vitesse dans l'espace est plus que de la matière solide — elle a une intelligence qui lui permet d'être consciente d'elle-même, et elle s'ajuste aux changements biologiques et environnementaux — l'esprit intérieur du monde se déplace également sur une base périodique pour s'ajuster aux sentiments collectifs des humains. À mon avis, ce n'est pas un hasard si le mouvement de conscientisation a déplacé plus d'une centaine de millions de personnes vers le haut de la courbe des habitants de la marge, et si d'autres personnes, en grand nombre également, s'élèvent actuellement vers cette même courbe. Ce corps d'énergie a une raison d'être.

111

Le fait d'être en avance par rapport au système a pour effet de poser des limites, car l'humanité doit à un moment donné arrêter d'aller de l'avant et prendre le temps d'assimiler ce qu'elle a appris. La courbe des habitants de la marge tire les gens vers le haut, mais lorsque ceux-ci atteignent l'extrémité supérieure de la courbe, ils sont arrivés au bout de leur voyage. C'est pour cette raison qu'un si grand nombre d'adeptes du Nouvel Âge se sont retrouvés face à un mur. Les habitants de la marge jouent le rôle de sauveteurs qui protègent les gens d'une autodestruction liée à leur déception et à leur chagrin.

En fin de compte, tout le monde doit faire demi-tour, et au lieu de se tourner vers le haut et vers l'extérieur, en implorant et en suppliant, les gens regardent vers l'intérieur. Ils reconnaissent qu'ils font partie de la force de Dieu, parce qu'ils ont recherché le pouvoir, l'exaltation, l'apprentissage et la force à l'intérieur d'eux-mêmes. Progressivement, même le système comprendra la futilité d'un monde hédoniste et écervelé qui s'agite dans tous les sens pour acquérir du matériel qui n'est pas réel et qui n'a aucun intérêt sur le long terme. Au final, tout le monde devra s'entendre pour s'affranchir de l'image véhiculée par la télévision et accepter d'autres solutions — voir la beauté et la valeur des choses simples, tempérer ses désirs, toujours aspirer à la vérité. Tout ceci devrait nous encourager. Nous devrions montrer aux gens qu'en abandonnant le mensonge ils ne perdent rien d'important. Est-ce que cela signifie pour autant que nous ne pouvons pas rêver ? Pas du tout. Vous pouvez avoir tout ce que vous souhaitez, à partir du moment où vous avez la ténacité et l'énergie nécessaires pour l'obtenir. C'est la réalité. Si vous ressentez des manques dans votre vie, vous en êtes le seul responsable. Il est possible que la qualité de votre énergie ne soit pas à la hauteur de vos aspirations.

À mesure que la courbe des habitants de la marge a continué sa progression à la découverte d'elle-même, elle est passée par les étapes de la gestalt, des gourous, des extraterrestres, des médiums, des boules de cristal, des pratiques chamaniques, et d'un tas d'autres procédés. Mais en termes évolutionnaires — où un millier d'années représente une seconde sur Terre — la courbe des habitants de la marge s'est retrouvée à court d'idées en l'espace d'un instant. C'est pour cette raison que l'extrémité supérieure de la courbe est plate — ils ne savent plus quoi faire.

112

Il est intéressant de remarquer qu'un grand nombre de guides spirituels se soient retrouvés en perte de vitesse au cours des années 90. Quelques nouveaux guides ont émergé, mais ils sont peu nombreux. Des gourous douteux s'en sortent bien en offrant au système un autre objet d'adoration. Mais je doute que la plupart de ces retardataires feront long feu. Les Hindous nous ont transmis des enseignements ésotériques très intéressants, et ils ont posé les fondations des connaissances métaphysiques modernes. L'idée étrange que les femmes et les hommes sanctifiés devaient être vénérés par leurs adeptes nous vient d'eux, et elle provient du système de caste hindou, qui élève certains êtres au rang de brahmanes, lesquels possèdent un statut divin, et en relèguent d'autres à un niveau si bas que personne ne doit se trouver en contact avec eux. Cette notion comporte de nombreux risques et elle provient de l'ego. Bien entendu, il est tout à fait normal d'admirer un guide qui vous transmet sa sagesse, mais il me paraît complètement absurde d'adorer un gamin poussiéreux assis sur son coussin. Cela dit, les humains ont toujours besoin d'un certain temps pour réaliser que le pouvoir est en eux et qu'il ne peut pas leur être transmis par une tierce personne.

113

Lorsque vous aurez terminé votre ascension et en serez à l'étape du demi-tour, vous envisagerez votre destin avec plus de clarté, et une partie de vous se tournera vers l'intérieur et n'en bougera plus. Il s'agit d'un processus d'intériorisation. Car lorsque vous ne serez plus tourné uniquement vers l'extérieur, vous projetterez de moins en moins d'énergie mentale et émotionnelle en dehors de vous-même. En pratique, vous commencerez à disparaître de la vision tribale. Est-il surprenant alors que le système fasse comme si vous n'étiez pas là ? Comment pourrait-il en être autrement ? Il arrive à peine à vous voir puisque vous vous trouvez entre deux mondes. Le dernier virage peut prendre quelques années, mais une fois que vous vous serez fait à l'idée, vous serez heureux d'en apprendre plus sur vous-même.

Si vous êtes un habitant de la marge spirituelle — ou si vous êtes en train de le devenir — la première étape de réconciliation consiste à le reconnaître. Vous devez comprendre que vous vous êtes projeté en dehors de ce monde, et que vous ne serez peut-être jamais en mesure de vous y intégrer réellement. La plupart du temps, les gens rejetteront vos idées. Vous ne recevrez peut-être jamais l'acceptation et la reconnaissance auxquelles vous avez droit, en dépit de vos talents. Mais vous n'avez pas besoin de cette reconnaissance, et le fait de la rechercher ne fait qu'entretenir votre ego et affirmer un manque d'acceptation de soi — alors pourquoi vous torturer avec ça ? Contentez-vous d'accepter l'idée que la vie d'un habitant de la marge est quelque chose de merveilleux. Au moins, vous n'êtes pas destiné à vous limiter au plan terrestre.

Essayer de s'intégrer ne sert à rien et vous soutire de l'énergie. Prenez contact avec le côté excentrique qui est en vous et ne vous excusez pas. Contentez-vous d'être ce drôle d'oiseau, et aimez-le. Prenez-en soin. Regardez à l'intérieur de lui. Il a de la valeur, et il vous sert en silence. Peu importe que des gens ne soient pas d'accord avec vous, qu'à cela ne tienne ! Vous ne jouez pas leur jeu puisque vous en avez inventé un qui vous est propre.

Il est évident qu'il n'est pas facile de reconnaître son excentricité. La conformité est une des exigences du système envers le peuple. Mais à bien y penser, de combien de personnes avez-vous vraiment besoin ? La conformité nous vend l'idée que nous ne pouvons pas réussir si nous ne sommes pas appuyés par un groupe de crétins. Est-ce que ce ne sont pas ces mêmes crétins qui nous font croire une telle chose ?

De combien de personnes avez-vous réellement besoin ? Peut-être qu'aucune n'est absolument vitale ; en réalité, très peu le sont.

Si vous deviez remporter la partie face au système tout entier — soit six milliards d'êtres humains — ce serait difficile. Mais si vous pouviez vous contenter de gagner face à quatre, six ou dix personnes, ce serait plus simple. Il vous faudra peut-être jouer leur jeu pendant un moment pour les garder dans votre camp... et puis après ? Vous oscillerez entre les deux. La perfection n'existe que dans la tête ; elle n'est pas réelle. Si vous y pensez bien, la perfection est principalement la capacité à trouver un certain confort dans le compromis.

Pendant des années, je me suis laissé entraîner dans le piège de vouloir me changer pour mieux correspondre aux attentes des autres. À une époque, je participais à l'élaboration d'un talk-show télévisé dont je devais être l'hôte. Avec du recul, je réalise que cette idée était tellement risible que je me roulerais par terre si je n'avais pas gaspillé 50 000 dollars dans ce projet stupide. Les compagnies de télévision ne sont que des perroquets en costume — et elles ne veulent surtout pas que des anarchistes spirituels viennent aliéner les téléspectateurs qu'elles ont réussi à hypnotiser. Je n'aurais pas tenu plus de cinq minutes si ce projet avait été mis en place !

C'est seulement il y a quelques années que j'ai fini par comprendre à quel point il était futile de vouloir essayer de s'intégrer dans le mode de pensée d'un groupe de personnes auquel on n'appartient pas. On ne réalise qu'avec le temps qu'on a la possibilité de créer un tout nouveau genre. Dans mon cas, il s'agit du *Wildéisme*. Dans votre cas, ajoutez un « isme » à votre nom. Mais sachez que lorsque vous atteignez ce niveau, on vous consacre une étagère entière à la

bibliothèque, même si celle-ci est accompagnée de la mention :
« Attention, illuminé incompréhensible ».

Cher ami, si vous êtes un de ces habitants de la marge ou
si vous sentez que vous êtes sur le point de le devenir, sachez
le reconnaître ! Ensuite, essayez d'adopter un style de vie
pour lequel vous aurez le moins possible besoin des autres.
Ce n'est que de cette façon que vous pourrez être vous-même.
Parce que les gens aspirent en permanence à autre chose,
ils sont emprisonnés par leurs désirs. Ils ont besoin d'être
soutenus, reconnus et encouragés, et ils s'efforcent donc de
plaire aux autres, mais un tel comportement les empêche
d'évoluer.

116

Lorsque vous aurez atteint l'extrémité supérieure de la
courbe des habitants de la marge, vous n'aurez probablement
pas besoin de reconnaissance, pas plus que d'encouragement,
puisque vous vous encouragerez vous-même. Vous aurez
peut-être besoin de soutien pour finaliser la dernière réconciliation ou pour matérialiser vos rêves, mais vous pourrez
trouver un moyen de payer ceux-ci pour leurs services, afin
de ne contracter aucune dette personnelle et de ne pas être
redevable. En satisfaisant vos besoins de votre côté et avec
discrétion, vous devenez votre propre chef. Une fois que vous
avez délimité vos besoins et obtenu ce qui vous est réellement
nécessaire, oubliez tout ce que vous n'avez pas et recherchez
un confort durable. Vous serez celui ou celle qui, parmi des
centaines de milliers de personnes, ne suppliera pas, n'implo-
rera pas et n'espèrera pas. Il s'agit d'une force d'une grande
puissance. Vous devez faire preuve de patience, mais cela
s'apprend. Dans un de mes ouvrages, je parle du concept de
l'attentiste professionnel, c'est-à-dire quelqu'un qui n'est
pas un attentiste amateur dirigé par ses émotions, mais un
habitué qui est tellement calme et maître de lui-même qu'il
peut passer sa vie à attendre. Si vous ne voulez rien en parti-

culier et que vous êtes un attentiste professionnel, comment peut-on vous atteindre ? C'est impossible.

Le monde des habitants de la marge est individuel et différent. Soyez vous-même. Laissez le monde se plaindre et dire du mal des autres. C'est leur droit, mais ils n'ont aucun pouvoir réel sur vous. L'opossum ne peut pas demander au kangourou de ne pas faire de bonds, alors allez-y, sautez ! Il est préférable de faire des bonds sur le chemin qui est le vôtre plutôt que de vous accrocher à une branche et de « comater » aux côtés d'un opossum qui est loin d'avoir inventé la poudre à canon.

117

Les paliers de la conscience supérieure

CHAPITRE QUATRE

VANT D'ANALYSER LA FAÇON DONT NOUS POUVONS CRÉER LES transferts d'énergie dont profitera le monde, attardons-nous quelques instants sur le processus par lequel vous avez transformé — ou transformerez — votre destin en vous éloignant du système pour vous élever vers une conscience supérieure. Si vous comprenez ce processus, vous aurez une idée de ce qui se produit au niveau mondial.

Le voyage que nous faisons à la découverte de nous-mêmes ne se fait pas en ligne droite. Nous n'allons pas d'un niveau de conscience à un autre de façon rectiligne, mais notre évolution se fait plutôt sous forme d'élévations suivies de paliers, eux-mêmes suivis d'autres élévations. Bien que nous envisagions ce voyage de façons différentes, il présente certaines caractéristiques communes à tout le monde. Nous amorçons notre compréhension spirituelle dans un endroit ordinaire, dans lequel les hommes survivent — c'est une dimension de la conscience tribale ou nationale où l'intellect et l'ego règnent en maîtres suprêmes et où les idéologies tribales sont présentées comme les seuls points de référence. Le plan monotone de l'existence quotidienne, que la plupart des hommes considèrent comme la « vie », est ce que j'appelle le « système ».

Les personnes qui nous ont enseigné les règles et les méthodes du système nous ont accompagnés pendant notre enfance et nous ont laissé aller juste avant notre entrée dans l'âge adulte. Elles ont fait preuve de bienveillance et de douceur la plupart du temps, elles nous ont aimés et on fait de leur mieux. Mais pour ce qui est de nous ouvrir à une compréhension supérieure, elles n'ont été d'aucune utilité. On ne peut pas dire qu'elles nous aient donné les outils nécessaires pour évoluer. Puis, nous avons subitement commencé à nous questionner sur la validité de tout ce qui nous avait été enseigné. Il devait exister plus que ça. À partir du moment où nous avons commencé à chercher à comprendre, nous avons amorcé notre ascension vers un mode d'évolution plus rapide, et plus rare.

122

Si vous acceptez l'idée que votre destin soit principalement contrôlé par votre esprit, et par ses projections mentales et émotionnelles, vous constaterez que le vôtre se modifiera dès que vous vous affranchirez du système et que votre évolution s'écartera de celle du commun des mortels (lequel appartient à la destinée collective de sa tribu ou de sa nation). Vous pénétrerez alors dans une réalité distincte, qui s'apparente à l'état intérieur d'une particule. Cette réalité est dominée par vos espoirs et vos rêves, au lieu d'appartenir à la réalité collective de l'onde tribale et de ses attitudes limitées.

La grande majorité des gens sont entièrement tournés vers leur intellect, si bien que toutes leurs expériences de vie sont extérieures — ils n'ont donc aucune expérience de voyage intérieur à raconter. Pour eux, la vie est souvent traumatisante et source d'émotions intenses. Elle est très réelle. Les circonstances de la vie représentent tout ce qu'ils ont. Si votre attention est uniquement tournée vers le monde extérieur de la conscience, votre monde intérieur subconscient se retrouvera pratiquement en état de sommeil. Il se contentera d'adhérer à la programmation qui lui aura été imposée par l'intellect, et de lui répondre par l'intermédiaire des rêves, lesquels seront souvent ignorés, car trop inhabituels, étranges ou effrayants pour être pris en compte.

Dans ces circonstances, le subconscient est aveugle. Il ne voit l'extérieur qu'à travers les yeux de l'intellect, et il devient donc craintif. Pour le guider, il ne dispose que des souvenirs, et il ne peut rien faire d'autre que de répéter ce qu'il sait déjà. Il n'a aucun pouvoir — comme un bébé dans son berceau. Il n'a aucune volonté. Il peut uniquement réagir. Il n'a pas vraiment d'autre rôle que celui d'un bloc-mémoire.

123

Si je me base sur mon expérience, la première partie du voyage intérieur débute en regardant silencieusement à l'intérieur de soi. Votre subconscient, qui était auparavant un nuage nébuleux de mémoire, adopte alors une réelle identité intérieure. Lorsque votre moi intérieur est activé par l'observation que vous en faites, le voyage devient de plus en plus réel, et votre identité intérieure commence à faire entendre sa voix. Il ne s'agit pas du dialogue négatif du subconscient auquel vous êtes habitué, mais d'une voix spirituelle qui prend progressivement sa place au moyen de symboles et d'images. Lorsque votre moi intérieur devient réel et plus solide, il peut entamer un voyage de découverte de soi dans les dimensions intérieures, pendant que vous continuez votre voyage à l'extérieur, par le biais de l'intellect. Bien sûr, vous n'êtes pas deux personnes distinctes, mais plutôt deux aspects de la même personne.

Si vous voulez réussir votre transition de l'état d'onde tribale à celui de particule, vous devrez réussir à contrôler votre ego. Ce n'est qu'à ce moment que l'esprit qui est en vous pourra briller à travers votre moi intérieur. C'est la lumière de la molécule d'esprit qui est en vous qui vous permet d'avoir une perception intérieure de vous-même. Elle vous permet d'avoir une plus grande perception de vos sentiments. Par « personne consciente », nous faisons référence à une personne dont le ressenti est intense, contrairement à celle, non consciente, dont la perception est engourdie ou en sommeil. Une partie des sentiments subtils qui proviendront de l'intérieur sera liée à votre vie extérieure, mais le reste correspondra à vos expériences intérieures. Ainsi, vous pourrez vous laisser embarquer dans ce voyage intérieur et en apprendre les leçons, tout en illuminant votre vie extérieure de vos nouvelles perceptions.

124

Vous pouvez contrôler votre ego en faisant preuve de discipline, et si vous pratiquez la méditation ou la contemplation, vous adoucirez le champ électrique de votre cerveau qui a habituellement tendance à submerger l'esprit. Vous permettrez ainsi à la molécule de l'esprit de briller à travers votre moi intérieur — en lui insufflant une flamme de vie. Vous donnez du pouvoir à votre moi intérieur en croyant en lui, de telle façon que votre identité intérieure devient plus solide et courageuse, ce qui lui ouvre toute une gamme de nouvelles possibilités. Une partie du subconscient conserve le rôle de bloc-mémoire, mais une autre partie commence maintenant à s'éloigner du système par l'intermédiaire de votre nouveau moi. Cette progression intérieure se fait habituellement en un millier de jours, ce qui n'est pas long en comparaison des nombreuses années que nous passons dans le monde ordinaire, dans un état de sommeil.

La vibration du système est faible. Elle n'a pas, ou peu, d'esprit, et le peu qu'elle a est éclipsé par la cacophonie de l'intellect. Mais vous savez au moins maîtriser son fonctionnement et il vous permet d'envisager votre avenir. Le fait de vous sentir lié émotionnellement au système a quelque chose de familier qui vous donne confiance et vous renforce. Mais dès que votre moi intérieur entame sa découverte de soi, vos attitudes se modifient. Votre énergie augmente subitement, et vous réalisez rapidement que, pour continuer à progresser, vous devez vous débarrasser de tout ce qui vous encombre sur les plans mental et émotionnel et que vous avez accumulé jusqu'à présent.

À mesure que vous analysez ces éléments encombrants et que vous les laissez aller, le lien qui vous unit au système commence à se distendre — vous éprouvez plus de difficultés à vous sentir concerné par des questions que d'autres personnes estiment importantes. Vous commencez à relativiser votre vie extérieure parce que vous avez maintenant un moi intérieur qui possède une vie et un destin. Avant, votre être intérieur n'existait pas. Il s'agit d'une expérience passionnante pour la plupart des gens. Toutefois, à cette étape vous avez réellement acquis une capacité d'introspection — peut-être de nouvelles idées et disciplines — mais rien de plus. C'est pour cette raison que le processus d'affranchissement du système s'apparente à l'ascension d'une paroi rocheuse. Une grande partie de la stabilité à laquelle vous étiez habitué, aussi ordinaire soit-elle, n'existe plus. Vous vous reposez maintenant sur votre anticipation de l'énergie supérieure que vous allez obtenir et sur votre foi en vous-même, laquelle est appuyée par votre désir de découvrir votre nouvelle voie.

125

Pendant cette progression de mille jours, votre moi intérieur est incapable de voir au-delà de quelques mètres. Votre imagination et votre capacité intellectuelle à formuler et à matérialiser vos désirs se sont initialement développées à un niveau d'énergie plus faible, par une personne différente de vous — c'est-à-dire la facette extérieure de votre personnalité. La personne que vous êtes devenue ne sait probablement pas encore comment faire fonctionner sa nouvelle vibration à un niveau supérieur. Car ce nouveau moi n'est en éveil que depuis peu de temps. La seule chose dont vous pouvez être sûr est que chaque étape que vous franchissez au cours de votre voyage intérieur vous éloigne un peu plus de la sécurité du monde tel que vous le connaissiez avant, et vous rapproche d'un endroit où tout se passe plus vite et où tout est plus entier ; un endroit de consolidation que j'appelle le premier plan de compréhension.

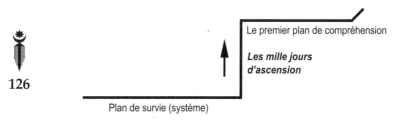

126

Figure 5 : **Le premier palier de la conscience supérieure**

Votre perception spirituelle et votre croissance intérieure sont rendues possibles par les disciplines et les enseignements auxquels vous adhérez — méditation, contemplation, végétarisme, chamanisme, spiritualisme, ou tout autre terme en « isme » de votre choix ! Mais surtout, elles reposent sur votre capacité d'observation, laquelle vous permet de commencer à vous affranchir de la vague tribale et du bagage inhérent à celle-ci.

Lors de mes voyages intérieurs, j'ai découvert que ce que l'on est se révèle à nous avec de plus en plus de précision. Nous sommes constitués d'une multitude de parties et d'identités — chacune à l'intérieur de la précédente. Au-delà de celles que j'ai découvertes jusqu'à présent, il doit en exister encore beaucoup d'autres. Chacune de ces parties est reliée à toutes les autres, ce qui peut entraîner une certaine confusion au niveau de la terminologie. Pour plus de clarté, je vais passer en revue les termes que j'utilise afin de bien les comprendre dans le contexte dans lequel je les utilise.

Votre moi extérieur, qui agit par le biais de l'intellect et constitue la base de l'expérience humaine, est celui qui a contribué dans la plus grande mesure à former votre personnalité. Celle-ci est stockée comme une mémoire dans votre cerveau, qui contient également votre mémoire subconsciente, laquelle reste en grande partie dissimulée. Vous avez une seule mémoire — dont la plus grande partie n'est pas consciente. L'ego, l'intellect et le subconscient forment l'entendement, qui forme la personnalité. La personnalité humaine, ses attitudes et ses actes, constituent ce que les chrétiens appellent l'âme.

127

L'historien Trevor Ravenscroft a mentionné dans son livre *The Cup of Destiny* que, pendant mille ans, notre entéléchie était constituée des trois composantes du corps, de l'entendement (personnalité ou âme) et de l'esprit. En 869, le pape Nicolas, qui était soi-disant un être intelligent, a décidé que l'esprit n'existait pas, en affirmant que seuls le corps et l'entendement étaient réels. Le huitième Conseil œcuménique en a donc décrété de même, et c'est ainsi que l'esprit a été banni. À partir de là, nos peuples occidentaux ont dû se contenter du corps et de l'âme (entendement). La notion d'esprit a ainsi perdu de sa valeur pour ne faire référence qu'aux caractéristiques charismatiques de l'intellect ou de la personnalité. Lorsque nous disons d'une personne qu'elle a de l'esprit, nous faisons référence à sa force de caractère ou à sa finesse d'esprit. L'entendement a gagné, et l'esprit a perdu. Plus de mille ans après, l'intellect est encore considéré comme la force dominante.

Mais au-delà de l'entendement se dissimule une porte, et si vous l'ouvrez, vous y verrez votre esprit, en train de se tourner les pouces en vous attendant, et de lire « La vie et l'époque du pape Nicolas »... Je considère l'esprit comme une quantité moléculaire de la même lumière ou énergie céleste que celle que nous appelons « force de Dieu ». Votre esprit est la force de Dieu et la force de Dieu est votre esprit. Qu'est-ce que la force de Dieu ? Je l'envisage personnellement comme une énergie qui se trouve en toute chose — une lumière céleste. Ce qui s'en rapproche le plus dans la terminologie chrétienne est la grâce. La différence entre la force de Dieu et n'importe quelle autre lumière est qu'elle irradie d'un sentiment. L'humain qualifie ce sentiment d'amour. Je ne sais pas pourquoi cette lumière céleste nous pousse à ressentir des émotions positives, mais je ne me contenterais pas d'une réponse mièvre du style « Dieu est bon ». Il doit y avoir une explication. Quand vous vous promenez dans une forêt, vous vous sentez bien. Mais est-ce parce que la forêt est intrinsèquement bonne ? Non. Vous vous sentez bien parce que votre environnement est chargé d'ions négatifs qui ont un effet revitalisant sur votre corps. En d'autres mots, la lumière céleste est-elle intrinsèquement bonne ou dégage-t-elle une force cachée qui vous inspire un bien-être ? Existe-t-il des circonstances dans lesquelles ces conditions changent ? C'est difficile à dire. Mais si la lumière céleste n'irradiait pas ce sentiment, elle ne serait qu'une lumière comme une autre.

Mettons de côté la force de Dieu pendant un instant, pour éviter de tomber dans des spéculations compliquées d'arguments cosmologiques et religieux d'espace/temps pour lesquels il n'existe aucune véritable conclusion. Reprenons la question de l'esprit. À mon avis, la molécule de l'esprit libère de l'énergie, et de la même façon que vous avez besoin d'énergie nutritionnelle pour faire fonctionner votre corps, le moi intérieur qui est en vous a besoin de lumière spirituelle pour mieux voir, car il est totalement aveugle au départ. Votre moi intérieur a également besoin de lumière pour pouvoir faire son voyage intérieur. Je pense que le quantum de l'esprit a une autre fonction vitale, et qu'il s'agit de conserver une mémoire éternelle de vous après votre mort. L'entendement, ou l'âme, ne dispose d'aucun moyen de se rappeler de lui-même sans cerveau — du moins aucun moyen parmi ceux que nous avons découverts jusqu'à présent.

J'ai l'impression que l'esprit qui est en vous est ancien, et probablement éternel. Sa mémoire semble plus grande que tout ce que contient le subconscient. Il sait des choses que votre entendement, ou même votre moi intérieur — qui est né de votre entendement — ne peut pas savoir. Ce qu'il sait et ce dont il se souvient sont des informations auxquelles il est difficile d'avoir accès. Avant, je pensais qu'il était impossible d'atteindre la mémoire de l'esprit tant que nous étions vivants dans notre corps physique. J'ai depuis changé d'avis, même si cette mémoire est très vaste. C'est pour cette raison que certains la qualifient de moi supérieur. Personnellement, j'utilise les termes « moi supérieur » et « esprit » pour faire référence à la même notion. Il est impossible de dire si la mémoire du quantum de l'esprit est stockée dans celui-ci ou si elle a accès, par un moyen ou par un autre, à une mémoire plus grande stockée ailleurs. L'âme collective planétaire, dont j'ai parlé dans les chapitres précédents, est l'entendement ou l'âme de l'humanité. Mais au-delà de cette âme collective, il doit exister au moins une composante supplémentaire pour contenir sa mémoire, et je pense qu'il s'agit de l'esprit collectif planétaire, qui regroupe tous les esprits qui n'aient jamais existé à l'intérieur de chaque être humain, et qui sont reliés entre eux par la force de Dieu qui est en eux.

Il est possible que tout cela vous semble un peu confus et que vous vous demandiez : Suis-je un corps et une âme ? Ou un esprit et un entendement ? Suis-je un être intérieur, un moi supérieur, un quantum de la force de Dieu, une lumière céleste, un ceci ou un cela collectif planétaire ? Pas de panique ! Tout ceci deviendra beaucoup plus clair à mesure que nous avancerons. Le fait est que vous êtes tout cela ; chaque composante se trouve à l'intérieur de la précédente.

Il est important de se rappeler que, grâce à l'introspection, vous créez un état de particule intérieure — c'est-à-dire votre moi intérieur. Plus vous lui accordez votre attention, plus il se renforce. En faisant taire votre ego, vous donnez la possibilité à la lumière céleste de briller et de donner vie à votre moi intérieur. L'esprit possède un pouvoir immense, mais il a peu d'influence sur votre vie tant qu'il ne s'est pas affranchi de la mainmise annihilante de l'intellect. Une fois libéré, il peut imprégner votre moi intérieur, qui, à son tour, se répand dans votre moi conscient extérieur. C'est l'esprit qui procure de l'énergie au moi intérieur et qui permet à votre être intérieur et extérieur de développer sa perception par le biais de sentiments accrus. L'esprit vous accorde ces sentiments parce que tout est énergie, ce qui implique que tout a un message. L'esprit est relié à tout ce qui existe par l'intermédiaire de la force de Dieu. Il peut relier votre moi intérieur ou votre moi extérieur conscient aux signaux d'énergie émis par tous les aspects de la vie.

Subitement, votre moi intérieur n'est plus aveugle. Il ressent maintenant des sentiments plus intenses prodigués par la grâce de l'esprit qui illumine son chemin. Votre moi intérieur ne peut pas entamer son voyage s'il ne s'est pas éveillé. Sans perception intérieure, il n'envisagerait même pas de le faire, pas plus qu'un bébé ne sortirait de son berceau pour aller faire un tour en ville. Lorsque votre moi intérieur devient perceptif grâce à ses sentiments spirituels, il est empli d'une grande joie et d'une profonde exaltation. Car il est désormais vivant, et il a une raison d'être.

Vous prenez conscience de nombreuses choses, car votre intellect n'empêche plus votre moi intérieur d'accomplir son destin spirituel. En donnant naissance à votre moi intérieur,

130

et en insufflant l'esprit en lui, vous commencez à dégager cette identité de l'esprit tribal. Et vous apprenez des choses. Votre perspective devient infinie et elle est libre de toute confession religieuse. Votre pouvoir augmente parce que votre intellect ne domine plus. Vous ne suivez plus le même chemin. Vous ressentez le besoin de vous élever, et chaque pas vous redonne de la vigueur. Vous souhaitez vous associer à une nouvelle énergie, et peut-être vous tourner vers une nouvelle carrière professionnelle — laquelle correspondrait plus à votre état spirituel ou aurait plus de sens à vos yeux — mais vous ne savez pas quelle direction prendre. La question que nous nous posons tous à cette étape est : « Que vais-je bien pouvoir faire ensuite ? »

Lorsque vous commencerez à vous libérer de l'onde pour devenir une particule intérieure, il est probable que vous voudrez aider les autres à amorcer la même transition. Le problème est qu'à cette étape encore précoce, votre vision intérieure est limitée par la paroi dont vous faites l'ascension pour vous éloigner du système. Ainsi, lorsque vous vous demandez : « Et après ? Quel chemin dois-je prendre ? » vous n'obtenez pas de réponse réelle la plupart du temps. Les choses ne se présentent pas à vous comme vous le souhaiteriez. Cela s'explique par le fait que la profondeur de votre perception est très limitée lorsque vous effectuez votre ascension. Des occasions pourraient se présenter à vous, et vous pourriez faire l'expérience d'une activité psychique intense, de coïncidences inhabituelles, de perception extrasensorielle et parfois même de phénomènes étranges, mais rien de bien concret ou évident ne vous est présenté. Tandis que vous recherchez le plan supérieur à partir duquel vous pourrez recommencer votre vie, cet état de fait risque d'entraîner une grande confusion et de la déception.

Le secret est le suivant : lorsque vous faites l'ascension de la paroi, vous avez besoin de toute l'énergie dont vous disposez pour vous accrocher. Un simple manque de détermination pourrait vous faire facilement retomber au niveau du plan ordinaire du système. Quand vous essayez de quitter l'onde, celle-ci cherche par tous les moyens à remettre la main sur vous, par exemple en se moquant de votre démarche qu'elle estime être ridicule — parce qu'elle ne la comprend pas. L'onde ne saisit pas la notion de particule intérieure. Comme l'histoire de la femme de Lot dans la Bible, vous aurez envie de regarder en arrière, parce que le système était votre repère depuis longtemps. Ainsi, votre tendance à basculer vers l'arrière, conjuguée à la pression psychologique de l'onde tribale, pourrait gêner votre ascension et porter atteinte à votre sécurité. Si vous n'êtes pas prudent, vous risquez de tomber.

Chaque fois que vous amorcez des transitions vers le monde intérieur, vous en faites de même dans votre vie extérieure. Les transitions nous mettent dans un état vulnérable et elles doivent être considérées avec prudence. Il s'agit d'un processus qui nécessite de la patience. Vous avez besoin de temps pour vous habituer à de nouvelles idées et croyances. Il est facile de comprendre un nouveau concept avec l'intellect et d'adhérer à une idée, mais il est beaucoup plus long d'assimiler celui-ci dans notre cœur, au point de l'intégrer totalement en nous.

Les gens ont tendance à se laisser entraîner par leur voyage intérieur et par l'exaltation que leur procure leur ascension, si bien qu'ils sont sur-dynamisés par leur propre enthousiasme. Ils rejettent immédiatement leur ancien mode de fonctionnement financier, et ils se mettent à vagabonder comme des sortes de pèlerins, en espérant qu'ils recevront l'inspiration pour gagner leur vie d'une façon qui correspond à leur nouveau niveau de conscience. Leur volonté de se créer un nouveau chemin est telle qu'ils renient leur ancien mode de fonctionnement au point de se retrouver dans des situations financières difficiles ou, pire, de finir ruinés.

Les leçons à retenir sont simples, il suffit de les appliquer : lorsque vous faites l'ascension de la paroi rocheuse, reconnaissez-le. Comprenez que, parce que votre vision est limitée, vous ne serez pas en mesure d'envisager un avenir lointain. La meilleure chose à faire est de vous concentrer sur votre ascension, plutôt que d'essayer de vous façonner une nouvelle carrière. Si vous allez trop vite, il y a de fortes chances pour que vous vous sabordiez. J'ai vu ce genre de situation se produire des milliers de fois — un individu est tellement inspiré par son ascension et par son désir de quitter au plus vite le système, qu'il monte une entreprise (habituellement reliée à la croissance personnelle, aux médecines parallèles, ou le bénévolat de façon générale) avant de disposer de l'énergie nécessaire ou d'être prêt psychologiquement. Cette entreprise se soldera invariablement en échec, lequel constituera par la suite une pression supplémentaire. L'ascension de ce genre d'individu le long de la paroi rocheuse sera compromise parce que la foi qu'il a en lui-même aura été temporairement ébranlée. En outre, leur situation financière deviendra précaire, ce qui limitera considérablement leur capacité à poursuivre les connaissances et l'expérience nécessaires pour terminer leur ascension. Pour modifier réellement votre niveau de conscience et consolider le pouvoir qui est en vous, vous avez besoin de paix, d'équilibre et de temps pour réfléchir. À cette étape, le manque d'argent nuit au processus.

Appliquez plutôt les conseils suivants : tout d'abord, reconnaissez que vous en êtes à l'étape de l'ascension, comprenez que celle-ci est importante et sacrée, et que tout ce que vous avez à faire à l'heure actuelle est de continuer à vous élever. Simplifiez votre vie et faites tout ce que vous pouvez pour vous aider dans ce processus, à partir du moment où cela ne nécessite pas trop de temps ou d'énergie. Contentez-vous de vous élever. Soyez patient, car tout arrive en temps opportun.

Mon deuxième conseil est d'y réfléchir à deux fois avant de rejeter l'emploi que vous aviez au sein du système. Même s'il vous faut serrer les dents et souffrir, il est préférable de disposer d'un appui financier solide pour mener votre quête à bien que d'être extrêmement spirituel et sans un sou. Il est pratiquement impossible de se stabiliser à un niveau d'énergie vibrationnelle supérieur si vous êtes obsédé par les problèmes du quotidien comme le paiement de votre loyer. La dernière chose à faire est de se retrouver dans une situation vous obligeant à accepter la charité des gens ou l'aide de l'État pour survivre. Il s'agirait d'un paradoxe puisqu'il est impossible d'obtenir sa liberté et son individualité lorsque l'on doit se battre pour survivre.

Il est préférable de conserver votre statut financier habituel et d'entamer cette nouvelle aventure à temps partiel. De cette façon, vous pouvez profiter des deux en même temps. Lorsque le nouveau chemin que vous avez choisi vous offrira des conditions suffisamment sûres, vous pourrez vous défaire de votre ancien emploi et amorcer une nouvelle carrière de façon avisée.

Une fois que vous aurez terminé votre ascension de mille jours — et vous saurez pratiquement au jour près à quel moment ce sera — vous atteindrez le premier plan de compréhension. Parce que les changements qui se sont produits en vous sont maintenant consolidés, ils vous appartiennent, et ils deviennent vous. Vous ne devez plus tenter de leur appartenir, comme c'était encore le cas pendant l'ascension. Vous disposez maintenant d'une vision plus étendue. À cette étape, il ne s'agira probablement que de sentiments, plutôt que d'une perception intérieure exprimée sous forme de vision, mais ces sentiments vous permettront d'obtenir de l'information et de l'énergie à une plus grande distance. Vous attirerez à vous les gens et les occasions. Il y aura en vous une paix et un naturel qui proviendront de votre consolidation intérieure, ce qui vous permettra de dégager de la force intérieure et de la stabilité.

135

Lorsque vous repenserez à votre ascension, vous réaliserez que, à ce moment crucial, vous n'étiez pas suffisamment à l'aise avec vous-même pour être d'une quelconque utilité pour les autres. Et parce que vous étiez en train de changer, vous manquiez souvent de confiance. Il est fréquent que notre obsession sur-dynamisée envers nos nouvelles découvertes ait tendance à nous faire repousser les nouvelles occasions et même les gens. Rappelez-vous que le monde est intuitif. Les occasions sont attirées par l'ordre, l'équilibre et le pouvoir, et elles évitent les gens dispersés, sur-dynamisés, en s'enfuyant à toute vitesse lorsqu'elles aperçoivent de la confusion et du manque de cohérence.

Il existe un autre écueil. Lorsque vous amorcez votre virage intérieur, les phénomènes psychiques, les coïncidences étranges et la perception accrue dont vous faites l'expérience pourraient inciter votre ego à penser que vous êtes une sorte de magicien qui a été choisi par Dieu pour guider les ignorants vers la terre promise. À votre place, je prendrais garde de ne pas me laisser embobiner par cette idée. Ce n'est pas le bon moment pour que l'ego fasse une crise de pouvoir. Vous avez besoin d'humilité et d'introspection, et non d'un accès de suffisance. Après un moment, ces pseudo perceptions extrasensorielles finiront par disparaître ; il n'y a rien de plus comique ou de plus facile à ridiculiser qu'un magicien sans tour de magie. Si vous voulez réellement avoir des pouvoirs extraordinaires, vous devrez faire un long voyage pour les obtenir. Lorsque vous vous trouverez sur le premier palier de compréhension, les occasions commenceront à se présenter à vous. Au premier abord, elles ne vous sembleront pas très importantes. Mais si vous les suivez, elles vous mèneront vers quelque chose de plus grand. Croyez en vous-même et tentez des expériences. Peu importe que vous vous trompiez de chemin ; à mesure que votre niveau de perception augmentera, vous serez en mesure de deviner si une direction particulière vous convient, et lorsque ce ne sera pas le cas, vous en choisirez une autre sans attendre. Se tromper de chemin n'est pas une mauvaise chose en soi, car vous apprenez sur vous-même et sur vos besoins, et le minimum que vous puissiez en retirer est de comprendre ce que vous devez éliminer. Quoi qu'il en soit, vous êtes destiné à trouver ce que vous recherchez.

Après cette première ascension de mille jours, il y en aura d'autres, mais aucune ne lui ressemblera. Les autres se font de façon plus progressive et sont plus courtes. Elles peuvent durer entre un et six mois, et même s'il est possible qu'elles soient assez difficiles et que vous ressentiez des douleurs physiques dues à l'établissement d'une vibration supérieure, vous vous débrouillerez bien, car vous disposerez à ce moment-là des outils nécessaires et d'une bonne perception de l'esprit. En outre, votre moi intérieur aura appris beaucoup pendant l'ascension, et il disposera désormais d'une capacité spirituelle plus importante. Avant d'atteindre une consolidation absolue au sommet de l'ascension, votre moi intérieur n'est défini que partiellement. Il a bien une personnalité, mais celle-ci est encore vague. Elle manque d'expérience, et son souvenir du « système » persiste et se rappelle à elle de la même façon qu'un effluve envoûtant vous rappelle un endroit que vous avez visité un jour. À mesure que votre voyage intérieur vous fera passer d'un palier à un autre, l'ego aura sur votre vie une mainmise de moins en moins forte, et la lumière de l'esprit commencera à briller à travers votre moi intérieur et sur votre ego, ce qui aura pour effet de le dissoudre. Votre ego n'a plus de légitimité. À mesure que l'état de particule intérieure devient de plus en plus réel, l'ego commence à perdre de sa pertinence. Il a vécu tout ce qu'il avait à vivre dans l'onde, et l'état intérieur lui est tellement étranger qu'il préfère reculer puisqu'il ne sait pas comment agir.

137

Cette dissolution de l'ego varie en intensité ; elle est plus exigeante au moment de l'ascension qu'à l'accession des paliers. Pendant les périodes où l'on évolue sur un terrain plat et régulier — pendant lesquelles on va habituellement de l'avant tout en se reposant — l'ego aura tendance à se faire entendre, plus particulièrement si vous n'êtes pas en contact avec votre moi intérieur à ce moment précis, si vous souffrez d'un déséquilibre quelconque ou si vous êtes fatigué. Mais avec le temps, les efforts de l'ego seront de plus en plus vains.

Lorsque les dissolutions de l'ego se produisent (et n'importe quelle personne qui s'est retrouvée sur ce chemin en a fait l'expérience à un moment ou à l'autre), on a l'impression que des petites parties de soi se détachent — un peu comme c'est le cas lors d'une érosion du sol. Pendant ces périodes, vous vous sentirez envahi par la pensée que vous êtes en train de mourir. Ce n'est pas vous, mais votre ego qui meurt. Il ne supporte pas l'idée que vous puissiez vivre sans lui. Ainsi, pendant un certain temps, vous serez habité par les pensées les plus morbides qui soient, tandis que votre ego vivra ses derniers instants. Si cette sensation devient oppressante, imposez-vous une discipline rigoureuse comme le jeûne, le silence, l'isolement, la méditation, ou la résolution de problèmes que vous n'avez pas encore réglés — peu importe le moyen. Les mauvaises pensées disparaîtront, et l'ego finira par accepter de desserrer son étreinte sur vous. La nature de votre voyage intérieur dépendra beaucoup des caractéristiques de votre moi intérieur (lequel, si vous vous rappelez bien, a été créé à partir du contenu de votre entendement). Lorsqu'ils atteignent le premier palier, certains décident de se promener au hasard pendant un moment, tandis que d'autres attaquent directement l'ascension suivante. Il n'y a pas de bonne ou de mauvaise façon de procéder. Parfois, si vous allez trop vite, vous courez le risque de passer à côté d'un aspect important de vous-même qui nécessite votre attention. Si vous l'ignorez et continuez votre chemin sans vous y arrêter, votre voyage deviendra vide de sens. D'une façon que je ne m'explique pas vraiment, votre pouvoir s'accrochera aux éléments que vous avez négligés. Si ceux-ci sont importants, ils apparaîtront dans votre vie sous des traits différents. Ils se rappelleront sans cesse à vous pour que vous puissiez discuter ensemble. Parfois, pendant cette discussion, ils pointeront des choses à votre intention. À d'autres moments, vous parviendrez à résoudre un problème sur un palier et vous le retrouverez au palier suivant, mais il aura pris plus de profondeur. Comme un oignon dont on retire les couches, vous irez de plus en plus profondément au centre du problème, chaque palier vous révélant uniquement ce que vous devrez savoir pour vous permettre de continuer votre chemin. C'est votre ressenti qui vous permettra de savoir ce qui vous est nécessaire.

Il me semble important de vous avertir d'un autre point : à mesure que vous passerez d'un palier à un autre, votre capacité de compréhension deviendra de plus en plus affûtée, vous vous éloignerez du système, et vous finirez

138

par vous retrouver sur des plans étranges et isolés de la conscience, auxquels peu d'humains ont accédé. Sur ces paliers, vous aurez l'impression que la dimension de conscience dans laquelle se déroule votre voyage intérieur devient de plus en plus neutre. Très peu d'aspects de cette dimension vous sembleront familiers. La symbolique de cet endroit n'aura rien de comparable avec les éléments familiers du plan physique. Il vous sera tellement étranger que vous ne le comprendrez pas si vous en voyez trop à la fois. Vous aurez l'impression qu'il n'a rien de bien intéressant. Lorsque vous vous trouverez sur ces paliers élevés, il y a une petite probabilité, mais néanmoins réelle, pour que vous vous projetiez sans le vouloir en dehors du plan physique, puisque vous serez affranchi du « système » et aurez atteint une compréhension supérieure au cours de votre voyage intérieur. Cette possibilité existera parce que vous serez arrivé au bout de votre expérience sur le plan terrestre et qu'une bonne partie de votre ego se sera déjà dissoute. Parce que votre moi intérieur se trouve en terrain inconnu, le vide de cet environnement se fera ressentir dans votre vie extérieure, vous vous ennuierez, et vous éprouverez des difficultés à rester concentrée. La principale fonction de l'ego est de vous emprisonner dans le plan physique. Lorsqu'il se dissout, vous avez la sensation d'avoir moins de prise sur les choses, et vous aurez peut-être tendance à l'apathie pendant un certain temps. Il vous viendra parfois l'idée — sans que vous en soyez conscient au premier abord — qu'il serait peut-être bon de quitter le plan physique pour amorcer une autre évolution, puisque celle-ci ne semble pas offrir grand-chose de nouveau et de différent.

139

Le danger réside dans le manque d'imagination et dans la croyance qu'il n'y a rien d'autre à faire. Si ce genre de pensées ne vous quitte pas, votre moi conscient commencera à desserrer son étreinte sur la vie. Rappelez-vous qu'à cette étape, votre ego se sera dissout à tel point qu'il ne verra pas l'intérêt de continuer. Il sera donc peut-être tenté d'abandonner. Il importe peu à votre moi intérieur que vous soyez vivant ou mort. Il a un voyage éternel et un destin qui lui sont propres, et l'esprit lui confère de plus en plus de pouvoir. En fait, lorsque je me suis personnellement retrouvé sur ce plan, j'ai eu pendant un instant la forte impression que mon moi intérieur avait tellement voyagé qu'il ne savait plus si le moi extérieur était encore en vie ou pas. J'ai déployé des efforts importants pour lui expliquer que j'étais toujours là, et que j'étais tout au plus un peu las, mais toujours vigoureux et déterminé. Il ne fait aucun doute que tout cela a peu d'importance aux yeux du moi intérieur. L'ego et le corps physique n'ont jamais été les meilleurs amis du moi intérieur.

140

Vous avez bien sûr le droit de vous retirer du processus si c'est ce que vous souhaitez. Toutefois, si vous faites preuve d'imagination et si vous élargissez votre vision éternelle, il est probable que vous découvriez toutes sortes de choses intéressantes. Vous pourriez réaliser que vous êtes allé au bout de certains aspects de votre vie, et souhaiter revenir sur ceux-ci pour envisager vos expériences avec un regard différent. Si vous ne savez vraiment pas quelle est votre prochaine étape, demandez à votre moi supérieur ou esprit de vous guider vers un lieu où votre présence est souhaitée. Il y a de fortes chances pour qu'il vous réponde.

L'essentiel est d'être inventif et de continuer à avancer, pour éviter de vous désolidariser du plan physique par un manque d'investissement émotionnel dans votre vie. Je le mentionne en passant, parce que j'ai perdu quelques amis de cette façon, et que j'ai moi-même failli me perdre un jour où je n'étais pas vigilant.

À force de voyages exploratoires et d'ascensions, vous parviendrez, au bout de quelques années, à un lieu très étrange : le plan de la désolation. Il est long et large, et il est dénué de toute vie intérieure. Il s'agit d'une zone intermédiaire située entre notre monde d'images et de pensées humaines et le monde spirituel pur qui s'étend au-delà. Vous n'aurez pas besoin de grand-chose une fois sur place, et les quelques personnes qui ont fait l'expérience de cet endroit n'en parleront pas, car il a sa propre façon d'envoûter notre conscience pour la réduire au silence. Chaque pas se fait avec lenteur et conscience, et la nature chimérique de cet endroit fantastique — le seuil de la porte des dieux — rend le moi intérieur encore plus contemplatif. C'est une expérience captivante, et elle donne la sensation de se déplacer au ralenti dans un immense désert. Chaque pas devient une affirmation de votre pouvoir. Chaque action, aussi éloquente qu'un million de mots, est gravée de la même façon qu'elle le serait sur un parchemin sacré qui décrirait et évaluerait le niveau de votre altruisme, la pureté de vos intentions et la qualité de votre courage, de votre détermination, de votre solidité et de votre force.

141

Je ne sais pas si la durée du séjour sur le palier de la désolation est la même pour tous, mais dans mon cas, il m'a fallu trois ans pour en faire le tour. En partant du principe qu'il s'agit d'un voyage intérieur, cette durée de trois ans exprime un délai dans la réalité extérieure et non intérieure.

À l'autre bout de cet endroit se trouve une porte qui permet d'accéder à un autre lieu. À mesure que vous vous approchez de cette porte, le processus de dissolution de l'ego devient si intense que vous aurez l'impression de marcher au milieu de flammes déchaînées. La douleur intérieure est à peine tolérable, et la vague de remords, de chagrin et de découragement qui jaillit de l'ego (sans que celui-ci ne puisse rien y faire), vous envahit en éveillant une sensation de futilité, d'appréhension et de crainte. On dit que les voyageurs font demi-tour à cette étape. Les êtres humains ne sont pas préparés à faire face à ce genre de situation. Nous sommes submergés par la fragilité de notre condition et de notre état d'esprit par rapport à la solitude et à la douleur.

Vous comprenez maintenant pourquoi le plan que vous venez juste de traverser est d'une telle désolation. Lorsque vous entamez votre traversée finale entre notre monde et l'autre monde, les images et les symboles de l'esprit humain — auxquels l'ego s'associe — commencent à disparaître. Rien dans ce plan de désolation ne peut vous aider. Personne ne vous montrera le chemin, vous ne recevrez pas d'instructions. Vous serez seul avec vous-même. Lorsque vous vous approcherez de la porte, la désincarnation de votre expérience sera d'une telle intensité que vous comprendrez en quoi le plan de la désolation, au lieu d'être hostile, était en réalité riche d'un enseignement puissant. En effet, il vous aura montré, par son dénuement et par l'absence de repères auxquels se raccrocher, ce à quoi vous deviez vous attendre pour l'avenir. La traversée de ce plan vous aura rendu plus fort.

142

À mesure que vous vous rapprochez de la porte, la douleur et la peur commencent à s'estomper. Le pouvoir et l'amour spirituel qui résident de l'autre côté de la porte parviennent à se frayer un chemin jusqu'à vous, vous aidant ainsi à mieux supporter votre présence à cet endroit. À mesure que le temps passe, vous vous sentez de mieux en mieux.

Lorsque vous serez près du seuil de la porte, vous ferez l'expérience d'une compression du temps. Vous en avez peut-être fait l'expérience, avec moins d'intensité, sur les paliers que vous aurez traversés auparavant. Il s'agit d'un processus difficile à expliquer, mais c'est un peu comme si le temps se condensait de plus en plus. Une force invisible entoure le seuil de la porte, qui semble à première vue vouloir vous empêcher de continuer. En réalité ce n'est pas le cas.

Imaginez un voyage de dix mille kilomètres qui dure dix ans. Vous arrivez enfin à la porte. Vous êtes envahi par une impression intense de désincarnation, et votre appréhension vous pousse à reculer, mais vous finissez par vous habituer à ces sensations étranges qui entourent la porte, et par vous sentir de mieux en mieux à proximité de celle-ci. Plusieurs autres années ont passé dans le monde réel, et vous vous trouvez maintenant à trois mètres de la porte, mais vous ne parvenez pas à aller plus loin. Entre vous et la porte, le temps est tellement condensé que les derniers mètres qui restent représenteront encore quelques années de plus.

143

Vous avancez avec une telle lenteur que vous avez l'impression que vous n'arriverez jamais jusqu'au bout. Je pense que de nombreux voyageurs ont abandonné à ce point précis et ont fait demi-tour. Imaginez un monde où il vous faut une année pour lever votre pied et le déposer devant l'autre. Vous devez faire preuve de ténacité et de patience, car si vous n'abandonnez pas, vous réussirez. De l'autre côté de cette porte se trouve un autre monde. Il est pur et parfait, et il dépasse tout ce que l'humanité peut imaginer, à tel point qu'il vous enveloppe de sa présence. La première chose que vous faites est de vous endormir. Je ne pourrais dire combien de temps dure ce sommeil intérieur selon les critères de durée du monde intérieur, pas plus que je ne peux assurer que cette période de sommeil est la même pour tous, mais dans mon cas, cinq mois se sont déroulés sur le plan terrestre pendant que je dormais. Lorsque vous vous réveillez, vous pouvez percevoir ce nouveau monde. Toutefois, au niveau intérieur, vous devez le quitter, car il vous est impossible d'y rester si votre principal point d'ancrage est votre forme humaine. Si vous y restiez, votre vie extérieure s'effondrerait puisque votre perception intérieure de ce lieu céleste déformerait vos sentiments et provoquerait une perte de cohérence dans votre attitude. Mais en allant au bout de ce voyage, vous menez à bien une quête sacrée que peu d'individus entreprennent. Vous sentirez une sérénité vous envahir lorsque vous réaliserez que vous appartenez à ce monde spirituel et que votre place dans la lumière éternelle est assurée par l'héritage transmis à tous par la force de Dieu. La situation que vous établissez dans ce monde vous permet d'acquérir la vision. Votre être intérieur est désormais capable de voir et de ressentir.

Si vous analysez ce voyage à travers différents paliers sur un plan personnel, vous pourrez voir qu'il en existe également une version mondiale qui concerne l'âme collective planétaire.

144

La première étape que chaque individu franchit pour modifier son niveau de conscience consiste à s'interroger sur le système et à manifester de l'insatisfaction relativement à la vie qu'il mène. Cette insatisfaction apparaît quand l'énergie d'un individu se met à osciller à une vitesse supérieure. Subitement, ses conditions de vie et le mode de fonctionnement du système lui semblent extrêmement restrictifs. Ce n'est pas que ces conditions soient mauvaises en soi — elles peuvent très bien convenir à d'autres personnes — mais plutôt qu'elles ne sont plus adaptées à un groupe important d'individus dont l'énergie a augmenté au point de les dépasser.

À un niveau global, nous nous sommes cantonnés aux idées tribales pendant des milliers d'années. L'énergie collective de l'humanité n'évoluait pas, et ces conditions tribales nous convenaient. Mais après la révolution industrielle, tout a commencé à bouger. Cette expansion a donné de l'espoir à notre monde. Toutefois, cent cinquante ans plus tard, ce qui restait des anciennes idées est maintenant dépassé. Les gens veulent des réponses. Ils ne veulent plus être limités. Je parle ici de la vie dans les démocraties occidentales ; je ne fais pas référence à d'autres régions de la planète comme l'Afrique ou l'Asie.

La technologie permet à de nombreuses personnes de travailler à partir de chez elles, ce qui desserre un peu plus les liens. Le statu quo perd le contrôle et agit de façon désordonnée, ce qui entraîne une grande instabilité dans la société. Notre réalité est en train de vaciller. Il n'y a plus rien de sûr.

Au niveau le plus bas, les plaintes et les gémissements que vous entendez partout sont la manifestation de la panique de l'ego. Les gens posent des questions, demandent pourquoi, et se sentent victimes du système et de ses dirigeants. Ces complaintes sont quelque peu négatives, mais elles ne sont pas mauvaises en soi — car elles forcent les gens à chercher de nouvelles solutions.

145

Les humains s'ouvrent à de nouvelles idées. Il leur reste néanmoins un long chemin à parcourir. Le Nouvel Âge, les médecines parallèles et les autres idées spirituelles n'ont pas vraiment été acceptés par le courant principal de la société. Bien sûr, les personnes qui adhèrent à ces idées sont nombreuses, mais si l'on considère l'ensemble de la population, elles n'en constituent qu'une petite partie. Parmi tous les pays anglophones du monde occidental, je dirais qu'il n'y a qu'en Australie, et, dans une certaine mesure, en Nouvelle-Zélande, que ces idées se sont infiltrées dans le courant principal de la société. Aux États-Unis, elles se sont bien répandues, mais l'immensité du pays et l'influence de la religion traditionnelle limitent le mouvement. Les États-Unis sont très conservateurs en comparaison des autres nations occidentales. Au Canada, la pénétration de ces idées s'est surtout faite sur la Côte ouest. Alors qu'en Angleterre, même si le mouvement en est encore à ses balbutiements, il poursuit son ascension, malgré un système inhibiteur de classes sociales et de conditions économiques qui limitent la capacité des gens à investir dans leur propre personne afin d'évoluer[2].

L'ascension de la paroi rocheuse qui mène vers le premier palier est dénuée de vision réelle et peut paraître assez troublante et vague. Je pense que l'âme collective planétaire suivra le même processus. Certains auront peut-être la sensation de se perdre dans celui-ci, mais il n'existe pas d'autre moyen de renouveler l'énergie qui a été dépensée. De la même façon que votre première étape consiste à accepter de nouvelles idées et à contrôler l'ego, l'âme collective planétaire devra acquérir cette même vision élargie pour le bien de son peuple.

146

Je suis convaincu que le processus est bien entamé, et que des millions d'habitants de la marge et d'adeptes spirituels s'éloignent du contrôle imposé par la société, pour se rapprocher de la marge. C'est à cet endroit qu'ils trouveront la liberté et la capacité de devenir indépendants. De cette façon, l'attitude qui consiste à envisager la vie dans une perspective spirituelle passe d'étrange à normale. Pour de nombreuses personnes, cette transition n'est pas traumatisante, mais très naturelle. Les difficultés surgissent lorsque des crises forcent les gens qui sont fermement ancrés dans le statu quo ou dans une parabole personnelle de l'ego, à accepter le changement malgré leur volonté. Mais nombreuses sont celles qui réalisent maintenant qu'elles doivent regarder à l'intérieur. Ainsi, il y a de moins en moins d'individus qui prennent leur ancrage à l'extérieur. Progressivement, nous reviendrons à ce qui est vrai et authentique. Nous serons alors dans un lieu très réparateur et réconfortant.

Regardons la vérité en face.

---

2. N.d.T. : À noter que l'édition originale anglaise date de 1993 ; il est fort probable que l'auteur nuancerait ces propos à l'heure actuelle. Et ceci vaut pour d'autres passages du livre.

Vérité ou conséquence ?

CHAPITRE CINQ

IL EST PEU PROBABLE QUE LE PROCESSUS PAR LEQUEL L'EGO DU monde cède une partie de son contrôle à l'esprit du peuple se déroule de façon naturelle et fluide. Ce serait possible si l'ego du monde évoluait dans un contexte discipliné et spirituel, mais il n'en est rien. Votre ego est vulnérable et il est exposé aux variations de votre conscience. C'est à l'influence de l'esprit que l'ego est particulièrement vulnérable, car il le force à se regarder en face et à accepter la vérité qui se dissimule derrière les déformations qu'il projette. Mais la vérité est difficile à accepter. Un individu doit être courageux pour la regarder en face, et le monde devra également faire preuve de courage s'il veut entreprendre le même processus.

Imaginez qu'un coup de baguette magique, qui prend effet dès aujourd'hui à partir de midi, oblige le monde entier à vivre dans la vérité. Pensez au désordre qui règnerait alors. Les gens d'affaires devraient payer leurs factures. Les directeurs devraient arrêter de détourner l'argent des actionnaires. Les gouvernements devraient arrêter de manipuler l'information et de vivre au-dessus de leurs moyens. Les agences de publicité ne pourraient plus vendre à des clients naïfs des produits dont le prix excède la qualité. Les relations publiques ne seraient probablement plus de ce monde avant la fin de l'après-midi. La plupart des médias seraient réduits au silence.

La plupart des avocats disparaîtraient. Les prix de l'immobilier seraient en chute libre. Les travailleurs devraient être payés pour le travail qu'ils fournissent réellement. Ceux et celles qui trompent leur partenaire devraient assumer leurs responsabilités, et ainsi de suite.

La vérité n'est pas très attrayante aux yeux de l'ego du monde. Cela dit, inutile de s'inquiéter, ce n'est pas pour tout de suite. Au contraire, des mensonges de taille pourront continuer à être inventés pendant un moment. Les gens aiment ça. Ils les acceptent et ils les colportent. Lorsque suffisamment de personnes ont adhéré à un mensonge, celui-ci se transforme en truisme. Ainsi, dans la société moderne, la vérité est en partie un facteur de popularité. Les mensonges populaires sont des vérités. Les faits qui ne sont pas populaires sont une hérésie.

Les mensonges ont toujours été présents, mais au cours des cinquante dernières années, leur fabrication est devenue une industrie en soi. Ils ont tellement de succès qu'ils sont devenus une sorte de religion. Nous nous attendons à ce que les gens mentent. Le mensonge est considéré comme une pratique astucieuse et rusée. C'est grâce à eux que nous pouvons progresser. On cache beaucoup de choses aux gens, soi-disant dans leur propre intérêt. Une personne naïve demandera probablement en quoi il peut être dans l'intérêt public de dissimuler des informations. La réponse est la suivante : on prétend qu'un mensonge a été forgé dans l'intérêt public lorsque le fait de dissimuler des informations permet de protéger la base du pouvoir d'une personne. Un deuxième mensonge doit ensuite être inventé pour s'assurer que personne ne pose de questions gênantes relativement au premier mensonge.

Lors de mes conférences, il m'arrive de parler des grands mensonges de la vie. Mais je ne le fais pas trop souvent parce que les gens n'aiment pas ça. Lorsque j'aborde le sujet, je vois mes auditeurs s'enfoncer dans leurs sièges, ce qui me fait penser à des animaux sauvages qui tenteraient de se dissimuler à l'approche d'un prédateur. Le terme « mensonge » semble avoir une influence sur la vessie humaine. Deux ou trois minutes après avoir prononcé l'innommable, une grande partie du public trouve une bonne raison pour se diriger vers les toilettes. En fait, si je souhaite parler des « grands mensonges » pendant une période prolongée, autant descendre de l'estrade et me rendre également aux toilettes. Car tôt ou tard, c'est à cet endroit que se trouvera la totalité de votre auditoire, à l'exception de quelques personnes complètement sourdes d'oreille ou d'autres qui se seront endormies.

151

Mais il se trouve, chers amis, que la vérité est une denrée dont nous avons désormais besoin. C'est un bien nécessaire que notre société devra finir par accepter. La vérité provient de l'esprit. Sans elle, il est impossible de procéder à une introspection et à une observation adéquates. Que cela plaise ou non, c'est dans ce sens que nous allons.

Je crois que l'esprit immortel qui réside en nous est en réalité un ensemble d'atomes et de molécules emprisonnés dans le champ de force magnétique du corps et contrôlé par le champ électrique créé par les oscillations du cerveau. Il me semble que notre être spirituel ne peut pas mentir. Je ne suis pas sûr de pouvoir me l'expliquer. Peut-être est-ce parce que l'esprit est passif. Il irradie de l'énergie, mais il ne la projette pas volontairement comme le fait l'entendement. Il n'est pas influencé par les opinions ou par les positions qu'il doit défendre. J'aimerais pouvoir dire que l'esprit ne peut pas mentir parce qu'il est une étincelle de Dieu, mais je ne peux pas prétendre savoir ce qu'est Dieu. L'esprit est certainement une étincelle d'une manifestation d'énergie qui est bien plus grande que nous, et comme celle-ci ne connaît pas la peur, elle ne s'abaisse pas aux mêmes mesquineries que les humains.

Si vous contrôlez votre ego et dirigez votre conscience vers votre esprit intérieur, celui-ci vous renverra rapidement les incohérences qui sont gravées en vous. Au fil des ans, à mesure que votre énergie spirituelle se développera, le mensonge sortira de votre quotidien et vous n'y aurez recours qu'à de très rares occasions, puis il se transformera en expérience désagréable et deviendra un tel fardeau que vous serez prêt à faire n'importe quoi pour vous en débarrasser. Si vous avez entamé votre cheminement spirituel, vous comprendrez de quoi je veux parler. Vous ne pouvez pas procéder à une observation si vous ne vous affranchissez pas du mensonge. Cette transcendance fait partie du processus qui permet de passer de la simulation à l'authenticité.

152

Personnellement, j'ai trouvé ce processus stimulant et libérateur, même s'il est un peu douloureux, comme c'est le cas quand on désinfecte une plaie. Lorsque j'avais une vingtaine d'années, j'ai obtenu un diplôme en études qui étaient de la foutaise. Mon rapport avec l'exactitude et l'authenticité était tout au plus évanescent. Pour moi, la vérité était une sorte de rencontre surprise qui se produisait lorsque j'avais ingurgité une bonne dose d'alcool. Quoi qu'il en soit, j'étais en état d'ébriété la plupart du temps, alors j'étais peut-être plus proche de la vérité que ce dont je me rappelle. À vingt-huit ans, je me suis lancé avec enthousiasme sur le chemin de la spiritualité, et à cette époque je commençais déjà à mal supporter mes hypocrisies et mes incohérences. Tout naturellement, bon nombre de celles-ci ont disparu au cours des années suivantes. Mais le processus qui m'a permis de passer de la simulation à l'authenticité s'est étalé sur huit années. Encore aujourd'hui, il m'arrive de découvrir des parties obscures de moi-même qui ne se sont pas encore ralliées au nouvel ordre. La vérité est essentielle si vous voulez évoluer en tant qu'être spirituel.

Bien sûr, il est important de dire la vérité aux autres et d'être une personne honnête. Mais à mon avis, être sincère n'est pas une question de morale. Je pense plutôt qu'il s'agit d'une composante du processus visant à développer un dialogue intérieur raisonnable et réaliste sur lequel reposent la force personnelle et le bien-être spirituel. C'est la seule façon d'agir si vous souhaitez définir votre destin.

Si vos mensonges sont nombreux, votre dialogue intérieur aura tendance à refléter la même incohérence. Il est difficile d'avoir un contrôle sur votre pouvoir personnel et d'atteindre votre potentiel maximal en tant qu'être spirituel si ce que vous croyez à propos de vous-même est erroné, ou si vous adhérez constamment à l'histoire de votre ego et prenez le mauvais chemin.

153

Il existe un troisième aspect à tout cela. Si vous n'instaurez pas une vérité totale en vous-même, vos rapports avec les autres seront souvent teintés de confusion. Vous vous dissimulerez ou vous transformerez vos véritables intentions en présentant à votre entourage une image déformée des choses, ce qui risquera de vous attirer des difficultés. Lorsque vous pourrez vous regarder en face sans crainte, vous aurez également tendance à dialoguer avec les autres avec franchise et honnêteté. Ils n'aimeront peut-être pas ce que vous aurez à leur dire, mais vous aurez au moins le mérite d'avoir dit la vérité. Votre ego non plus n'aimera probablement pas ce qu'il entendra, mais vous devez apprendre à le contrôler pour éviter qu'il ne continue à vous mener par le bout du nez.

La programmation mentale dont nous avons hérité est souvent très négative et insécure, si bien que l'ego est naturellement attiré par ce qui lui donne la sensation d'être spécial, peu importe que ce soit vrai ou non. L'angoisse du monde peut être déposée en intégralité sur l'autel de l'ego. Lorsque les gens cherchent à entretenir et à répandre les images factices de l'ego, pratiquement tous les comportements sont justifiés. La seule alternative consiste à laisser l'ego supporter ses angoisses. Nous dépensons tellement d'énergie à vouloir entretenir une situation contre nature que nous adhérons sans exception à tout ce qui vient de l'ego.

Si vous modifiez votre dialogue intérieur en faisant taire les aspects négatifs et en les remplaçant par une espérance positive, votre ego reculera. La plus grande partie de ce que vous dit votre ego relativement à la vie et au danger imminent qui vous menace n'est pas vrai ni réaliste. Les films de catastrophes qu'il vous force à regarder proviennent de sa propre vidéothèque, et ils ne sont pas forcément révélateurs de ce qui se produit réellement dans votre vie. Ce sont des sortes d'« hypothèses » négatives, et le processus qui consiste à les éliminer est lent. Certes, l'ego a régné sur votre entendement pendant une longue période, mais votre discours intérieur finit par s'améliorer. Vous basculez dans la vérité. Le besoin de vous donner de l'importance, d'être rassuré et de gonfler votre ego finit par disparaître et vous devenez une personne plus agréable à fréquenter.

L'énergie spirituelle qui est en vous — ou votre moi supérieur, comme certains l'appellent — est honnête et sereine. Elle est juste et bonne. Par-dessus tout, elle est humble. Être en accord avec elle ne signifie pas pour autant que vous n'aurez plus d'assurance ou de concision dans votre approche de la vie. Elle ne vous empêchera certainement pas d'obtenir ce que vous souhaitez, bien au contraire. Néanmoins, il est nécessaire que vous la respectiez et que vous assumiez vos actes et ce que vous projetez aux autres. Il s'agit d'assumer la responsabilité de votre vie.

Si vous faites preuve d'une bonne discipline mentale et êtes en accord avec l'esprit, vous commencerez à contrôler votre peur. En agissant ainsi, vous vous affranchissez de l'état d'esprit normal de l'humanité, lequel est empli de craintes la plupart du temps. Vous entrez dans une zone de courage nouveau et plus grand. Si vous vous approchez de votre esprit, celui-ci vous enveloppera et créera un cocon spirituel qui s'exprimera progressivement par le biais de votre énergie éthérique et vous protègera. À mesure que vous le touchez, que vous le sentez et que vous vivez à l'intérieur de lui, sa sérénité envahit tout votre être. Vous vous déplacez vers des vibrations supérieures de l'énergie éthérique, laquelle vous met en sûreté. Chaque pas vous rend plus fort.

155

Comme je l'ai déjà mentionné, en contrôlant votre ego, vous avez tendance à le dissoudre. Il se sent particulièrement menacé par une éventuelle perte de pouvoir. Mais vous devez vous perdre pour pouvoir vous redécouvrir. Lorsque vous sentirez affluer en vous la sécurité de l'esprit, vous comprendrez à quel point la discipline mentale peut guérir votre vie. L'ego finit par se détendre lorsqu'il constate que le nouveau chef des opérations est aussi solide que le roc. L'esprit donne naissance à la perception, et grâce à elle, vous n'avez plus besoin de chercher quelle direction vous devez prendre — comme l'ego le fait. Tout irradie de l'énergie, et l'esprit vous relie à celle-ci. Grâce à votre sensibilité et à votre ressenti, vous disposez des informations par avance, et vous savez alors comment agir. Si vous n'êtes pas sûr du comportement à adopter, cela signifie que les circonstances que vous envisagez n'irradient pas avec suffisamment de puissance, soit parce que quelque chose ne va pas, soit parce qu'elles ne sont pas arrivées à maturité. Lorsque vous hésitez, ne faites rien — attendez.

Nous devons expliquer cette discipline mentale et ce contrôle de l'ego à nos gens. C'est la seule solution pour que le monde aille mieux et soit en paix avec lui-même. La première étape consiste à remettre en question les grands mensonges. Si l'ego n'est jamais contredit, il se renforce et perpétue ses propres mythes. « Le noir est blanc, le mal est bien. N'importe quoi fait l'affaire tant que la peur n'existe plus. » Vous comprenez pourquoi les gens ont besoin de transformer la réalité pour qu'elle leur convienne — c'est principalement une question de sécurité. Vous pouvez ressentir de la compassion pour ces personnes. Mais quoi qu'il arrive, nous devrons tous faire face à nos incohérences. Le monde doit, dans son intégralité, s'affranchir des grands mensonges et rétablir une relation saine avec lui-même.

156

Quels sont les grands mensonges de l'ego du monde ? Ce sont les demi-vérités et les faussetés prononcées (la plupart du temps par l'intermédiaire des médias) par le statu quo corporatif ou politique. C'est à ce processus que l'ancien président des États-Unis, Herbert Hoover, faisait référence lorsqu'il parlait de « maintenir le moral des gens ». Le but est d'amener l'opinion publique vers la direction souhaitée, tout en dissimulant les faits réels avec des questions secondaires qui ont pour effet de distraire le peuple.

Certains de ces mensonges ne sont pas dramatiques. C'est le cas par exemple lorsqu'une compagnie fait la publicité d'une eau de source, et que celle-ci est en réalité de l'eau du robinet filtrée. C'est aussi ce que les médias véhiculent, et même s'il ne s'agit pas nécessairement de mensonges au sens strict du terme, ils nous présentent une réalité déformée qui établit un fait en excluant toute autre éventualité. Au-delà de ces mensonges, il existe les fables que racontent les gouvernements pour s'assurer que tout le monde reste apathique et docile.

À mesure que je me suis approché de la vérité, les mensonges extérieurs ont commencé à me gêner parce qu'en écoutant ceux des autres, j'avais la sensation que je ne réussirais jamais à surmonter les miens. Mais j'ai appris à prendre du recul et j'ai transformé la source de mes frustrations en quelque chose de divertissant. Je prends un grand plaisir à passer les journaux en revue, à la recherche des grands mensonges de la vie. Cela me fait penser à ce jeu qui s'appelle « Où est Charlie ? ». L'enfant doit trouver, parmi un millier de personnages, un petit gars avec un chapeau rigolo. La recherche du grand mensonge est en quelque sorte une version pour adulte de « Où est Charlie ? ». Il n'est pas politiquement correct d'être pris en train de mentir délibérément, alors nos parlementaires préfèrent le faire par inadvertance, par confusion ou par omission. Nous sommes bombardés de fausses informations dissimulées sous des statistiques et des demi-vérités. Mais comme c'est le cas avec Charlie, vous les trouverez si vous regardez bien.

157

Toutes les demi-vérités ne sont pas des mensonges. Si vous ne connaissez que la moitié des faits, vous ne pouvez dire que ce que vous savez — ce qui est donc fidèle à la vérité selon votre point de vue. Les demi-vérités énoncées par un ministère gouvernemental qui dispose de toute l'information disponible sont des tromperies. Je pourrais passer des heures à parler des grands mensonges, et leur étude a été une grande passion dans ma vie. J'ai même songé écrire un livre que j'aurais intitulé « Mes cinquante mensonges préférés ». Mais au lieu de s'attarder sur ces cinquante mensonges, intéressons-nous seulement à quelques-uns d'entre eux pour vous donner une idée d'où je veux en venir.

Chaque mois, le gouvernement annonce les chiffres du chômage sous forme de pourcentage de la population active totale. Imaginons que ce mois-ci, il s'élève à dix pour cent. Ce chiffre est présenté comme étant véritablement représentatif de la quantité de population active actuellement sans emploi. Un taux de chômage élevé donne une mauvaise image, et le gouvernement s'arrange donc pour annoncer le chiffre le plus bas possible, même s'il doit pour ce faire avoir recours au mensonge.

Imaginons maintenant que le ministère du Travail, de l'Emploi ou de l'Intérieur n'ait pas arrangé les choses à son avantage, et que les dix pour cent qu'il avance représentent précisément la quantité de personnes qui reçoivent des allocations de chômage. À cette étape, il ne vous a pas menti puisqu'il ne vous a en réalité pas dit grand-chose.

158

Mais la vérité est la suivante : premièrement, en dehors du gouvernement, personne ne sait vraiment comment sont calculés les chiffres qui représentent la population active. Un individu doit être enregistré dans l'ordinateur du gouvernement pour être pris en compte. Qui est dans l'ordinateur et qui n'y est pas, nous ne le savons pas. Nous ne pouvons que nous fier à ce que nous dit le gouvernement. Qu'en est-il des citoyens qui n'ont jamais été comptés dans la population active ou qui se fichent d'être dans l'ordinateur ? Combien parmi eux travaillent et combien sont sans emploi ?

En outre, le taux de chômage officiel omet volontairement plusieurs catégories importantes de personnes qui ne sont pas employées officiellement. Il s'agit de personnes qui n'ont pas de travail, mais qui ne reçoivent pas d'allocation de chômage, notamment celles dont les versements d'allocation sont arrivés à terme. Ce taux de chômage fait également abstraction des travailleurs qui changent de travail ou qui déménagent, de même que ceux qui sont trop orgueilleux ou qui ont fait suffisamment d'économies pour ne pas se retrouver sur la liste. En plus de ces oublis officiels, il y a tous les travailleurs, employés à temps partiel, qui ne sont pas considérés comme étant au chômage pendant la partie de la semaine où ils ne travaillent pas. En réalité, de nombreux travailleurs à temps partiel partagent leur poste avec d'autres, et nombre d'entre eux pourraient être à plein temps s'il y avait suffisamment de travail. Si l'on incluait toutes les personnes qui n'ont pas de travail, mais ne reçoivent pas d'allocations de chômage, ainsi que la population active qui travaille à temps partiel, le taux de chômage officiel ferait un bond de dix à douze pour cent, et il commencerait à se diriger vers un niveau de quinze pour cent.

Les listes officielles omettent également les personnes hospitalisées ou celles qui reçoivent des prestations de maladie, ainsi que les détenus de prison qui sauteraient au plafond si on leur offrait la possibilité d'un emploi stable. Ajoutez à cela les personnes que l'on a forcées à une retraite anticipée. C'est important de le faire parce qu'un travailleur qui est obligé de prendre sa retraite à soixante et un ans au lieu de soixante-cinq est techniquement sans emploi pendant quatre ans. Et il y a toutes ces personnes compétentes, aptes et prêtes à travailler qui sont soumises à une retraite obligatoire par l'État ou l'industrie parce qu'elles ont atteint l'âge officiel.

La liste s'allonge encore un peu plus si l'on inclut les travailleurs rendus invalides par de légères blessures dorsales, par un état de stress ou par une autre condition similaire, et qui travailleraient s'ils le devaient ou le pouvaient, mais qui apparaissent dans les chiffres des prestations d'invalidité et non dans ceux du chômage.

En fait, le pourcentage réel se rapproche des quinze pour cent et se dirige même vers les vingt pour cent. Au-delà des groupes de personnes dont je viens de parler, il existe de petits entrepreneurs indépendants et des petites entreprises qui peuvent subir des pertes au cours de n'importe quel exercice financier. Ils sont comptés dans les personnes ayant un emploi, mais ils n'ont pas gagné d'argent en tant que tel, ce qui, techniquement, les classe dans la catégorie des personnes sans emploi. Nombre de ces entrepreneurs indépendants ne travaillent pas à temps plein. Ainsi, en admettant que dix charpentiers indépendants travaillent en moyenne deux semaines sur quatre, cela revient à dire que cinq d'entre eux partagent leur travail avec cinq autres. Vous pouvez ajouter à cela les mères au foyer qui se joindraient volontiers à la population active si l'économie était plus favorable, et qui essaient de se débrouiller tant bien que mal avec la paye de leur mari. Souvent, elles ne figurent pas sur la liste officielle, parce qu'elles se sont écartées de la population active pour avoir des enfants, ou parce qu'elles n'ont tout simplement jamais été inscrites sur celle-ci. De plus, il n'y a aucune trace de tous les citoyens qui en ont eu assez et qui ont émigré vers d'autres pays pour chercher du travail.

160

Une fois que vous avez fait le décompte de tous ces individus soi-disant manquants, il en reste encore quelques-uns. De nombreuses personnes participent à des programmes de formation gouvernementaux et ne sont pas considérées au chômage. Ces programmes se présentent sous forme de cours techniques, de perfectionnement professionnel ou de plan d'emploi pour les jeunes. En plus de ces personnes qu'il est très pratique de ne pas compter sur la liste des chômeurs, un grand nombre d'étudiants seraient prêts à entrer dans la vie active, mais préfèrent continuer leurs études pendant quelques années à cause d'une pénurie de travail rémunéré.

Au point où nous en sommes, le taux de chômage réel doit tourner autour de vingt pour cent de la population apte à travailler. Il faudrait soustraire à ce chiffre le nombre de personnes qui touchent l'allocation chômage tout en travaillant au noir (on peut dire sans risquer de trop se tromper que vingt pour cent des individus qui reçoivent cette allocation travaillent à côté). Cela reviendrait à enlever deux points de pourcentage au taux de chômage total. En faisant un tel calcul, les chiffres obtenus sont assez proches de la réalité. Ce taux de chômage de dix pour cent est une mise en scène politique, car si les gens savaient que le chiffre réel tourne autour de quinze à vingt pour cent, le gouvernement risquerait de s'effondrer.

Tandis que les citoyens font l'expérience du chômage dans leur vie quotidienne, les rapports gouvernementaux font abstraction des faits réels et réduisent considérablement les chiffres qu'ils présentent au public en prétendant que tout ne va pas si mal. Et ils iront même jusqu'à vous dire que la situation est sur le point de s'améliorer. Foutaises. Lorsque les gens auront pris conscience que ce qu'on leur présente comme une vérité n'est en fait qu'une vaste fumisterie, le gouvernement aura peut-être à rendre des comptes. D'ici là, nous continuerons à attendre les chiffres mensuels en retenant notre souffle.

161

La question des industries nationalisées fait l'objet d'un autre mensonge du gouvernement que je trouve particulièrement fascinant, en raison du discours à deux niveaux que cela implique. Étant donné que les gouvernements commencent à manquer de fonds, ils cherchent désespérément à vendre des actifs, ainsi que diverses industries et services gouvernementaux pour repousser l'inévitable. En dehors des États-Unis, de nombreuses industries ont été nationalisées il y a bien des années. Elles ont été achetées et développées par l'État avec l'argent des contribuables. L'objectif était de faire administrer ces industries par l'État — comme celle du charbon en Angleterre — dans l'intérêt des citoyens, qui devaient se partager leur propriété collective. Mais ce n'est rien de plus que de la langue de bois, comme on en trouve dans *La ferme des animaux* de George Orwell. Les dividendes provenant des profits que ces entreprises ont réalisés par ce biais n'ont jamais été versés aux gens du peuple. Lorsque les gouvernements ont décidé de ramener ces industries vers le secteur privé, celles-ci n'ont pas été proposées au peuple. Au lieu de cela, elles ont été revendues à des entreprises particulières. Si les entreprises nationalisées étaient réellement des biens appartenant à la population, le gouvernement serait contraint d'en rendre les parts, exemptes de frais, aux contribuables dont l'argent a permis de les acheter en premier lieu. Ainsi, le concept des industries nationalisées est passé à la trappe et l'État a conservé tout l'argent pour lui. L'idée que l'État puisse détenir des actifs — terrains et autres — dans l'intérêt national n'est que pure affabulation. Seules des personnes ayant les idées particulièrement embrouillées ou des gens très mal informés peuvent passer à côté d'un mensonge aussi flagrant. Le peuple n'a jamais tiré aucun profit de telles méthodes. En réalité, ce qui était un monopole public est simplement devenu un monopole privé.

Mais le gouvernement arrive à s'en sortir parce qu'il croit sincèrement que personne ne découvrira cette supercherie. En outre, il est convaincu que ses citoyens sont majoritairement des idiots qu'il peut contrôler, punir, et façonner avec sa philosophie officielle. Cette croyance provient de la nature arrogante et égocentrique du pouvoir absolu. Lorsque nous aurons un peu évolué et serons devenus plus responsables sur le plan individuel, les choses devront changer. L'esprit du peuple agit comme un miroir face au statu quo, et dans son reflet la hiérarchie perçoit ses propres faiblesses. Le processus est lent, parce que la structure du pouvoir est aussi bornée et myope qu'elle n'est intransigeante. Il s'agit d'une réaction automatique d'une élite gouvernante qui se considère supérieure à la masse. La vérité est que l'élite méprise la masse. Elle préfère de loin ne pas avoir à nous rendre des comptes. Nous sommes un fardeau qu'elle est obligée de caresser dans le sens du poil. Il est ennuyeux de devoir rendre des comptes à des parasites lorsqu'on est une personne très importante occupée à diriger le monde. À mesure que l'âme collective planétaire a évolué, les gens ont commencé à remettre en question le monopole que la hiérarchie exerçait sur l'information. Parce qu'il ressent une certaine pression politique, l'État nous propose maintenant la *Loi sur la transparence en matière de prêts*, les exigences sur la divulgation de renseignements par les entreprises et les lois sur la liberté d'accès à l'information, et il nous promet un gouvernement transparent — quoi que cela puisse signifier.

163

Même si ces réformes sont dignes de mention, je pense qu'il s'agit d'une diversion qui vise à apaiser les consciences sans apporter de changement réel. La loi Freedom of Information Act[3] donne accès à des morceaux sélectifs de ce qui est souvent de l'information ancienne dont le gouvernement n'a plus besoin — mais qu'en est-il de ce qui nous intéresse vraiment ? La divulgation des renseignements par les entreprises est une bonne chose, mais empêche-t-elle les dirigeants de ces mêmes entreprises de prendre votre argent ? Je pense que non. Les comptes des entreprises publiques prouvent le contraire. La plupart des dirigeants de sociétés ouvertes baignent dans l'argent de leurs actionnaires sans se demander si la société fait des profits et si elle verse ou non des dividendes. Je ne suis pas encore convaincu que la divulgation de renseignements présente un avantage. Si je me rends chez vous le premier de chaque mois et vous cambriole, et que je vous présente ensuite une liste de ce que je vous ai pris et de la façon dont j'ai dépensé votre argent, qu'est-ce que vous y gagnez ? La question n'est pas tant celle de l'information que celle de la façon dont nous pouvons empêcher le

---

3. N.d.T. : Loi sur la liberté d'accès à l'information.

gouvernement et les entreprises de s'emparer des ressources des citoyens.

Mais ne vous laissez pas décourager. Le simple fait que ces lois sur la liberté d'accès à l'information aient été promulguées démontre que l'esprit affaiblit progressivement le pouvoir de l'ego. Le processus de guérison est en cours. Nous nous rapprochons de la vérité. Nous allons prendre de la vitesse. En tant qu'individus, nous avons souvent la sensation d'être tout petits et insignifiants. Mais nous ne devrions pas nous laisser aller à un tel état d'esprit, au risque qu'il se transforme en une affirmation de notre perte de pouvoir. L'âme collective planétaire est grande et juste. Si vous vous laissez envelopper par sa force spirituelle, vous réaliserez que le pouvoir que vous possédez est loin d'être insignifiant.

164

Vers le début du XVe siècle, le chaos régnait au sein de la France. Celle-ci était gouvernée au nord par les Anglais qui avaient traversé la manche et s'étaient emparés des terres par la force. Le centre et le sud de ce qui est maintenant la France étaient gouvernés par des seigneurs et des barons pillards qui s'étaient emparés des terres et qui se battaient entre eux. Le pays était très pauvre parce que l'agriculture et l'industrie étaient limitées à ce que les gens étaient en mesure de défendre. De grandes parcelles de terre fertile étaient abandonnées et laissées en friche. Une élite dirigeante avait une cour à Chinon, mais c'était surtout un repaire de nombrilisme, de corruption et de conflits internes. Il n'existait pas de cohésion ni d'autorité dirigeante. Il n'y avait pas de monarque français pour unifier le pays, les Anglais se dirigeaient inexorablement vers le sud, et la cour était menacée.

Une jeune femme, fille de fermier, qui vivait dans le village de Domrémy, situé dans la vallée de la Meuse, a eu un jour la vision du rêve de l'esprit de son peuple. Ayant compris qu'une mission lui avait été confiée, elle s'était mise en route pour la cour de Chinon. Une fois sur place, elle a traversé un groupe de courtisans et s'est approchée de l'un d'entre eux, d'apparence peu robuste, pour le déclarer roi de France — au grand étonnement des courtisans présents — conformément à ce qui lui avait été demandé lors de sa vision.

Cette annonce a été suivie d'un moment de choc et de surprise pendant lequel de nombreux courtisans ont ri du ridicule de la situation et de cette pauvre fille dont l'accoutrement jurait avec le style de la cour. Mais ils ont rapidement compris qu'elle disait vrai, et ils sont tombés à genoux en jurant allégeance au roi et en clamant « Vive le roi de France ! » La France se trouvait ainsi unifiée sous le règne de ce nouveau roi qui est devenu plus tard le roi Charles VII.

La jeune adolescente — que l'on connaît sous le nom de Jeanne d'Arc — a été une source d'inspiration pour toute une armée, laquelle a gagné plusieurs batailles contre les Anglais, y compris celle de Compiègne. C'est elle qui a amorcé le processus par lequel les Anglais ont été progressivement chassés du sol français. Arrivée à cette étape, elle aurait dû se dépêcher de disparaître, mais au lieu de cela elle a continué à se battre et a été capturée par les Bourguignons, lesquels l'ont remise au tribunal religieux de Rouen. La principale accusation dont elle faisait l'objet concernait ses vêtements puisqu'elle était habillée comme un homme. Je me demande ce qu'ils s'attendaient à voir un membre de l'armée porter comme vêtements. L'Église s'est également opposée au fait que Jeanne affirmait être directement responsable devant Dieu, ce qui impliquait qu'elle n'avait pas besoin du clergé. Elle est morte sur le bûcher en 1431, à l'âge de dix-neuf ans. Mais elle aura été, l'espace d'un court instant, la voix de l'esprit populaire de la France. Ce pouvoir a permis à la jeune fermière de faire évoluer son peuple dans une direction différente.

Si c'est fait au bon moment, n'importe qui peut parler au nom des sentiments d'un peuple. Trois cent cinquante ans après Jeanne d'Arc, l'esprit populaire de la France en a eu assez des rois et des reines et leur a retiré leur pouvoir — à l'aide de la guillotine. En décapitant Louis XVI et Marie-Antoinette, le peuple libérait symboliquement le cœur et le corps de la France du contrôle de l'ego.

Le fait est qu'une fois affranchi l'inconscient collectif de l'âme collective — qu'il s'agisse de l'esprit populaire national ou de l'âme collective planétaire tout entière — vous pénétrez au cœur de sa justesse spirituelle, d'où la justice réside au plus profond de nous tous. Si vous prenez la parole à partir de cet endroit, personne ne pourra rejeter ce que vous avez à dire. Si une paysanne a eu le pouvoir de proclamer un dauphin roi de France, vous et moi — ou le propriétaire de la pâtisserie d'en face — aurons la capacité, lorsque le moment sera venu, de reprendre sa couronne au système. Et c'est précisément ce que nous allons faire. Nous avons simplement besoin de savoir que nous en sommes capables.

Nous devons commencer par travailler un peu plus sur nous-mêmes en nous tournant vers la nature sainte et sacrée de l'esprit qui est en nous et qui est la source d'un ordre divin ancré dans la justesse et la vérité. Pour être en accord avec cet ordre divin, nous devons accepter le cadeau qu'elle nous offre. Nous devons accepter la vérité qui réside dans notre cœur et vivre dans ce qui est réel, et, par la suite, nous pourrons progressivement suggérer aux autres d'en faire de même. En adoptant une intégrité spirituelle et psychologique, vous amenuisez la capacité de votre ego à manipuler votre vie et celle des autres. Si vous développez une vérité personnelle, les autres ne pourront pas facilement l'ébranler. La distance que vous prendrez vous rendra moins vulnérable. Lorsque vous entendrez un grand mensonge, ne vous laissez

166

pas faire. Le monde a besoin de quelques personnes capables de prendre la parole et de déclarer : « Foutaises ! » En agissant ainsi, nous contestons le droit de l'autorité au pouvoir de maquiller l'information à son avantage. Une seule personne suffit pour révéler que l'empereur ne porte aucun vêtement.

D'une façon ou d'une autre, l'ego doit réaliser que son règne de manipulation est terminé. Vous pouvez proclamer que l'ère de l'esprit est venue en exigeant la vérité. Les mensonges sont nourris par l'apathie des gens et par la croyance entretenue par le système, et selon laquelle il est immortel et protégé de tout danger. Tout le monde est capable d'infliger des souffrances et des punitions sans tenir compte des sentiments de ses victimes. Car ce genre d'action peut ensuite être accompagnée de platitudes et d'arguments qui ont le pouvoir de légitimer n'importe quoi — génocide, fratricide, arnaques en tout genre, et que sais-je encore.

167

Lorsque le régime communiste et quasi impérialiste de Ceausescu s'est effondré il y a quelques années en Roumanie, le couple Ceausescu a été capturé alors qu'il tentait de s'enfuir. Ses ravisseurs l'ont filmé pendant qu'ils l'interrogeaient, et l'on peut y voir l'arrogance de Nicolae Ceausescu qui tente de les manipuler en se servant de son statut de président. Madame Ceausescu quant à elle ne cesse d'insister sur tout ce que sa famille a fait pour la Roumanie, en prétendant qu'ils ont été une bénédiction pour ce pays et qu'ils sont aimés par le peuple roumain. L'ego croit fermement en ses propres mensonges. L'esprit de la Roumanie n'était pas tout à fait du même avis, et le couple Ceausescu a été expédié sans attendre dans une dimension où les despotes sont forcés d'affronter la vérité.

Ironiquement, le couple Ceausescu a eu une influence importante sur l'Afrique, qui abrite certaines des plus grosses crapules du monde. Le problème avec l'Afrique est qu'elle n'est pas dominante sur la scène internationale, ce qui permet à ses dirigeants de s'en sortir assez facilement. En outre, il est difficile de critiquer les régimes noirs sans être taxé par tout le monde de raciste. Ce qui est arrivé au couple Ceausescu a terrifié les dirigeants africains. Le président du Kenya de l'époque, Daniel Arap Moi, a subitement été pris d'un accès de vertu et a annoncé la tenue d'élections. Malheureusement pour le Kenya, personne ne se rappelait vraiment ce qu'étaient des élections, et Moi en est sorti vainqueur. Toujours à la même époque, au Malawi, Kamuzu Banda a été lui aussi touché par la lumière. Nous pouvons être rassurés sur le fait que le processus visant à remplacer progressivement le totalitarisme par la démocratie est en cours. Mais malheureusement, il est terriblement lent.

168

L'ego éprouve de la difficulté à voir au-delà de lui-même. Il n'est pas naturel pour lui de rechercher la vérité par le biais de la réalisation de soi. Habituellement, la vérité lui parvient uniquement par l'intermédiaire d'une source extérieure, ou, comme je l'ai mentionné, d'une crise qui le force à se rétracter, et, en prenant du recul, à s'observer. Mais le grand mensonge est un peu comme un ballon. Une piqûre d'aiguille et il disparaît. C'est l'esprit collectif du peuple qui façonne cette aiguille, en développant une vision spirituelle qui engendre une vérité mondiale.

Le pouvoir que possède l'esprit ne cesse de me surprendre. C'est l'esprit qui a mis fin à la guerre du Vietnam. Le cœur du peuple était piétiné par l'armée, et tout le monde savait que le massacre d'un million de personnes, parmi lesquelles se trouvaient leurs pères, leurs fils, leurs mères et leurs filles, était contraire à la vérité spirituelle. Le fait que Nixon soit un menteur s'est avéré utile, car cela a permis de faire ressortir le gouffre qui existait entre l'élite dirigeante qu'il représentait et l'esprit du peuple — qui avait désormais compris où se trouvait son intérêt. Je pense qu'il a été de son intérêt de confesser la vérité et de manifester un certain remords. S'il ne l'avait pas fait, l'esprit de l'Amérique l'aurait pourchassé, et il se serait retrouvé là-haut, à garder la place chaude pour le couple Ceausescu.

L'ego du monde possède un tel pouvoir de manipulation de l'opinion qu'il peut pousser les gens à adhérer à n'importe quoi. Lorsque je voyais à la télévision le président George Bush à la Maison Blanche, entouré des symboles de l'Amérique, parler de valeurs familiales, de tarte aux pommes, de baseball et de tout ce qu'il y avait de bien dans son pays, tout cela me semblait très chaleureux et convenable. Il est facile d'être envahi par la confusion, car il y a une sorte de flou entre ce qui est bien et ce qui est mal. En surface, tout semble très convenable. Mais ce personnage accueillant dans son costume gris a massacré cent vingt mille personnes à Panama et dans le Golfe. Pour quelle raison ? Pour attraper un trafiquant de drogue qui, de toute façon, travaillait pour le gouvernement ? Pour contenter quelques cheikhs corrompus ? Pour gagner quelques points lors du prochain vote ? Je me demande de quelles valeurs familiales profitent toutes les victimes. Je ne sais pas ce que vous en pensez, mais il me semble qu'il y a quelque chose dans tout cela qui agresse l'esprit. Si mes frères et sœurs souffrent, je souffre également. C'est un affront à l'esprit de l'humanité qui nous accable de son poids. Je ne marche pas dans le manège qui consiste à vanter le courage de l'Amérique, si cela implique la décimation de mon peuple pour appuyer des causes politiques douteuses et des structures de pouvoir corrompues. En tant que peuple mondial, nous devrons bien finir par assumer notre responsabilité collective envers la sécurité et le bien-être de chacun. L'opposition entre « nous » et « eux » n'existe plus. Le sentiment égocentrique et chauvin

169

de fierté nationale qui pousse à massacrer tous ceux dont la tête ne revient pas à nos dirigeants devra laisser la place à une attitude plus tolérante et bienveillante. Nous montrerons à nos dirigeants ce que sont les « valeurs familiales » en les empêchant de tuer nos familles.

Je me suis retrouvé un jour dans un ascenseur du consulat américain de Sydney, en Australie, en compagnie de deux diplomates. L'un d'eux avait dit à son collègue : « Je vais aider le service des visas parce qu'il y a beaucoup de touristes qui en font la demande en ce moment », ce à quoi l'autre lui a répondu : « Ah, il n'y a qu'à tous les tuer avant d'aller manger. Ce sera beaucoup plus simple que de s'occuper de toute cette paperasserie. » Tous les deux trouvaient cette remarque hilarante. Bien sûr, ils n'étaient pas sérieux, mais il y avait pourtant une part de vérité dans leur discours. Le fait que le gouvernement américain pense pouvoir se débarrasser de ceux qui ne lui plaisent pas est représentatif de son arrogance. J'avais gardé le silence dans l'ascenseur et je me contentais d'écouter. Mais l'image de ce diplomate maigrichon en train de se pavaner dans le consulat comme s'il arborait une érection démesurée, plantée d'un drapeau des États-Unis, était assez rebutante. Je suis convaincu que les touristes australiens seraient ravis de connaître l'état d'esprit du gouvernement américain relativement à leurs projets de vacances. « Venez aux États-Unis, dépensez vos dollars de touristes et faites-vous tuer. »

En fin de compte, cet état d'esprit est dommageable au peuple américain. Il s'agit d'une manifestation de l'ego à l'état pur. L'armée américaine a manipulé le peuple pour que le machisme et la vanité fassent partie intégrante de la culture nationale. Selon un sondage effectué dans les années 90 par le groupe audiovisuel ABC, quarante-six pour cent des Américains étaient favorables à l'utilisation du crime pour la

170

résolution des problèmes des États-Unis en Irak. Pensez-vous qu'ils aient été légèrement manipulés ? C'est bien beau de tuer quelques ouvriers cubains à Grenade et d'en tirer un film comme *Rambo*, mais que feront les États-Unis si leur cible est en mesure de répliquer ? L'armée et les médias ont berné le peuple avec un grand mensonge selon lequel l'Amérique serait invincible. Mais Grenade, Panama et les soldats irakiens affamés qui se battent pied nu ne constituent pas un choix réaliste d'ennemis.

La domination et la bravoure sont égoïstes. Elles tuent les gens, sans distinction. Alors que l'ego du monde s'auto-détruit, beaucoup d'innocents se retrouvent coincés dans le massacre. Mais les États-Unis n'ont pas à s'engager dans un débat militaire pour réaliser ce qui se passe. Ils peuvent simplement s'éveiller.

171

La vérité, mes chers amis, est très importante. Nous devons retrouver un code d'honneur personnel avant qu'il ne soit trop tard. Le fait de parler de vérité et d'honneur peut paraître légèrement pompeux, mais nous ne parlons pas ici d'une vérité que nous voulons imposer par la force, ou même par la raison. Il s'agit d'une vérité et d'un code d'honneur que nous intériorisons et que nous irradions grâce au pouvoir de l'esprit, pour que les autres sachent qu'il existe un meilleur moyen d'effectuer leur parcours sur le plan physique.

Nous pouvons travailler sur nous-mêmes de manière individuelle. En travaillant sur votre ego et en misant sur la vérité, le contrôle et un discours intérieur juste, vous indivi-dualiserez l'esprit qui est en vous par l'intermédiaire de l'ob-servation. Si vous faites ce travail sur vous, les progrès que vous accomplirez se transformeront en une force qui rayon-nera vers les autres, leur donnera du courage et les aidera, ce qui permettra par la même occasion d'améliorer la situation mondiale. Car après tout, votre ego fait partie de l'ego du monde, et en le contrôlant vous diminuez l'influence générale de l'ego du monde tout en répandant la présence de la vérité sur notre planète.

Tout cela comporte des avantages personnels. Le changement engendre de l'instabilité. Si votre vie est marquée par une simulation et un manque d'authenticité, ou si vous avez une image erronée de vous-même, votre énergie en subira les conséquences. La moindre turbulence a le pouvoir de créer rapidement un déséquilibre extrême. En ramenant plus de vérité, vous consolidez votre pouvoir et rétablissez un équilibre dont vous avez bien besoin. Tandis que le reste du monde se laisse emporter vers la stratosphère par l'ego, vous vous êtes installé dans le réel, dans l'ici et le maintenant. Vous avez pris un rythme solide vous permettant d'observer les événements et d'anticiper votre prochaine action. Le secret est de rêver en grand et de faire des projets, sans oublier de renforcer le présent en le rendant réel, c'est-à-dire en lui accordant votre attention.

172

L'humilité est une caractéristique de l'esprit. Si vous adhérez à la vérité, vous deviendrez plus humble. Cela ne vous empêchera pas d'obtenir ce que vous souhaitez ou de réaliser vos rêves, mais cela signifiera simplement que vous avez conscience de l'immensité de notre héritage sacré, et que vous êtes heureux d'en faire partie.

Commencez par instaurer un dialogue intérieur positif et authentique avec vous-même. Cette étape prend un certain temps. Notre entendement dispose de nombreuses images inutiles qu'il nous présente comme des vérités. Lorsque ces pensées négatives surgissent, rejetez-les en disant : « Je n'accepte pas ce point de vue, car ce n'est pas la vérité. » Remplacez-les par des pensées positives et authentiques. Votre dialogue intérieur finira par changer. Dans un même temps, faites le ménage dans ce que vous dites aux autres.

Restez simple et partagez avec votre cœur ce que vous savez être vrai.

Je ne m'en ferais pas trop pour les petits mensonges sans conséquence qu'il vous arrive d'inventer en société ; il est plus important de vous assurer que vos principales actions et paroles proviennent de l'esprit, et non de l'ego. Si vous instaurez un code d'honneur et une relation juste avec vous-même et avec les autres, vous ne suivrez plus l'évolution de l'ego et vous vous retrouverez dans un lieu sacré. Évidem-ment, vous ne bénéficierez pas de certains avantages immé-diats, mais en fin de compte, lorsque vous repenserez à votre vie, vous saurez que vous ne devez remercier que vous-même. Avez-vous créé de la lumière ou du désordre ? Avez-vous contribué à éclairer et à conscientiser les autres ou les avez-vous manipulés et emprisonnés dans votre propre intérêt ? Avez-vous répandu la joie et l'espoir ou avez-vous détruit les gens et créé encore plus de misère ? Ce sont des questions importantes, et vous devriez vous les poser maintenant. Changez votre façon de faire. Empruntez un chemin diffé-rent. Vous n'avez certainement pas envie de vous retrouver sur le banc des despotes et de repenser à vos erreurs de parcours.

173

Nos erreurs et celles de nos dirigeants doivent se dis-soudre pour disparaître complètement dans la lumière de l'éternité. Nous ne pourrons nous octroyer l'absolution que lorsque nous ferons véritablement pénitence dans notre cœur et que nous aurons établi cette vérité en faisant la promesse d'une plus grande sagesse. Les individus dont la conscience s'est élevée doivent faire ce serment aujourd'hui pour que d'autres aient envie de suivre leurs traces demain.

Si l'on agit différemment, les grands mensonges entraî-neront notre monde vers une période très sombre. Ceci n'est pas obligatoire, et c'est pourquoi nous devons prendre la parole et montrer le chemin. Les personnes les plus solides devraient montrer l'exemple et défendre la vérité afin de montrer la voie à leurs frères et sœurs qui n'ont pas la même confiance en eux. Il faut leur montrer qu'une perspective différente ne représente aucune menace pour eux. Elle est simplement différente. Pour instaurer la vérité, nous devons permettre la liberté d'expression. Les gens doivent être en contact avec des idées qui ne font pas partie des références tribales et nationales. Il ne fait aucun doute que nous avons besoin de nouvelles idées et pensées si nous voulons passer au travers des cent prochaines années.

Parlons maintenant de la liberté d'expression.

La liberté d'expression

CHAPITRE SIX

POUR ATTEINDRE LA VÉRITÉ, NOUS DEVONS AU PRÉALABLE NOUS arrêter à la question de la liberté d'expression. Dans les démocraties occidentales, la liberté d'expression est considérée comme un acquis. Aux États-Unis, ce droit fait partie de la Constitution. L'idée initiale était de permettre au commun des mortels de présenter son point de vue aux autres, ou d'écrire un pamphlet critiquant le gouvernement, sans pour autant se retrouver en prison. L'objectif de la liberté d'expression était de permettre que les désirs et les opinions des gens puissent être exprimés en public, afin de rendre possible une évolution de la société — bref, tout ceci semblait merveilleux.

À l'heure actuelle, nous disposons toujours de la liberté d'expression, à condition de ne pas toucher à la centaine de sujets considérés comme tabous. Certes, vous pouvez encore haranguer les foules pour prononcer votre discours, mais vous n'avez aucun pouvoir réel en matière d'évolution sociale si vous ne passez pas par les médias — ce qui est essentiel si vous voulez modifier le point de vue des gens collectivement. Votre liberté d'expression ne va pas plus loin que ça.

Dans la plus grande partie du monde, les stations de télé et de radio obtiennent leurs licences du gouvernement, et dans certains pays elles lui appartiennent. Elles se retrouvent alors sous étroite surveillance, et les programmes qu'elles diffusent sont limités non seulement par les lois, mais également par la crainte de déplaire aux autorités et aux grandes entreprises. Certes, les stations peuvent critiquer le gouvernement, mais elles veulent éviter d'être en désaccord avec les principales valeurs du statu quo. C'est pour cette raison que les stations de télé et de radio accompagnent souvent leurs talk-shows du message suivant : « Les points de vue de nos intervenants ne sont pas nécessairement ceux de cette station. » Les stations qui dépendent du bien vouloir des masses sont terrifiées à l'idée de créer une controverse qui pourrait aliéner l'état d'esprit formaté des téléspectateurs ou des auditeurs.

178

Les États-Unis disposent d'une télévision communautaire accessible à tous, mais elle diffuse ses programmes sur des chaînes du câble auxquelles peu de personnes sont abonnées (elles représentent seulement quelques centaines de foyers), si bien qu'elle n'a pas véritablement d'influence sur l'opinion publique. Peu importe qu'un journal ou une station soit de gauche ou de droite, ils finissent de toute façon par exprimer un point de vue conforme à celui de la classe élitiste. Après tout, le statu quo soutient les médias par le biais de la publicité, alors comment un journal pourrait-il tenir des propos qui vont à l'encontre de ses clients ?

Les principaux réseaux se sont tout simplement transformés en porte-parole du gouvernement. J'ai eu sous les yeux les résultats d'une enquête portant sur le type de personnes invitées à l'émission *Nightline*, qui était présentée par Ted Koppel. Plus de quatre-vingt-dix pour cent d'entre elles étaient de race blanche, plus de quatre-vingts pour cent étaient des hommes, et plus de soixante-dix pour cent étaient des représentants gouvernementaux. Si vous regardez les informations du soir, vous verrez la même chose. Des représentants du gouvernement, qui essaient de vendre les politiques gouvernementales, le tout enveloppé dans une logique confortable que personne n'a le droit de remettre en question. Lorsqu'une nouvelle loi est proposée, les diffuseurs d'informations s'y opposent-ils en déclarant : « Ce sont des foutaises, personne n'a besoin de ça » ? Proposent-ils au contraire des raisons rationnelles justifiant le bien-fondé de cette loi ? Il arrive qu'un membre de l'opposition soit présent à l'émission pour ramener un certain équilibre, mais en réalité il se contente de présenter une variation sur le même thème. Dans ce cas, il ne s'agit que d'un désaccord d'une partie du statu quo avec l'autre. Elles sont liées entre elles. Vous ne verrez jamais de dissidents à la télévision. On s'arrange pour vous donner l'impression que personne n'est réellement en désaccord, et que l'opinion du gouvernement — ou une légère variation de celle-ci — est le seul choix possible. C'est la vision de l'élite qui vous est offerte, mais personne ne parle jamais au nom du peuple.

La perversité et l'étendue de ce lavage de cerveau sont telles que les gens ne s'en rendent même pas compte. Ils croient sincèrement que leurs opinions viennent d'eux-mêmes. Il est très difficile de poser un regard extérieur à la programmation massive qui a été faite de notre opinion. Vous êtes dans un train, et les rideaux sont fermés.

La version aseptisée que l'on voit tous les soirs à la télé concernant la situation de la nation a été rédigée par des diplômés de l'Académie du contentement positif. Les gens nous disent ce que nous voulons entendre. Nous entendons ce qu'ils veulent bien nous dire. Les députés du Parlement russe ont continué à proférer leurs grands mensonges jusqu'à ce que le gouvernement s'effondre et que les employés de l'État ne puissent plus être payés. À long terme, la vérité devient un passage obligé.

Il existe la même peur et le même contrôle dans l'industrie du film. La plupart des films commerciaux sont d'origine américaine. Tous les films anglophones dépendent de la distribution américaine au point de vue financier. Théoriquement, vous pouvez faire tous les films que vous voulez, mais vous ne pouvez pas les présenter à un large public sans passer par le système de distribution américain, lequel est étroitement contrôlé par un petit groupe de personnes. Les individus qui font et qui distribuent des films aux États-Unis sont principalement des hommes de race blanche, d'origine juive en majorité. Faites autant de films que vous le souhaitez, tant qu'ils conviennent au distributeur. Mais quelles sont vos chances si vous êtes une femme d'origine arabe ?

Imaginons que vous avez écrit un scénario satirique suggérant que le gouvernement israélien est comparable au gouvernement nazi au pouvoir pendant la période de persécution des juifs. Après tout, le gouvernement israélien présente de nombreuses caractéristiques appuyant cette hypothèse : ghettos arabes, discrimination raciale, saisie de biens, exécutions et arrestations sans procès. Pensez-vous que votre film aurait une chance d'être projeté ? Qu'un grand acteur accepterait de jouer dedans ? Certainement pas. Et si vous écriviez un article pour un journal de l'Oregon dans lequel vous déclarez que les agents de la protection de la nature n'ont qu'à aller se faire voir et que nous devrions ratiboiser les forêts et rendre leur travail aux bûcherons, pensez-vous qu'il sera publié ? Ces exemples vous paraîtront peut-être extrêmes, et vous me répondrez peut-être que cela n'a pas d'importance puisque nous ne voulons pas déboiser nos forêts, et que, en outre, ce que fait le gouvernement israélien nous importe peu. Mais le fait est que ce n'est pas votre opinion personnelle qui compte ; c'est plutôt une question de principe.

180

Au cours des dix années que j'ai passées aux États-Unis, je ne me rappelle pas avoir été informé du point de vue des Palestiniens dans le conflit qui les oppose aux Israéliens. Les Palestiniens sont présentés comme des terroristes. Mais le terrorisme d'un homme est la lutte pour la liberté d'un autre. Israël a lui-même été établi en partie par le biais des activités terroristes de leurs guérilléros — connues sous le nom d'Haganah. Si vous écriviez un article présentant le point de vue des Palestiniens, il ne serait probablement pas publié, et s'il l'était, vous seriez certainement taxé d'antisémite. La manipulation qui est pratiquée sur l'opinion occidentale vise à lui faire croire que le respect des Juifs passe par l'absence de critique d'Israël ou de son gouvernement.

181

Mais qu'en est-il si vous n'êtes pas antisémite ? Que faites-vous si vous respectez les Juifs et tous les peuples du monde, et que vous êtes une personne honnête et décente qui veut simplement en savoir plus ? Qui sont les Palestiniens ? Quelle est leur histoire ? Que veulent-ils ? Que revendiquent-ils ? Ces questions sont sensées, d'autant plus que le problème n'est pas près de disparaître. Alors pourquoi le point de vue palestinien n'est-il pas pris en compte par les médias ? Parce que le statu quo interdit quiconque de s'opposer à l'opinion officielle. Si les gens connaissaient la version des Palestiniens — s'ils savaient que cinquante Palestiniens sont tués ou blessés par les forces israéliennes pour un Israélien tué par les terroristes palestiniens — ils verraient le revers de la médaille. L'opinion publique ferait alors pression sur Israël pour qu'il accepte de négocier. Ce n'est pas plus compliqué. Israël est un des principaux alliés des États-Unis. Par conséquent, l'objection à l'opinion officielle n'est pas tolérée, même si elle implique une plus grande justice.

On a observé le même phénomène avec l'Armée républicaine irlandaise (IRA) dans les journaux britanniques. Aucun article n'a traité de façon positive le mouvement irlandais pour la liberté en présentant objectivement ses revendications. Je ne me souviens pas avoir jamais entendu à la télévision de commentaires positifs sur l'IRA et sur la nécessité de réunifier l'Irlande en libérant le nord de la domination du gouvernement britannique et de la minorité protestante. Une enquête menée à l'époque auprès des Britanniques a révélé qu'une majorité écrasante souhaitait une négociation directe du gouvernement avec l'IRA. Le peuple aspirait lui aussi à l'indépendance de l'Irlande du Nord ou à sa réunification avec le sud. Mais le désir des gens allait à l'encontre de l'opinion officielle, et la voix de la raison a été par conséquent réduite au silence.

On manipule l'opinion du peuple en ne lui présentant qu'un côté de la médaille. Mais l'âme collective planétaire doit entendre la voix du peuple tout entier, et pas seulement le point de vue de l'ego. Il y a une justesse spirituelle dans toute chose. On ne peut pas la supprimer en empêchant le peuple de s'exprimer en raison des répercussions éventuelles de ses propos sur les plans politique et social.

À l'heure actuelle, les gouvernements occidentaux perdent de l'argent avec une telle rapidité et une telle désinvolture qu'ils devront tôt ou tard adopter des lois encore plus draconiennes. Ces lois contrôleront tout, y compris le droit à la propriété, la liberté d'expression, et tout ce qui pourra permettre aux gouvernements de conserver leur pouvoir et de ne pas avoir à assumer les conséquences de leurs actes. Un tel scénario vous semble-t-il improbable ? Il ne l'est pas, car de telles lois existent déjà. Il y a quelques années, le gouvernement travailliste australien a adopté une loi interdisant la publicité à teneur politique dans les médias. Quelques personnes sont passées à la télé pour déclarer qu'elles trouvaient cette loi honteuse, et une troupe d'experts sponsorisés par le gouvernement a répondu à leurs protestations en prétendant que l'interdiction de la publicité politique serait extrêmement bénéfique pour l'ensemble de la population, et que les Australiens n'avaient de toute façon pas besoin de cette publicité. Ainsi, à partir de ce moment-là, personne n'était en mesure de faire passer son message s'il était en opposition avec le gouvernement. Je suis surpris qu'il n'y ait pas eu de manifestations dans la rue, mais après tout, que pouvait faire le peuple ? Une action en justice a été intentée contre le gouvernement, et elle a fini par être entendue au niveau du plus haut tribunal australien. La loi a donc été abolie, mais le fait qu'un gouvernement occidental démocratique puisse facilement faire passer un décret pour réduire son opposition au silence pendant plusieurs années démontre que la hiérarchie est capable de tout pour conserver son pouvoir. Je trouve cela plutôt effrayant.

183

Pendant ce temps, le gouvernement américain a adopté quelques petites lois dignes d'attention (plus d'une centaine), en les justifiant par la guerre antidrogue et autres manœuvres juridiques lui permettant de saisir les biens des gens sans avoir à prouver qu'ils sont coupables de quoi que ce soit. Dans mon livre *The Trick to Money is Having Some*, je mentionne que vous n'êtes pas réellement propriétaire de vos biens. Si vous possédez une maison, vous payez des impôts fonciers. À l'endroit où je vivais, ils s'élevaient à un pour cent par an — plus ailleurs. Cela ne semble pas beaucoup, mais ce simple pourcentage permettrait au gouvernement de reprendre possession de la nation tout entière tous les cent ans — j'entends par là son équivalent en espèces.

Alors, est-ce que vous possédez des biens, ou ceux-ci sont-ils, comme les stations télévisées, sous licence gouvernementale ? Essayez de ne pas payer le gouvernement pour voir ; pensez-vous qu'il vous laissera garder vos biens ?

Vous pouvez les conserver à condition de payer les impôts qu'il se permet de vous réclamer. Vous pouvez dire ce que vous voulez, à condition de ne pas vouloir vous adresser à un nombre substantiel de personnes et de ne pas être en désaccord avec l'ordre établi.

Au fil des ans, les médias et les gouvernements ont façonné l'esprit des gens avec certains principes, si bien que ceux-ci sont devenus inaliénables et incontestés. Si vous répétez certains principes de base suffisamment souvent, vous finirez par endoctriner tout le monde. La critique et la dissidence sont réduites au silence. Le grand mensonge devient une religion. L'esprit des gens est, dans son essence, sous licence gouvernementale — de même que leurs biens. Il n'existe pratiquement pas d'autres discours.

184

Prenez l'exemple d'un sujet controversé comme l'immigration. Pourriez-vous dire sur une chaîne de télévision nationale « Je suis contre l'immigration. L'idée de tous ces étrangers qui profitent du système et qui font du trafic de drogue ne me plaît pas. On va leur demander gentiment de partir et ne plus les inviter chez nous » ? Avez-vous jamais entendu quelqu'un tenir ce genre de propos à la télévision ? Je vous concède que peu de gens seraient en accord avec cette façon de raisonner, mais ce n'est pas la question. Le fait est que les opinions divergentes sont interdites — elles sont tout simplement censurées.

C'est le cas pour la plupart des choses. Pourquoi les acteurs des films américains gardent-ils leur pantalon pour faire l'amour ? Existe-t-il une loi contre la nudité ? Non, il n'y en a pas, mais il existe une censure appelée CODE, qui délimite ce que l'on peut montrer dans les films. Ainsi, les réalisateurs ne vous montreront pas le zizi d'Al Pacino au risque d'y perdre leur chemise.

Vous me direz peut-être que cette partie de l'anatomie de Pacino ne vous intéresse pas vraiment, mais une fois de plus, c'est une question de principe. La version hollywoodienne de la vie n'est pas réelle. Elle est aseptisée, illogique, conformiste et masculine. Après tout, pratiquer des relations sexuelles en restant habillé est dangereux ; on risque de se coincer le zizi dans la fermeture éclair.

On part du principe que les autorités savent mieux que nous, et si l'on considère que leurs principes sont sacro-saints et nous sont bénéfiques, pourquoi devrait-on s'y opposer ? Le mouvement ondulatoire de l'état d'esprit tribal exige une adhésion absolue à la religion tribale. En fait, si vous analysez l'impact de ce genre d'idées, vous constaterez que certaines d'entre elles ont mis les démocraties occidentales à genoux. Un jour, les règles relatives à la liberté d'expression devront prévoir de nous faire entendre des choses qui ne nous plaisent pas. Autrement, l'esprit du peuple ne se fera jamais entendre et ne sera pas en mesure de réparer les dégâts.

185

Une centaine de principes se sont hissés au rang de « religions », et il existe des pans importants des affaires publiques qu'il est interdit de mentionner ou de remettre en question. C'est le cas notamment du financement gouvernemental, du secteur bancaire, de la surveillance informatique, de la politique étrangère, de l'I.R.S. (autorité responsable du recouvrement des impôts sur le revenu aux États-Unis), de la D.E.A. (police américaine des stupéfiants), de l'argent versé par le comité d'action politique aux politiciens, du pouvoir exécutif, des actions secrètes, des dépenses militaires, des droits de la police, et ainsi de suite. Aux États-Unis, si vous êtes membre du Congrès et que vous critiquez l'I.R.S., vous êtes automatiquement soumis à une enquête et à une véri-fication fiscale. Le système américain est fait de telle sorte que l'I.R.S. n'est pas réellement soumis au contrôle législatif, et il se fait un plaisir d'utiliser la menace et le harcèlement pour soutirer le plus d'argent possible au peuple. Mais personne ne dit rien. Avec le temps, on a obtenu la preuve irréfutable que les activistes politiques des États-Unis étaient automa-tiquement soumis à une enquête de la part de l'I.R.S. Tout est fait de façon très subtile, et les activités de l'I.R.S. sont recouvertes par un tas de foutaises juridiques. En apparence, l'I.R.S. prétend être impartial, mais en réalité il s'en prend à ceux qui menacent son pouvoir ou que le gouvernement n'aime pas pour des raisons politiques.

186

Le contrôle de l'opinion et la manipulation permettant d'obtenir l'assentiment public sont des méthodes qui font partie intégrante du système des États-Unis et de la plupart des pays occidentaux. Je trouve fascinant d'observer la façon dont le contrôle de l'opinion publique, par le biais de la propagande, envahit pratiquement tous les aspects de la vie. Bien sûr, quelques données économiques majeures sont transformées, comme c'est le cas du taux de chômage dont nous avons discuté, mais cette manipulation touche également des questions socioéconomiques plus générales, comme l'État providence. Tous les partis politiques du monde occidental appuient les dépenses toujours croissantes de l'État providence — lesquelles se comptent en milliards de dollars qu'il ne possède pas — en entretenant la notion de providence. Voici un moyen très sain d'utiliser l'argent des autres pour vous maintenir au pouvoir ! Mais est-ce une bonne chose pour la nation d'emprunter de l'argent pour en donner à ceux qui ne travaillent pas ? Est-il juste qu'un homme ou une femme soit entretenu indéfiniment par des personnes raisonnables qui travaillent avec sérieux ? Où se termine la charité et où commence la corruption politique ? C'est difficile à dire.

Quoi qu'il en soit, emprunter de l'argent pour entretenir ce concept est complètement ridicule.

Le gouvernement manipule les médias pour les faire adhérer à l'idée que les personnes qui ont de l'argent parce qu'elles travaillent devraient payer pour les autres, afin que ces dernières n'aient pas à travailler. Je n'ai jamais vu personne remettre ce concept en question. L'idée, qui est toujours de profiter des riches, apparaît comme étant juste. Mais est-il moralement acceptable de profiter de qui que ce soit ? Comment justifie-t-on de faire payer des gens pour des choses qui ne leur sont pas destinées ? La plus grande partie des membres de notre société ne sont pas riches ; pourtant, tout le monde baigne dans ce même principe. Soi-disant pour le bien de l'État providence, les gouvernements manipulent l'opinion du peuple pour que celui-ci se procure les ressources nécessaires à sa propre subsistance, ainsi qu'à celle des bureaucraties et des machines militaires — tout cela permettant de maintenir les gouvernements au pouvoir. Il me semble que l'on fait de gros efforts pour faire passer ces arnaques pour de la charité. Personne n'a jamais eu le droit d'avancer l'idée que les travailleurs et les petites entreprises — même riches — devraient avoir le doit de garder leur argent, ou au moins la plus grande partie. Il existe une discrimination implicite qui classe les objecteurs dans la catégorie des individus méchants et avides se refusant à aider leurs compatriotes. Et il existe une autre discrimination du même ordre qui suggère que les hommes et femmes d'affaires nuisent aux gens du peuple, alors que c'est le gouvernement qui leur porte préjudice.

Je pense que quelques monopoles et grandes entreprises profitent en effet de leur pouvoir, mais la plupart des gens d'affaires ont des préoccupations à leur niveau et ils sont mal récompensés pour leurs efforts. Est-il vrai que toutes ces

187

personnes sont des êtres méprisables qui profitent des petites gens et qui devraient par conséquent être soumises à des d'impôts, à des lois et à des manœuvres d'intimidation appropriées ? Ou s'agit-il plutôt d'une idée dépassée qui permet à certains de récupérer leurs billes et d'aller jouer ailleurs ? La religion d'État et l'esprit tribal sont partout. Regardez la position du christianisme dans nos sociétés occidentales. On nous montre des heures de programmes chrétiens à la télévision, mais y présente-t-on des idées différentes ? Pas vraiment. L'Église chrétienne exerce un monopole sur les médias de masse, et elle a donc la possibilité de façonner l'opinion à son avantage. L'idée implicite est que le christianisme et ses principes sont bons, et que toute autre religion est moins bonne ou carrément diabolique. Alors pourquoi voudrait-on entendre une opinion différente ? Notre manque de liberté sur le plan des médias nous empêche de proposer de nouvelles idées qui pourraient, par exemple, reposer sur l'énergie et la réalité plutôt que sur la religion et l'émotion. Ces idées correspondraient mieux aux circonstances actuelles. Il est nécessaire d'aller au coeur des croyances du peuple pour pouvoir définir un nouvel ordre et une nouvelle façon de faire. Rafistoler les vieux systèmes ne nous a pas permis d'obtenir les résultats souhaités. Mais l'être humain peut-il s'ouvrir à la perspective d'une nouvelle idée, ou est-ce trop menaçant pour lui ? Le déni est un peu comme le préservatif de la société en ceci qu'il lui permet de se protéger des idées différentes.

188

Le déni est un processus collectif dans l'esprit tribal, mais il existe également en chacun de nous, à un degré plus ou moins élevé. À cet instant même, des messagers provenant de votre esprit intérieur tentent de vous révéler des informations, mais parce que vous êtes habitué au déni — ce n'est que vous-même qui régnez sur votre conscience — vous ne pouvez pas les entendre.

Alors que faire ? Pour commencer, vous devez accorder la liberté d'expression au processus intérieur qui vous dirige et guide votre évolution et votre compréhension dans cette vie. Laissez votre esprit intérieur s'exprimer, et préparez-vous à voir apparaître quelques idées étranges et peut-être même effrayantes. Prenez au moins l'habitude de les prendre en compte. Si vous refusez de quitter la zone de confort émotionnel de vos croyances, vous aurez du mal à progresser. Ensuite, vous pourrez apporter une contribution importante au monde en donnant aux gens l'occasion peu courante d'entendre des choses qu'ils n'aiment pas. Vous ne passerez pas à la télévision, et vous devrez peut-être sacrifier votre popularité pour le bien de l'humanité, mais les nouvelles idées sont des cadeaux que vous pouvez offrir à l'humanité. Petit à petit, si les gens sont préparés à l'éventualité de contredire le statu quo, de nouvelles idées feront leur apparition dans la société.

189

La prochaine fois que quelqu'un dira « La vie est dure », répondez-lui « Non, elle est simple comme bonjour. » Lorsqu'on vous lancera « N'est-il pas terrible de voir autant de pauvres dans la ville ? » répondez « Non, c'est une bonne chose ; être pauvre fait partie de leur évolution. De cette façon, nos frères et sœurs apprennent à élever leur énergie. »

Ensuite, laissez vos propos agir et observez la réaction de votre entourage. Peu importe que vous croyez ou non ce que vous dites. Plus qu'une expression de vos opinions, c'est une leçon que vous faites passer. Vous rendez un grand service à vos interlocuteurs en contredisant leur « religion ». Ça leur est profitable, même s'ils se mettent en colère. Ils réalisent ainsi qu'il existe un monde de conscience en dehors de leur onde, même s'ils n'y adhèrent pas. Il s'agit du premier pas vers une vérité globale et une liberté d'expression. Vous devez permettre aux gens de comprendre qu'il existe des possibilités à l'extérieur des attitudes rigides de l'ego du monde et de l'état d'esprit établi.

Il est parfois très amusant de jouer le rôle de contradicteur. Je me rappelle d'un jour où je donnais une conférence au Nouveau-Mexique ; il faisait très chaud dans la pièce et mon auditoire était légèrement somnolent. Au bout de quinze minutes, je me suis demandé comment faire pour les réveiller, alors j'ai décidé de les faire réagir en prétendant que je trouvais les Américaines beaucoup plus masculines et beaucoup moins raffinées que les Européennes ou les Australiennes. Mes propos ont provoqué des réactions particulièrement virulentes. Trois jeunes femmes se sont levées en protestant, et l'une d'entre elles s'est mise à m'injurier en faisant de grands gestes. Puis un couple de lesbiennes a pris ombrage de ce que venait de dire cette femme, et l'une d'elles — la plus masculine — l'a menacée de lui régler son compte. Pendant ce temps, une dame assise au deuxième rang, qui était d'une certaine corpulence, a déclaré que ce qu'elle redoutait le plus dans la vie était d'être victime d'une agression sexuelle. Je n'ai rien répondu, mais je me rappelle avoir pensé que dans son cas les probabilités étaient minces, et qu'il était inutile qu'elle s'inquiète. La plupart des gens présents dans la pièce pensaient la même chose. Un homme s'est levé pour dire que toutes les femmes qu'il rencontrait étaient bien trop effrayantes, et qu'il ne serait pas assez stupide pour vouloir les agresser. C'était un peu comme mettre le loup dans la bergerie. En l'espace d'un instant, une dizaine de personnes étaient debout et ne souhaitaient qu'une chose : lui arracher tous les membres, l'un après l'autre.

Lorsque l'ambiance s'est calmée, une dame d'un certain âge a pris la parole pour dire que les choses avaient changé et que les femmes étaient plus féminines à son époque. À peine avait-elle terminé sa phrase que d'autres femmes se sont levées comme si elles étaient prêtes à bondir sur elle. Une Texane a reconnu que les Américaines étaient moins féminines, mais que ce n'était pas de leur faute — tous les hommes étant devenus des mauviettes. Trois hommes ont protesté pour défendre leur virilité, et la dispute a atteint son apogée lorsqu'un très bel homme noir s'est levé pour lancer à la Texane que si elle était prête à s'amener avec son petit cul blanc dans la chambre 217, il se ferait un plaisir de lui prouver qu'elle avait tort. La moitié de la salle s'est mise à rire, et l'autre moitié l'a probablement pris pour un porc sexiste. Ce chahut a continué ainsi pendant quinze minutes. De mon côté, je m'étais assis sur mon tabouret et je ne disais rien. En invoquant le désordre qui s'était installé, j'ai proposé de faire une pause, et je suis allé me chercher un café, assez content de moi-même. Pendant ce temps, les discussions enflammées ont continué pendant trente minutes dans le hall principal. Je me trouvais excellent. J'avais réussi à leur faire baisser leur garde pour laisser sortir la vérité, et celle-ci était accompagnée d'une bonne dose de propos sexuels qui avaient été jusque-là limités par la censure. Ils étaient en colère, mais cette colère leur était bénéfique. Une fois qu'ils avaient mis leurs tripes sur la table, à la vue de tous, ils n'avaient pas d'autre possibilité que de les regarder également.

191

Peu importe que mon affirmation initiale ait été juste ou non. Il s'agissait d'une question piège. Et si les Américaines étaient réellement plus masculines que les Européennes, où serait le problème ? Une femme a le droit d'être ce qu'elle souhaite. Ce qui compte est qu'en ayant remis en question le principe bien établi selon lequel les Américaines sont l'incarnation de la douceur, de la légèreté et de la féminité, j'ai réussi à leur faire réaliser à tous à quel point leurs attitudes restrictives étaient rigides. Entendre une opinion différente les menaçait et les faisait souffrir.

Pour réussir ce genre de manœuvre, vous devez vous affranchir d'une idée très répandue selon laquelle il nous faut plaire à tout le monde et obtenir le soutien des gens en étant toujours d'accord avec eux. C'est là que réside le problème : à mesure que les médias et la société façonnent la conscience des gens en une norme collective, la vaste étendue de possibilités créatrices qui résident dans le cœur des gens est progressivement réduite en une masse rigide — comme un petit morceau de sucre.

Vous considérez peut-être que vous êtes une personne ouverte et libérée, mais si vous écriviez tout ce que vous croyez sur la vie, la mort, l'argent, la sécurité, le sexe, l'amour, l'amitié, la société, la planète, la nation, et ainsi de suite, vous réaliseriez probablement que ces croyances proviennent en grande partie de l'onde tribale. Il y a de fortes chances pour que vous vous contentiez de répéter ce à quoi tous les autres croient. Et après une analyse plus poussée, vous vous rendriez probablement compte que votre tête ne contient pas tant d'idées originales que ça, et qu'elle est majoritairement habitée par des pensées qui vous ont été transmises par « l'insistance collective » de l'esprit tribal.

C'est pour cette raison que la plupart des gens sont d'un ennui à pleurer — tout le monde se ressemble. Bien sûr, il existe différentes tendances — républicain ou conservateur, protestant ou catholique — mais en fin de compte, personne ne s'éloigne de la religion de son peuple et du statu quo. Car c'est tout ce qu'on nous a enseigné. Il n'existe aucune dissidence. Le lavage de cerveau massif de notre peuple est là pour ça. Quand ces idées dépassées — lesquelles sont souvent nées de stéréotypes sexuels et d'une domination hiérarchique — n'auront plus de carburant pour exister et que le monde s'effondrera, comment pourra-t-on trouver des solutions ? Sans liberté d'expression, ce sera impossible.

À l'heure actuelle, le monde éprouve de la difficulté à créer de nouvelles idées, car le système ancien n'est pas encore allé au bout de son chemin. Il existe un lien très précis entre la limite de l'opinion humaine et la tentative d'expansion de l'esprit. Lorsque les idées spirituelles des hommes n'en étaient qu'à leurs balbutiements, les limites de l'opinion publique étaient raisonnables, puisque les gens avaient besoin de peu d'espace. Mais à mesure que nous avons évolué, nos besoins spirituels ont commencé à se heurter aux attitudes de la société. Il est difficile d'évoluer lorsque l'opinion publique nous en empêche.

L'idée que des gens puissent s'affranchir du besoin de faire partie de la société n'est pas bien vue. Pourtant, c'est ce qu'ont fait les millions de personnes qui se sont libérées du besoin d'appartenir à quoi que ce soit. Elles ont quitté le train en marche, parfois en groupes, d'autres fois de manière individuelle, pour mener une existence indépendante. Mais le statu quo fait preuve de discrimination à leur égard, et il les considère comme des excentriques parce qu'ils ne veulent pas jouer le jeu.

La recherche de liberté d'expression de notre esprit et notre aspiration à une existence dépourvue de pression se retrouvent bloquées par un ordre social qui exige une conformité renforcée par les lois et le contrôle de l'opinion. La situation n'est pas près de changer. Il faudra d'abord que la pression exercée contre le système soit plus importante. Or, il y a encore de nombreuses personnes auxquelles il profite. Celles-ci possèdent l'argent, le pouvoir, et la majorité du contrôle. Elles résistent au changement. Mais de l'autre côté de l'équation du pouvoir se trouvent des millions d'Occidentaux qui ne parviennent toujours pas à maintenir un équilibre, même au niveau d'activité et de conscience le plus bas. La perspective de quitter le système, de se fier à leurs propres capacités et de se libérer serait bien trop effrayante pour eux.

Un autre type d'individus porte atteinte au processus global ; il s'agit de ceux qui se sont affranchis du système, mais qui ne sont pas allés très loin. Ceux-ci ont abandonné une religion au profit d'une autre. Si l'on prend l'exemple des adeptes du Nouvel Âge, qui se considèrent plus conscients et libres que les autres, la conformité est toujours présente. Ils défendent leur position avec vigueur en répétant les mêmes choses sans arrêt.

194

Si vous n'êtes pas d'accord avec moi, faites l'expérience suivante : la prochaine fois que vous serez avec votre groupe de méditation, lancez : « À bas les dauphins ! J'ai décidé de recommencer à manger du thon. Vous en pensez quoi ? » Observez la réaction des gens. Et venez me dire que le Nouvel Âge n'est pas une religion, même si la conscience de ses adeptes est plus élevée que celle des membres du système.

Je vais vous donner un exemple qui provient de ma propre expérience. Seule une poignée d'auteurs Nouvel Âge ont vendu plus d'un million de livres. Dans ce domaine, un best-seller se vend à environ 25 000 exemplaires. J'ai eu la chance et l'immense privilège de vendre plus d'un million de livres. Au cours des dix années que j'ai passées aux États-Unis, pas un seul mot de mes ouvrages n'a été mentionné dans les trois principaux magazines Nouvel Âge. En fait, mes livres et mes enregistrements audio ont été bannis de nombreuses librairies Nouvel Âge. Vous pourriez me répondre que vous n'êtes pas étonné, vu la nullité de mes livres. Mais pourrait-on émettre l'hypothèse que le Nouvel Âge soit une religion en soi et que, pour certaines personnes, mes opinions souvent dissidentes présentent une menace ? Je suis également absent de la plupart des chaînes de librairies, mais, là non plus, ce n'est pas une surprise. Nous avons contacté W.H. Smiths, une chaîne de librairies très importante en Grande-Bretagne et en Europe, et nous avons offert aux acheteurs de livres sur la psychologie et le Nouvel Âge un échantillon gratuit de mes livres pour qu'ils puissent les consulter. Quelle a été leur réponse ? « Stuart Wilde ? Vous plaisantez ? » Et ils ont raccroché sans plus d'explications.

J'ai participé à de nombreuses émissions secondaires de radio et de télévision, mais je n'ai été invité que quatre fois à intervenir dans des émissions de grande écoute. Toutes mes invitations ont mystérieusement été annulées avant l'enregistrement. Dans le même ordre d'idée, j'ai participé à l'enregistrement d'une émission, et mon intervention a été retirée au moment de sa diffusion.

195

La question de la liberté d'expression est très délicate. Il est impossible de différencier les préférences commerciales légitimes du parti pris. Si l'on tient compte du fait que les opinions dissidentes n'apparaissent jamais dans les médias Nouvel Âge, pas plus qu'ailleurs, il ne fait aucun doute qu'il existe un processus de sélection.

Je vais vous dire comment vous y retrouver dans la question de la liberté d'expression. Tout d'abord, ne vous rendez pas fou si les gens ne vous écoutent pas. Contentez-vous de l'accepter. Soyez bienveillant et patient. Il existe, dans l'inconscient collectif des gens, un dialogue intérieur qui est en train de se dissiper. Les nouvelles idées pénètrent lentement dans la conscience, laquelle a tendance à progresser à la vitesse d'un escargot. Tout ce que vous pouvez faire est de lui envoyer quelques idées différentes de temps à autre, et d'attendre. Vous pouvez être assuré qu'une fois que les nouvelles idées se seront répandues, tout le monde s'éveillera en même temps. Alors, même s'il vous semble qu'il reste encore un long chemin à parcourir, l'issue est moins loin que vous ne le pensez.

L'énergie spirituelle est la seule vérité. Les idées et les émotions ne sont habituellement pas aussi proches de la vérité, c'est pourquoi l'énergie finira par gagner. Par exemple, vous pouvez promulguer une loi selon laquelle tout le monde est à égalité au sein de la nation, et vous pouvez dépenser des milliards à essayer de mettre votre idée en pratique, mais vous verrez qu'au bout du compte, personne n'est à égalité sur le plan de l'énergie. Certaines personnes déploient de grands efforts, alors que d'autres font peu, ou ne font rien. En bout de course, la réalité de l'énergie passe outre les lois, et tout ce qui est vrai sur le plan de l'énergie finit par se réaliser. Prenez encore l'exemple de la Russie qui a colporté pendant soixante-dix ans de bons gros mensonges. Ceux-ci ont fini par s'effondrer et le pays est retourné vers ce qui était réel — dans leur cas c'était peu de chose puisque les visionnaires et les créateurs n'ont pas eu droit de parole pendant bien longtemps. Maintenant, la Russie a désespérément besoin d'eux, mais ils sont peu nombreux.

Comment le besoin de liberté d'expression se manifeste-t-il à l'échelle individuelle ? À mesure que vous progressez sur le chemin de votre voyage intérieur, votre conscience s'élève vers de nouveaux niveaux de compréhension. Avec le temps, vous finirez par vous retrouver dans des dimensions de conscience très éloignées du mode de pensée du système, dans lequel les symboles et les images de l'humanité ont peu de pertinence. Arrivé à ce point, les seules valeurs sont l'énergie et la perception — les émotions, la logique, la religion et même la morale telles que nous les connaissons n'existent plus. À ces niveaux élevés de l'esprit, c'est votre foi en vous-même et votre capacité à imaginer et à percevoir des concepts plus vastes qui vous font avancer. Si vous subissez encore l'influence d'un mode de pensée étriqué, vous constaterez que votre évolution spirituelle ralentit, même si votre vie est une réussite fantastique sur le plan physique. Cette réussite finira par s'affaiblir, parce qu'il n'y aura rien pour l'alimenter à partir de l'intérieur. Alors, vous deviendrez apathique et las, vous ferez moins d'efforts, et vous obtiendrez donc moins.

Au fil des ans, ceux qui ont appliqué les diverses méthodes d'autodiscipline ont contribué à leur voyage intérieur à tel point qu'ils ont réussi à se sortir du mode de pensée du système. Cependant, nombre d'entre eux se trouvent dans une zone vierge où rien n'est venu remplacer ce qui a été perdu. Ces personnes se trouvent dans une zone intérieure intermédiaire, comme suspendues entre leur repère physique et un plan spirituel supérieur qu'elles n'ont pas encore atteint.

197

Vous le saurez lorsque vous vous approcherez de cette dimension, car tout, dans le monde, vous semblera dépourvu d'intérêt. Vous aurez tout fait. Rien ne suscitera plus de réel enthousiasme de votre part. Pourquoi ce phénomène affecte-t-il tant de voyages intérieurs ? Parce qu'à un niveau supérieur, la pensée n'est plus logique, linéaire ou structurée. La perception et les pensées sont dynamiques et inhabituelles — elles ont une vie qui leur est propre et qui ne dépend pas du penseur.

Nous sommes habitués à ce que nos pensées et nos idées soient silencieuses et inertes, mais à un niveau supérieur de l'échelle de conscience, dans les mondes intérieurs, elles prennent subitement vie et coexistent momentanément à l'intérieur et à l'extérieur de leur créateur. Sur ce plan, vous créerez une pensée et la verrez se matérialiser sous vos yeux, au lieu qu'elle ne soit présente qu'en vous, comme c'est le cas dans notre monde tridimensionnel. Cette « forme-pensée » aura une vie et une personnalité qui lui sont propres, et elle cherchera à se développer indépendamment de la conscience qui est à l'origine de la pensée. Parfois, la forme-pensée essaiera de vous montrer des parties d'elle-même en avançant ou en reculant dans le temps, en analysant et en observant ce qu'elle était avant de prendre naissance. Elle sera à la fois passée et future, intérieure et extérieure. Elle se tournera vers l'extérieur d'elle-même, et elle deviendra effet avant qu'il n'y ait eu de cause. Elle a une volonté, et elle cherchera à influencer son propre destin dans la mesure où son pouvoir le lui permettra. Subitement, vous observerez un nouveau monde, qui sera multidimensionnel et s'étendra sur de vastes pans de conscience, bien au-delà de ce que l'entendement humain peut imaginer.

198

Je vais vous donner un exemple, pour vous aider à mieux comprendre ce phénomène. Pensez à une scène familiale à la période des fêtes de Noël. Vous imaginerez peut-être que votre famille est assise autour d'une table débordant de nourriture, que les enfants sont en train d'ouvrir leurs cadeaux, et ainsi de suite. Mais lorsque vous visualisez cette image, elle vous apparaît comme une photographie floue qui a été prise par l'intermédiaire d'un objectif étroit. Il y a beaucoup de tons de gris sur les contours de la photo, et vers le milieu de l'image, ils s'intercalent avec une couleur de faible densité. Cette scène est dépourvue de dialogues et d'action. Et si je vous dis « Mettez les personnages en mouvement », vous serez peut-être capable d'en bouger un à la fois, puisque vous ne pouvez donner du pouvoir à cette image que par le biais de la concentration, et qu'il est difficile de se concentrer sur plus d'une chose à la fois. Vous constatez que l'image n'a pas de pouvoir dynamique qui lui est propre. À notre niveau de conscience, les pensées sont lentes et ternes. Elles sont créées par notre imagination limitée, laquelle s'atrophie avec le temps, sous la pression de la logique et de la présence constante de la technologie. La technologie nous envoie dix mille images par jour, ce qui nous empêche de faire appel à notre propre imagination. Ainsi, notre perception est limitée par un manque d'imagination, et elle est étouffée par notre intellect qui exige que les choses se passent d'une certaine façon. Je suis surpris de constater à quel point la visualisation devient un exercice difficile, tellement l'imagination de l'humanité s'est amoindrie sous l'effet de la logique et de la technologie.

À un niveau de conscience élevé, dans des dimensions qui sont supérieures au système, la situation est très différente. À ce niveau, si je vous demandais de visualiser une scène de Noël, celle-ci vous apparaîtrait dans de belles couleurs vives. Ses dimensions seraient plus grandes, elle posséderait de nombreuses nuances de couleurs, et elle présenterait des contrastes et de la profondeur, tout en étant d'une grande clarté. L'œil de votre esprit percevrait des personnages vivants qui seraient en mouvement au lieu d'être immobiles. Ils utiliseraient l'énergie contenue dans les pensées qui forment votre visualisation, et ils prendraient vie en agissant indépendamment de votre volonté. L'image de cette fête de Noël pourrait même amorcer un dialogue mental avec vous. Les membres de votre famille et les enfants, qui étaient passifs lorsqu'ils provenaient d'un niveau de pensée ordinaire, prendraient vie au niveau de pensée supérieur de cette dimension.

199

Au-dessus et en dessous de la couleur et du dynamisme de la scène, vous feriez l'expérience d'une profondeur de perception tellement claire que les qualités intérieures des personnages seraient visibles, ainsi que leur apparence physique, leurs pensées et leurs actions. La scène tout entière existerait simultanément à l'intérieur et à l'extérieur de votre esprit, et en fonction de l'énergie que vous lui auriez accordée par le biais de votre pouvoir intérieur, elle chercherait à prendre de l'ampleur et à s'exprimer le plus possible. De l'intérieur de la scène, vous verriez peut-être des possibilités futures ou même des énergies passées ayant influencé l'évolution des personnages présents. Chacun des personnages aurait une identité propre et même une volonté vaguement définie, mais celle-ci serait souvent en opposition et différente de ce que vous — créateur de la scène mentale — l'auriez souhaité. Les écrivains et les romanciers s'y retrouveront. Souvent, les personnages des histoires qu'ils créent se mettent subitement à dialoguer avec eux et à s'opposer au désir de leur créateur, en menant leur vie selon leur propre volonté. Nombreux sont les écrivains qui ont vu leur roman temporairement saboté par un personnage indiscipliné qui ne voulait pas obéir ou respecter l'intrigue de l'histoire. Cela s'explique par le fait que le personnage a pris vie dans un monde intérieur par le pouvoir que lui a donné l'auteur, en lui consacrant son attention pendant un certain temps. Mais imaginez une dimension où tout prend vie à l'instant où vous y pensez. Si vous vous trouviez dans cette dimension, et limité par l'absence de liberté d'expression ou par une imagination restreinte, votre existence serait d'un ennui profond. Encore pire, si vous n'aviez pas développé une capacité à discipliner votre esprit pour dépasser les réactions humaines limitées et le radotage que les névroses collectives lui infligent, vous verriez soudainement vos plus grandes peurs se manifester devant vous. Dix minutes passées dans une dimension comme celle-ci et vous seriez aussi perdu et vulnérable qu'un chaton sur une autoroute. Ainsi, pour vous préparer à des niveaux de pensée supérieurs, il est sage de commencer par travailler votre liberté d'expression intérieure, afin de vous élever au-delà des limites émotionnelles et intellectuelles de l'humanité. Derrière le morceau de sucre rigidifié se trouve un passeur qui vous emmènera faire votre voyage. Ce passeur porte le nom d'Imagination. Il ne s'agit pas seulement de l'imagination telle que nous l'entendons, mais également de la capacité à imaginer ce qui n'est pas. De voir, avec l'œil de votre esprit, des choses qui n'existent pas. Comment cela est-il possible si

200

vous ne vous êtes jamais permis de penser de cette façon ? Si je vous demandais d'imaginer quelque chose d'effrayant qui n'existe normalement pas, vous me parleriez peut-être d'un monstre de trois mètres de haut possédant trois têtes, et affublé de dents crochues et d'écailles. Mais chaque composante de votre vision provient d'une symbolique et d'une compréhension humaines ordinaires. Ainsi, le monstre reste dans les limites de votre imagination, par exemple trois têtes au lieu d'une, les écailles et les dents crochues.

Créez maintenant un monstre qui ne possède aucune composante conforme aux symboles humains habituels. Que voyez-vous dans votre esprit ? Probablement pas grand chose. Vous n'êtes pas encore en mesure de le faire, car vous ne disposez d'aucun symbole ne prenant pas sa source dans un dictionnaire mental normal. Vous comprenez l'idée ?

Maintenant, vous comprenez que la liberté d'expression n'est pas seulement un concept social ou politique, mais également une discipline spirituelle, parce qu'en agissant en tant que votre propre contradicteur, vous vous ouvrez à la possibilité d'un autre monde, non-humain, ou, pour être plus précis, d'un monde où les valeurs et émotions humaines sont moins importantes. Lorsque vous vous y êtes habitué, vous pouvez continuer à faire l'expérience de mondes dans lesquels les symboles humains sont plus diffus ou n'existent pas du tout.

Essayez ce jeu d'« auto-contradiction » ; il est amusant, même s'il peut être également effrayant. Voici comment vous pouvez vous y prendre : prenez une de vos convictions les plus profondes, par exemple « Le bien est préférable au mal », et plongez-vous dans un état méditatif en imaginant que vous êtes l'avocat du mal. Défendez-le pendant quelques instants, en vous assurant de ne pas vous laisser influencer par vos émotions. Ainsi, vous pourriez dire au tribunal imaginaire :

« Mesdames et Messieurs, je suis l'avocat du mal, et je débuterai ma plaidoirie en déclarant que le mal a eu une très mauvaise réputation au fil des ans. Si vous vous penchez sur l'histoire de l'humanité, vous constaterez pourtant que nous lui devons de grandes avancées dans notre capacité de compréhension. En fait, la grande majorité des transformations de la conscience humaine se sont produites après des périodes marquées par la présence du mal. Si le tribunal me l'autorise, j'aimerais maintenant lui présenter des preuves tendant à démontrer que l'art et la créativité ont atteint leur apogée après la période de l'Inquisition. De plus, je lui montrerai en quoi la guerre a été bénéfique au monde moderne — même de façon perverse — en le débarrassant des vieux régimes et en faisant de la place pour notre ère technologique. En outre, si le tribunal me le permet, j'aimerais appeler à la barre des témoins experts qui vous diront que le bien est souvent lié à des attentes cachées, tandis que le mal est plus honnête puisqu'il ne présente pas d'excuses, pas plus qu'il ne sollicite de faveurs. Ainsi, votre Honneur, nous verrons que le mal est solide, juste et pur, tandis que le bien est faible et artificiel, et qu'en faisant le bien autour de lui, l'être humain ne fait que prolonger l'agonie de l'humanité en entretenant sa faiblesse. Le mal, au contraire, nous force à résister pour devenir plus forts. »

Si vos arguments tiennent la route, vous risquez de vous faire une bonne frayeur au bout d'un moment, parce qu'en raison des lois que vous vous êtes imposées en matière de liberté d'expression, vous n'aurez jamais eu l'occasion d'envisager le revers de la médaille. L'espace d'un instant, vous aurez la sensation d'être sous l'influence de forces sataniques.

Bien évidemment, ce n'est pas le cas. Vous vous êtes simplement éloigné du morceau de sucre et c'est ce qui vous effraie. Vous aurez l'impression que vous êtes destiné à perdre le contrôle de votre esprit et à être pris d'une crise de folie furieuse. Mais ce ne sera pas le cas. Tout cela est effrayant pour la simple raison que l'échafaudage de vos croyances outrecuidantes a été temporairement retiré. Vous n'avez rien à quoi vous raccrocher, aucune certitude.

À mesure que votre niveau de conscience s'élèvera, l'état d'esprit qui était jusqu'à présent le vôtre par rapport à la vie commencera à se modifier et finira peut-être même par disparaître complètement. Toutes les idées que vous vous faites sur vous-même suivront le même chemin. Bientôt, vous n'aurez plus rien de rassurant à quoi vous raccrocher, si ce n'est votre foi en vous-même et en la spiritualité qui est en vous — cette lumière intérieure de votre moi supérieur qui vous unit à toute chose. Le processus qui vous amène à vous rapprocher de Dieu implique la fin de l'ego. Ainsi, en réduisant le morceau de sucre en poudre, vous stimulerez votre imagination, et en faisant preuve de souplesse mentale, vous réussirez à traverser ce plan de désolation qui relie la dimension de la conscience humaine à celle de l'esprit pur.

203

Cette liberté d'expression doit être offerte aux gens même si elle les rend fous. Nous devrons tous passer par là. En acceptant de modifier notre façon de penser, nous créons une réalité changeante et passionnante caractérisée par la compréhension et l'harmonie. Celle-ci est à l'opposé de l'état d'esprit contrôlé du système, lequel est fait d'obligations et de jugements imposés. Comment pouvez-vous établir de bonnes bases si vous empiétez sur vous-même ou sur les autres en vous privant de liberté d'expression ? Nous devons autoriser la liberté d'expression si nous voulons obtenir une plus grande liberté d'action. Laissez la liberté d'expression s'immiscer dans votre dialogue intérieur. Vous en avez besoin — nous en avons tous besoin — si vous voulez évoluer.

Vendre l'idée
d'une onde émotionnelle

CHAPITRE SEPT

I L Y A DES MILLIERS D'ANNÉES, LORSQUE LES TRIBUS ÉTAIENT
de taille réduite, les ondes tribales l'étaient également,
et l'ego des individus qui les constituaient n'était donc pas particulièrement développé. Dans son état le plus pur, le peuple
tribal est très humble. Dans les villages reculés de l'Afrique,
vous remarquerez que les gens ont presque un côté enfantin.
Souvent, les chefs de ces petites ondes ne sont rien de plus
que des personnes d'un certain âge — des figures de père ou
de mère. Ils ne cherchent pas particulièrement à se détacher
des autres membres de la tribu. Parce que ces petites tribus
n'ont pas la capacité de partir à la conquête d'autres tribus ou
de s'approprier des richesses, elles vivent habituellement en
parfaite harmonie avec la nature dans le but de survivre, ce
qui confère automatiquement à chacun de leurs membres un
caractère spirituel et humble. Les petites tribus sont en accord
avec la nature, et elles y perçoivent généralement la présence
de Dieu sous forme d'une énergie qui circule dans leur vie.
Ainsi, la religion des petites tribus est souvent panthéiste.

À mesure que les populations et les tribus se sont agrandies, une action militaire est devenue possible. Des terres ont
alors été conquises et des tribus ennemies ont été assujet-
ties. Lorsque l'onde tribale s'est développée, elle s'est dotée
de généraux, de dirigeants, et d'une autorité à laquelle le

bien-être de ses membres a été confié. C'est lorsque les humains se sont détournés de la recherche de l'harmonie par le biais de la nature et ont décidé de se fier plutôt aux guerriers et aux administrateurs que l'ego individuel a pu prendre de la place et tenter de se séparer des autres. Les tribus sont devenues de petites nations par l'intermédiaire des conquêtes, et les rois et reines se sont transformés en dieux aux yeux du peuple. La religion tribale est passée d'un idéal panthéiste, qui respectait la force divine en toute chose, à la vénération de leurs dirigeants qui étaient alors hissés au rang de dieux. À partir de là, il n'y a eu qu'un pas à franchir pour que ces dirigeants deviennent « Le Dieu » — Créateur suprême de l'Univers. C'est merveilleux tout ce qu'une petite dose d'ego peut faire !

La transformation qui consiste à passer d'une petite onde harmonieuse possédant peu ou pas d'ego à une onde militaire plus vaste dont la survie suppose l'utilisation de la force est une progression expansionniste naturelle. L'ego peut s'épanouir dans une onde militaire. Le pouvoir confère un statut — souvent imposé par la violence et la peur. Ainsi, l'ego dispose de nombreuses façons de se distinguer et de régner sur les autres.

Dans les petites tribus, l'ego ne peut pas se séparer correctement des autres, car il n'existe pas de pouvoir suffisant pour établir de réels statuts. Les petites tribus doivent entretenir des liens étroits si elles veulent être en sécurité et garantir leur survie, et il n'y a donc pas assez de distance entre leurs dirigeants et le peuple pour que l'ego puisse se solidifier. Rappelez-vous que la distance est indispensable à l'observation. De la même façon, la distance est essentielle à l'ego s'il veut se séparer de l'onde. Une petite tribu, dans laquelle tout le monde vit en communauté et se connaît, laisse peu de place à l'ego. Il est difficile de devenir un dieu vivant si vous devez vous cacher derrière un rocher avec tous les autres membres de votre tribu lorsque vous voulez faire vos besoins.

Lorsque les tribus sont devenues des mini-nations par le biais de l'action militaire, une distance a pu être établie. Puis les tribus se sont suffisamment agrandies pour que les gens ne puissent pas se connaître entre eux. Il est devenu possible d'opposer les vainqueurs aux vaincus. Il y avait alors un état supérieur et un état inférieur, un « nous » et un « eux ». Notre monarque est plus fort que le vôtre. Et ainsi de suite. La violence a permis à l'ego d'obtenir la richesse, un statut, et une distance.

209

Dans les petites tribus, chaque membre est essentiel en ceci qu'il est une composante de l'harmonie et de la survie du groupe. L'énergie traverse l'onde, et tout le monde est plus ou moins à égalité. Dans les mini-nations gouvernées par des rois, le pouvoir de la vie, de la mort, de l'argent et du statut social rayonnait du haut vers le bas. Les personnes situées en haut étaient indispensables, alors que les membres de la tribu pouvaient être remplacés. Avant que l'ego n'apparaisse, Dieu pouvait être une énergie, et il était présent dans la nature, au milieu des animaux et des saisons changeantes. Lorsque l'ego a instauré la suffisance, Dieu est passé du statut d'énergie à celui d'homme. Certains des hommes qui sont devenus plus tard des dieux, ou que les gens considéraient comme des porte-parole officiels de Dieu, étaient des dirigeants politiques et des chefs militaires qui étaient promus au rang de dieux après leur mort. Le Dieu masculin que l'on imagine dans les cieux est une composante du développement de l'ego masculin.

Les mini-nations sont devenues de réelles nations, et nombre d'entre elles possédaient des religions d'État officielles dont les dieux étaient des héros défunts. Les rois et reines ont commencé à conquérir d'autres nations, en partie au nom du statut et de la richesse, mais également parce qu'en affirmant la supériorité de leur « Mâle-défunt-devenu-dieu » par rapport au « Mâle-défunt-devenu-dieu » d'une autre tribu, ils pouvaient renforcer leur sécurité en obtenant l'approbation divine, laquelle constitue, aux yeux de l'ego, une forme d'observation. Si Dieu vous observe, il ne fait aucun doute que vous vous transformez un peu plus en particule, et que vous devenez un peu plus immortel. La conversion à une religion par le biais d'un travail missionnaire ou d'une conquête est une manifestation d'un ego expansionniste qui recherche une immortalité inatteignable.

210

Voici comment ce processus fonctionne aux yeux de l'ego. Il serait tout naturel qu'un roi ou une reine, après s'être établi en tant que dieu vivant aux yeux de son peuple, se pose ce genre de question : « Suis-je un dieu, et donc un être immortel, ou suis-je un individu comme un autre que le peuple considère comme un dieu vivant ? » Pour l'ego, être séparé des gens situés en dessous n'est pas suffisant. Il a besoin d'être béni par Dieu pour que sa distinction devienne une réalité divine. Toutes les religions — à quelques exceptions près — ont des dieux émotionnels en guise de divinités. Les théologiens, lorsqu'ils ont écrit sur Dieu et sur ce qu'ils pensaient être ses désirs, sont naturellement arrivés à la conclusion qu'une divinité avait besoin d'actions agréables de ses disciples pour que ceux-ci entrent dans ses bonnes grâces, de la même façon que les rois avaient besoin d'actions agréables pour les satisfaire. Si un dirigeant pouvait obtenir un statut plus élevé et une sécurité plus grande en conquérant les autres, il ne faisait aucun doute qu'il en allait de même avec un dieu émotionnel. Si la religion d'État parvenait à rallier plus de membres à sa cause, le « Mâle-défunt-devenu-dieu » en serait certainement heureux, puisque son statut et sa présence seraient renforcés sur Terre. La satisfaction de Dieu — la grâce de Dieu — que l'ego considérait comme une immortalité sacrée se répandrait alors sur le roi, sur la nation, et peut-être même sur le peuple. Une fois que l'ego est béni par Dieu, il s'éloigne de la peur pour se rapprocher de la sécurité. Ceux que Dieu aime sont en sécurité ; ceux qu'ils n'aiment pas sont exposés à une vengeance terrible. Dès que l'ego se sent un peu plus en sécurité, sa peur de la mort disparaît, et une sensation de bien-être l'envahit. Cette sensation était — et est encore aujourd'hui — considérée comme une preuve que la présence ou la grâce de Dieu envahit les membres de la tribu qui contentent le mâle défunt devenu Dieu.

211

L'onde tribale ne peut pas se rendre compte que le bien-être de l'ego est une fonction de la réaction positive à sa croyance, qu'il a été béni par Dieu, et qu'il est donc en sécurité. Il n'a pas grand-chose à voir avec la figure masculine qui leur sert de dieu ou avec la force divine qui vit en toute chose.

Ainsi, la religion a été exercée par des armées de fidèles, tantôt militaires, tantôt séculiers, dans l'espoir d'acquérir l'immortalité pour la rapporter à leur roi. Il est surprenant de constater combien de personnes ont été massacrées au nom de cette idée totalement absurde qui provient de la quête désespérée de l'immortalité par l'ego à travers l'approbation divine. Les guerres religieuses, à leur niveau le plus profond, reposent sur la question de l'immortalité et sur l'illusion de sécurité que l'approbation divine est censée conférer. Aujourd'hui encore, on considère que les personnes qui promeuvent la religion exercent une tâche divine, ce qui les rend spéciales et les distingue des autres, tout en les insinuant dans les bonnes grâces de Dieu, qui, comme tous les bons directeurs de marketing, est très satisfait lorsque la tendance est à la hausse. Dans l'onde, personne ne s'est jamais fait la réflexion suivante : « Pourquoi le "Mâle-défunt-devenu-dieu" qui réside dans les cieux a-t-il besoin de plus de disciples ? C'est certainement parce que ceux dont il est déjà entouré sont particulièrement stupides ! »

Ces exemples simples de la quête de l'ego pour l'état de particule externe, et pour l'immortalité inhérente à cette séparation, dominent l'histoire de l'humanité. Quels que soient les groupes de la société pris en compte — religieux, sociaux, politiques, financiers ou autres — vous verrez le principe de l'onde et de la particule en action. Si l'on réduit les actes des êtres humains à leurs caractéristiques basiques de particules et d'ondes, on peut tout comprendre et tout expliquer. Il est alors inutile d'être un grand visionnaire pour savoir pourquoi les gens agissent d'une certaine façon ou pour prévoir ce qui va se produire.

212

L'ego ne peut pas atteindre l'immortalité parce que sa vision est toujours extérieure — ainsi, il ne peut pas sortir de lui-même ou de l'onde tribale pour effectuer une auto-observation, laquelle permettrait d'établir une véritable séparation. L'ego vise donc toutes les directions en même temps — ce que l'on appelle un « tir dispersé » — en espérant qu'avec toutes ces possibilités de séparation ; qu'il s'agisse de l'approbation divine, de la richesse, du pouvoir militaire, du statut, de l'admiration, du prestige, de la vénération, ou que sais-je encore ; il finira par se distinguer suffisamment pour que son état de particule se concrétise. Si vous vous demandez par exemple pourquoi une personne possédant cent millions de dollars cherche frénétiquement à en avoir encore plus aux dépens de ceux qui l'entourent, la première hypothèse qui vous viendra à l'idée concernera son avidité. Mais si vous analysez la question de plus près, vous verrez que cette recherche avide de pouvoir et d'argent n'est que la manifestation de l'espoir qu'entretient l'ego relativement à sa séparation. Un million permet de se séparer, dix millions encore plus, alors vous imaginez bien qu'avec un milliard, la séparation est très nette.

Ainsi, tant qu'une nation progresse au niveau économique, tout va bien. Les membres de l'onde peuvent obtenir leur séparation par le biais de l'activité économique. Tout le monde peut exiger toujours plus et satisfaire son besoin de se distinguer un peu plus. Ceux qui ont moins de pouvoir économique ont au moins la possibilité de voir les autres s'en sortir et leur donner de l'espoir en leur permettant de définir leur quête pour le rêve qu'est l'état de particule. Lorsqu'un individu gagne de l'argent et s'éloigne de l'onde sur le plan économique, il se dépêche d'acheter une maison et de l'entourer d'une clôture, soulignant ainsi son statut de personne distincte. La maison est un symbole de sécurité, mais également de l'aspiration de l'ego à l'immuabilité — laquelle fait partie de la quête pour l'immortalité qui accompagne l'état détaché. Les banques peuvent s'arranger pour faire payer aux gens un tiers de leurs revenus pendant la plus grande partie de leur vie active sur une hypothèque qui ne représente souvent rien de plus que quelques briques grisâtres dans une banlieue monotone. Si vous proposez aux gens, ne serait-ce que l'illusion de l'état de particule, ils vous donneront pratiquement tout ce qu'ils possèdent pour l'obtenir.

213

Tout va bien pour l'ego national tant qu'il continue son expansion. Mais lorsque celle-ci s'arrête, la quête de l'immortalité s'interrompt également. Après un instant d'équilibre, les gens commencent à faire marche arrière. Puis la peur s'installe, et la dégringolade s'accélère. L'ego retourne vers l'anonymat et vers le soi-disant manque de sécurité de l'onde. Ainsi, lorsque l'Allemagne a connu une hyperinflation dans les années vingt et que l'économie est devenue incontrôlable, le peuple a ressenti de la colère, de la confusion et un manque de confiance. C'est à cette période qu'est apparu Adolf Hitler, et il savait exactement quoi dire. Quel était son message ? « Nous sommes différents. Nous sommes des particules. Nous ne sommes pas obligés d'obtenir notre statut par l'intermédiaire de l'argent ; nous pouvons l'avoir à la naissance. Nous sommes le peuple aryen, et par conséquent nous sommes supérieurs. » Pour l'ego allemand de l'époque, qui se détériorait en raison de son manque de contrôle et de pouvoir financier, ces paroles étaient perçues comme une douce musique.

214

Après avoir répandu l'idée selon laquelle les Aryens étaient des êtres distincts, et donc des particules, les nazis avaient besoin de l'établir comme un fait pouvant être observé. Comment allaient-ils s'y prendre ? Ils avaient besoin de témoins extérieurs de leur distinction en tant qu'Aryens. De toute évidence, peu de personnes en dehors du parti nazi adhéraient à la théorie d'Hitler. La conquête du peuple était donc le seul moyen d'avoir des témoins. L'action militaire accompagne tout naturellement un ego expansionniste puisque la conquête confère du pouvoir, permet de se distinguer, et crée des témoins. Il n'y a rien de plus divin que d'exercer sur les autres un pouvoir de vie et de mort.

Les actes de violence des nazis à l'encontre des Juifs et des regroupements marginaux, comme ceux des gitans, étaient alimentés par l'état de particule imaginaire inhérent à la distinction aryenne. Si vous vous individualisez intérieurement et débutez un voyage intérieur, vous pouvez exister et évoluer dans ce monde intérieur sans gêner les autres et sans être gêné par eux. Votre évolution spirituelle n'est pas entravée. Mais dans l'état de particule externe illusoire de l'ego, l'état de particule externe des autres représente une menace. Les particules externes en devenir se font obstacle et se retrouvent en compétition. C'est pour cette raison que les nouveaux riches sont tentés d'exhiber leurs richesses. Ils ont besoin de témoins, principalement dans le domaine social, où leur distinction peut être observée et reconnue. « Mon état de particule est mieux établi et plus digne d'observation que le vôtre, parce que cette piscine, qui trône dans mon jardin, avec ses robinets dorés terriblement voyants en forme de dauphin en est la confirmation. Mon état est en passe de devenir réel ; plus réel que le vôtre en tout cas. »

L'idée centrale du sionisme est le fait que leur « Mâle-défunt-devenu-dieu » aurait béni le peuple juif. Des gens ont écrit qu'il s'agissait du peuple que Dieu avait choisi, ce qui sous-entendait que les Juifs avaient été spécialement observés par Dieu et leur conférait un état de particule. Si les Juifs n'en avaient pas parlé autour d'eux, tout se serait bien passé. Mais en criant au monde entier que l'on a été choisi, on peut certes contenter notre ego, mais on exerce également une discrimination sur ceux qui ne l'ont pas été. Il s'agit du syndrome de particule qui se manifeste sous forme de dogmes tribaux ou religieux. Empêcher les peuples non juifs d'atteindre la possibilité de l'immortalité en les privant de la bénédiction divine ne peut qu'attirer leur colère. Les nazis aussi avaient été choisis — du moins le pensaient-ils. Lorsqu'on est soumis à l'idée illusoire de l'ego selon laquelle on est une particule distincte, on pense qu'il ne peut pas y avoir deux peuples choisis. C'est ainsi que les Juifs sont devenus une menace pour Hitler, une question de vie ou de mort, car ils se trouvaient entre lui et cet état de particule suprême qu'il considérait comme le droit de naissance du peuple aryen. L'élimination de la menace que représentaient les particules juives permettait aux particules aryennes de rester en vie. C'est ainsi qu'Hitler a été à l'origine de l'Holocauste, pas seulement parce qu'il accusait à tort les Juifs d'être responsables des échecs de sa jeunesse et des opportunités qu'il avait ratées, mais également parce que leur état de particule illusoire se dressait entre lui et le rêve qu'il caressait pour le peuple aryen.

Si vous vous demandez par exemple si l'antisémitisme disparaîtra un jour, je crains fort que la réponse à votre question soit « Non, en tout cas pas encore.» Pas tant que les Juifs s'accrocheront à la distinction raciale et culturelle que leur confère leur statut de « peuple choisi ». Car en continuant ainsi, ils ne pourront que se heurter à d'autres ego puisqu'ils cherchent tous à établir la même situation. Les autres ego considèreront toujours les Juifs comme un obstacle à leur propre évolution. Il sera probablement plus difficile pour les plus âgés de ces Juifs d'abandonner leur mentalité élitiste de « peuple choisi », mais les plus jeunes, qui sont nés après la guerre, pourront le faire avec plus de facilité. Si vous ne voulez pas être victime de l'attitude des autres à votre égard, vous pouvez dire du mal d'eux, vous plaindre et espérer que vous parviendrez à les changer, ou vous pouvez changer la vôtre en vous tournant vers l'intérieur. En vous détachant du point de vue de l'ego et de certains — ou de la totalité — des enseignements excentriques du sionisme, vous vous tournez vers une spiritualité intérieure sans attaches confessionnelles. Cet état de particule intérieure est silencieux, et il n'offense donc personne. Dès que cette spiritualité impartiale résonnera en vous, les gens ne vous considèreront plus comme le « peuple élu » qui menace leur ego. Ils commenceront à vous percevoir comme un « esprit » et mettront fin à leurs discriminations. En fait, vous serez même une source d'inspiration. Parce qu'en tant qu'« esprit », vous serez l'incarnation même de l'état de particule que leur ego espère atteindre. Loin de vouloir exercer une discrimination à votre encontre, ils rechercheront votre présence et ils s'attacheront à participer à votre élévation. Mais comme vous serez un esprit, cette reconnaissance ne vous intéressera pas, et vous vous en éloignerez probablement pour réfléchir en silence aux bien-faits que vous avez apportés à votre vie. Il n'y a rien de plus simple. Il s'agit là du processus de guérison que nous devrons tous entreprendre à un moment ou à l'autre.

Si vous réussissez dans le monde extérieur, il est possible que vous vous demandiez pourquoi, d'une manière générale, les gens ne vous acceptent pas. Même si vous êtes agréable et partagez les fruits de votre réussite avec eux, vous aurez souvent la sensation que les gens exercent une discrimination à votre égard parce que vous réussissez. Vous remarquerez peut-être que les gens se mettent volontairement au travers de votre chemin, sans aucune raison apparente. La réponse à ce comportement réside dans l'onde. Votre réussite vous confère un état de particule émergente dans le monde extérieur. Cette particule émergente sera considérée par les autres comme un obstacle qui les empêche d'atteindre eux-mêmes cet état. Leur crainte ne repose sur aucune logique réelle, mais malgré tout l'ego s'inquiète et entre en compétition. C'est pour cette raison qu'ils ne peuvent pas vous laisser les dépasser. La solution est de manifester une grande humilité et de ne jamais parler de votre réussite, à moins de ne vraiment pas pouvoir faire autrement — en vous assurant de la minimiser le plus possible. Si vous soumettez votre ego au leur, et si vous leur faites comprendre, en portant attention aux mots que vous employez, que vous ne menacez en rien leur état de particule, vous réussirez à les calmer. Il est important de s'efforcer à complimenter leur ego pour ses magnifiques réussites et sa volonté de s'individualiser, ainsi que de les conforter dans l'idée qu'ils atteindront l'état qu'ils recherchent dans une gloire sans limites. Si vous agissez ainsi, ils changeront subitement de comportement et se tourneront vers vous pour vous aider.

Vous devez vous assurer que votre énergie éthérique n'entre pas en contact avec la leur et n'empiète pas sur elle. Si vous êtes prospère, il y a de fortes chances pour que votre énergie éthérique soit puissante. Ce qui vous aura permis de réussir — c'est-à-dire une action solide et positive — vous aura permis de devenir plus fort et de renforcer votre confiance. Vous libèrerez une énergie éthérique qui enveloppera la leur. Si vous résonnez à une vitesse plus rapide qu'eux, leur première réaction sera l'exaltation et l'espoir. Ils seront heureux de vous voir. Mais une fois que cette euphorie initiale sera passée et qu'ils ne pourront plus bénéficier de votre présence en « devise éthérique », ils auront une sensation d'abandon. On peut emprunter momentanément l'énergie éthérique des autres, mais on ne peut pas la conserver indéfiniment. La moindre baisse dans leur vitesse de déplacement éthérique leur donnera la sensation de ne pas être à leur place. Vous le remarquerez par exemple lors d'une conversation avec eux, lorsque leur regard se détournera de vous pour se fixer quelque part au loin, comme s'il était dépourvu de vie. La plupart du temps, cela survient lorsque leur ego a été heurté. C'est ce que j'appelle un « déploiement de l'éthérique ». Une vague émotionnelle a traversé leur corps éthérique à la vitesse de l'éclair et les a momentanément privés de leur concentration. L'espace d'un dixième de seconde, ils ont perdu leur équilibre, faisant reculer l'ego vers l'onde. Ce retour vers l'onde les inquiète, et ils cherchent donc une raison extérieure à la détérioration qu'ils subissent. Ainsi, ils accuseront inconsciemment votre particule d'être responsable de leur chute. Ils ressentent alors le besoin d'attaquer la particule qui leur bloque le chemin. En essayant de la blesser ou de la diminuer, ils pensent pouvoir la contourner et reprendre leur ascension. Habituellement, ils expriment cette guerre de particules et leur sentiment de perte en se met-

218

tant sur votre chemin ou en vous rendant la vie difficile. Ils éprouvent le besoin instinctif de vous ralentir pour pouvoir vous rattraper. Ainsi, ils inventent toutes sortes d'objections et de difficultés pour vous faire perdre du temps et vous imposer leur contrôle, ce qui leur permet d'établir que leur particule est plus réelle que la vôtre.

La règle qui concerne la collision de particules présente une exception lorsque l'énergie d'un des individus est ouvertement supérieure à celle des autres, comme c'est le cas par exemple lorsqu'un multimillionnaire visite un petit village modeste. En effet, les villageois sont honorés de sa présence, et ils n'imagineraient jamais pouvoir entrer en concurrence avec ce millionnaire sophistiqué, lequel a une grande avance sur eux, ce qui leur laisse toute la place nécessaire pour s'élever sans que cette énergie supérieure ne les gêne. Si une personne est très connue, le même processus est valable, et les gens peuvent obtenir un statut et faire l'objet d'une observation par les autres en disant simplement qu'ils l'ont rencontrée. « J'ai pris une bière avec le Président » en est un exemple. C'est pour cette raison que certains collectionnent les autographes ; ils se font les témoins de leur élévation en prouvant qu'ils se sont retrouvés en compagnie de particules distinctes. Tout ceci est vraiment absurde, mais que peut-on y faire ? L'être humain est ce qu'il est.

219

Retournons un instant à notre point de départ. Nous pouvons constater que les petites tribus isolées avaient de petits ego, que les plus grandes tribus ont développé des ego plus importants, et que les regroupements nationaux avaient carrément opté pour de « méga-ego ». Lorsque l'expansion industrielle et les marchés grandissants ont permis aux gens de devenir prospères, nombre d'entre eux pouvaient utiliser cette richesse pour rechercher l'état de particule. Ainsi, les individus sont passés d'un état de composante relativement extensible de l'onde tribale — soumis à des leaders divins — à un individualisme qui leur conférait un statut. C'est pour cette raison que dans les pays du Tiers Monde, où l'évolution se fait de façon plus tribale, la vie humaine n'a pas autant de valeur que dans les pays occidentaux. Ils ne possèdent aucun statut, donc aucune observation n'est possible. Dans nos pays occidentaux, il n'y a qu'un pas entre l'état d'individualisation où les gens atteignent l'état de particule et celui où ils se sont assimilés à leurs chefs, c'est-à-dire aux personnes très importantes. Notre peuple occidental est devenu un peuple particulièrement important. L'ego des gens a été gonflé par le prestige et la richesse, et les pasteurs qui font leurs sermons à la télévision les ont habitués à croire qu'ils n'étaient pas des personnes ordinaires qui devaient leur évolution sur terre à Dieu, mais qu'ils Lui faisaient au contraire une immense faveur ne serait-ce qu'en étant là. Lorsque notre peuple est devenu très important et s'est paré d'attributs divins, un statut devait être garanti à chacun de ses membres. L'ego de notre peuple a alors abandonné l'idée qu'il était nécessaire de travailler pour améliorer son sort et pour s'individualiser, et les gens ont voulu que ce statut spécial devienne un droit de naissance. Le fait de naître par exemple aux États-Unis vous confère automatiquement une individualité et des droits spéciaux. Il est inutile de travailler puisqu'on vous a affirmé que ces prérogatives étaient un don divin. On encourage la jeunesse américaine à croire que sa naissance lui confère un statut, et il en va de même pour la plupart des nations modernes. Les Britanniques pensent qu'ils sont un peuple spécial en raison de l'histoire de leur empire, les Italiens en font de même avec l'empire romain, les Espagnols mettent en avant l'histoire de leurs Conquistadors, les Français se vantent de leur culture, et ainsi de suite.

Si vous regardez de plus près les croyances que ces nations entretiennent à leur propre égard, vous verrez à quel point l'ego national est désopilant. Le problème est que nous vivons tous à l'intérieur de cette manifestation extérieure en même temps que nous faisons l'expérience de la manifestation extérieure de notre propre ego. Lorsque l'ego national réussit à convaincre les gens qu'ils sont très, très spéciaux, il est nécessaire d'inventer des politiques et de développer des programmes pour intégrer cette idée. Les personnes particulièrement importantes qui sont à la tête du pays ont besoin de statuts supérieurs, et il est donc logique qu'elles vivent dans des palais. En dessous, il y a des gens extrêmement importants, célèbres, et « bénis par Dieu », qui n'ont pas besoin de palais, mais qui veulent certainement de grandes maisons, un traitement spécial, un statut supérieur, des privilèges, des places réservées, des tables bien placées dans les restaurants, de belles voitures, des bateaux, et tous les avantages dont une personne très importante et célèbre s'attendrait à bénéficier. En dessous, se trouvent les personnes très importantes qui ne sont pas célèbres, et celles-ci, même si elles n'ont pas besoin d'autant, doivent être assurées que leur statut très spécial ne pourra jamais leur être enlevé. C'est ainsi qu'un formidable système de prestations a été inventé pour s'assurer que ces personnes très importantes, mais « non célèbres », ne risquent pas de retomber dans l'onde et d'y finir leurs jours sur Terre et au-delà. En dessous se trouvent les gens importants. Leur vie est monotone parce qu'ils dirigent des entreprises, des hôpitaux, des universités, etc., mais leurs efforts sont reconnus. Juste en dessous des gens importants, se trouvent les gens « assez importants ». Il s'agit de chefs d'usine, de coordinateurs, de contrôleurs de vol, de dirigeants syndicaux, et d'inspecteurs en bâtiment qui travaillent pour le conseil local, lequel vous dit si vous avez ou non le droit d'avoir un

221

laissez-passer. Les gens « assez importants » ne sont importants qu'à leurs propres yeux et à ceux d'autres personnes « assez importantes » qui peuvent les observer. Le petit inconvénient, c'est que pour pouvoir connaître l'état de particule tel que le conçoit l'ego, vous avez besoin de personnes extérieures pour observer et confirmer votre importance. Ainsi, les gens « assez importants » souffrent d'un complexe d'infériorité parce qu'il leur manque un véritable statut qui leur permettrait de s'élever vers la catégorie des personnes réellement ou très importantes. Ils réparent cette injustice en causant des problèmes et en compliquant la vie des autres. S'ils causent suffisamment de problèmes, ils pourront être remarqués et observés par des gens qui ont besoin d'eux pour rétablir la situation dont ils sont à l'origine, après quoi ils se rapprocheront un peu plus de l'état de particule et seront instantanément promus au rang de personnes « très importantes ». S'il n'y avait pas de personnes « assez importantes », tous les avions resteraient sur le tarmac et finiraient par se détériorer.

222

Les citoyens ordinaires n'obtiennent habituellement pas le statut de « personne très importante » ou celui de « personne extrêmement vitale et suprêmement importante ». Que faire ? Il semblerait qu'ils n'aient pas d'autre choix que de se satisfaire de leur statut d'êtres spéciaux. Après tout, c'est forcément ce qu'ils sont puisqu'ils sont nés en Occident, n'est-ce pas ?

« Comment nous assurer qu'ils sont spéciaux ? » va-t-on me demander.

Tout d'abord, nous allons leur dire qu'ils sont spéciaux, puis nous leur mettons un match de football. Nous leur proposons une garantie à vie, à condition qu'ils ne fassent pas chavirer le navire. S'ils ne peuvent pas être très importants, nous pouvons au moins assurer leur survie. Leur ego n'y verra que du feu.

« Mais que faire avec toutes les couches populaires qui fonctionnent différemment, qui ne peuvent pas travailler, qui n'ont pas d'argent et pas de statut ? Elles espèrent se séparer mais n'ont aucun espoir d'atteindre l'état de particule ? La télévision a sans contredit affirmé que tout le monde pouvait être une particule. Alors comment ces personnes vont-elles s'en sortir en partant d'aussi bas ? »

Eh bien, on leur garantit la même survie que celle des personnes spéciales — cela devrait suffire.

« Mais vous avez oublié ce que je viens de dire : ces personnes fonctionnent différemment — la plupart d'entre elles savent à peine lire et écrire — il n'y a donc pas de travail pour elles. Nombre d'entre elles ne s'expriment pas correctement. Elles sont victimes d'une société qui évolue plus rapidement qu'elles. Vous ne les rendrez pas heureuses en leur donnant de l'argent puisque vous ne modifiez pas leur statut. Elles ne peuvent pas devenir des particules sans statut. Elles n'aimeront pas ça. »

Ah oui ! C'est une question délicate. Peut-être devrions-nous déclarer que les personnes qui fonctionnent différemment sont des personnes spéciales parce qu'elles ne le sont pas.

« Comment s'y prendrait-on ? »

Eh bien, nous pourrions nous concentrer sur leur statut de personne « non spéciale » et les observer en tant qu'êtres dépourvus de spécificité, leur donnera la sensation d'être importants. Le fait que nous les observions parce que ce sont des êtres « non spéciaux » leur permettra d'obtenir ne serait-ce qu'une once de l'état de particule. Ainsi, ils deviendront importants par le biais de la spécificité inversée.

« Qu'est-ce que la spécificité inversée ? »

Vous n'avez pas écouté ? La spécificité inversée est le moyen par lequel une personne qui n'est pas spéciale le devient.

« *Est-ce qu'il y a une astuce pour y parvenir ?* »

Bien sûr, comme c'est toujours le cas avec les jeux auxquels l'ego se prête. Si vous n'êtes pas spécial, vous ne pouvez pas causer de problème comme le font les personnes « assez importantes ». Vous ne possédez pas le pouvoir de perturber le système. La seule solution qui s'offre à vous est de faire du bruit. Si vous faites suffisamment de bruit, les gens vous remarqueront. Vous serez observé et vous deviendrez une particule, et donc un être spécial.

224

« *C'est tout... juste du bruit ? Vous pouvez devenir une particule simplement en faisant du bruit ? Incroyable. Mais un tel comportement contribue à créer une société de victimes professionnelles et pousse les autres personnes à se sentir moins spéciales en raison de toutes les ondes négatives qui entourent l'infortune des personnes "non spéciales". Comment un pays peut-il rester "spécial" s'il est peuplé de gens qui souffrent de ne pas être spéciaux ?* »

C'est un problème en effet. Mais on se sortira de cette situation en fabricant de l'argent « spécial » qui permettra aux personnes « non spéciales » de devenir des particules. Parallèlement à cela, nous pourrons payer pour nous assurer que les gens spéciaux et importants conservent à vie leur état de prétendue particule.

« *Qu'est-ce que l'argent spécial ? Est-ce différent de l'argent normal ?* »

Oui, ce n'est pas tout à fait la même chose. Il porte le nom d'argent spécial parce qu'il est spécialement créé à partir de rien, par la grâce de nos presses à imprimer, pour assurer qu'une attention particulière est accordée à la spécificité de chacun.

« *Les gens ne se rendent-ils pas compte du subterfuge ? Ne se plaignent-ils pas que leur argent ne soit pas réel ?* »

Non, car nous connaissons un moyen de nous en sortir. Nous vendons de l'argent spécial à des personnes qui possèdent déjà de l'argent réel, de façon à ce qu'il soit impossible de distinguer les deux.

« *Comment savez-vous si l'argent qui vous est versé est réel ? Serait-il possible qu'un peu de l'argent spécial que vous avez converti la semaine dernière vous revienne cette semaine sous les traits d'un argent réel ?* »

C'est un problème en effet, mais lorsque nous vendons de l'argent spécial à des personnes qui possèdent de l'argent réel ou de l'argent spécial datant de la semaine précédente, tout l'argent de cette semaine devient réel. En effet, il est mélangé dans l'onde de l'argent et il est en contact étroit avec l'argent réel, si bien que personne ne peut différencier les deux. De cette façon, nous pouvons créer une richesse suffisante pour que tout le monde soit à jamais spécial.

« *Quel projet merveilleux. Puis-je poser une dernière question ? Tout cet argent factice et tous les efforts qui seront déployés pour entretenir le caractère spécial des gens ne vont-ils pas bloquer l'économie et rendre les gens encore plus pauvres ? Comment les gens spéciaux ordinaires et les gens spéciaux "très importants" — qui sont moins nombreux — feront-ils pour conserver leur situation s'ils perdent leur argent et n'ont plus les moyens de payer pour leurs quatre briques et leur clôture ? Ne risquent-ils pas de se sentir moins spéciaux ? Comment pourront-ils entretenir l'illusion de la distinction de l'ego tout en s'assurant que celui-ci est contenté ?* »

C'est la difficulté avec vous Bolcheviques, vous posez toujours des problèmes.

La Théorie de la crise de Wilde — baptisée ainsi pour plaisanter — ne se base pas sur une science réelle et ne comporte aucun calcul ou théorème mathématique. Mais elle présente une certaine logique et une certaine beauté qui plaisent à ceux qui étudient les faiblesses de l'humanité, et qui pourraient vous plaire également.

La seconde Loi sur la crise ne se présente que si vous êtes passé à côté de la première, laquelle stipule qu'il est inutile de provoquer une crise dans votre vie ou votre nation si vous souhaitez changer. Il vous suffit d'arrêter d'être stupide et d'apporter les changements nécessaires à votre vie. Si la première n'a pas attiré votre attention, la deuxième Loi sur la crise suivra automatiquement.

226

La Loi sur la crise affirme que si l'ego a un avant-goût de l'état de particule — même si cet état est une illusion dans le monde extérieur — il se lancera à corps perdu vers celui-ci, jusqu'à ce que l'individu concerné atteigne l'effondrement.

Le pouvoir provient de l'intérieur. Plus l'ego s'éloigne de celui-ci à la recherche de l'état de particule extérieur, moins sa vitesse réelle sera importante. À mesure qu'il progresse vers l'état de particule, sa force de gravité est de plus en plus élevée. Si vous souhaitez passer de l'état d'« être né spécial » à celui d'« être né très spécial », vous devez rechercher sérieusement à acquérir beaucoup de pouvoir et d'éléments matériels qui vous permettront d'affirmer ce trait distinctif. Le problème est qu'ils auront pour effet de vous ralentir, parce que vous devrez dépenser de l'énergie pour les acquérir et les conserver. En outre, plus l'ego s'étend pour atteindre l'état de particule, plus il perd de contrôle. Il se retrouve alors exposé aux revers et aux coups qui pourraient provenir d'autres ego visant le même état de particule.

Au départ, l'ego réussit à supporter l'augmentation de la force de gravité, mais à mesure qu'il en crée un peu plus, le poids émotionnel et financier qu'il doit supporter augmente également, et l'individu concerné devient moins performant. Ainsi, l'ego réagit souvent à la présence de ce poids supplémentaire en n'y prêtant aucune attention, dans l'espoir qu'il finira par disparaître de lui-même. C'est ce que font les gouvernements en transférant ailleurs une bonne partie de leurs comptes déficitaires. Aux États-Unis, on parle de comptabilité « hors budget ». Le principe est de convertir des dettes et obligations élevées, qui créent un mouvement gravitationnel pour la nation, en un endettement léger dont le gouvernement peut prétendre qu'il n'existe pas.

Mais revenons à l'ego personnel. Lorsqu'il exerce du pouvoir et acquiert un statut, l'ego brûle de grandes quantités d'énergie. Puisque votre quête de l'état de particule dépense votre énergie émotionnelle, intellectuelle et financière, vous finissez par atteindre un point de non-retour, que l'on appelle mort thermique, où toute votre énergie personnelle a été brûlée. Certaines personnes échappent à ce scénario parce que, lorsqu'elles atteignent leurs capacités physiques et intellectuelles maximales, elles reculent légèrement, en sachant que si leur ego continue de s'étendre, elles auront de gros problèmes. Mais nombreuses sont celles qui continuent malgré tout. Lorsque l'énergie mentale et émotionnelle commence à diminuer, l'ego se met à brûler de l'énergie physique pour créer une illusion de vitesse. C'est pour cette raison que les personnes importantes sont toujours stressées, pressées, terriblement occupées, à court de temps et en mauvaise santé. Si vous êtes occupé de temps à autre, tout va bien. Mais si vous êtes perpétuellement débordé et pris par le temps, cela signifie que votre ego a une emprise totale sur vous. Les notions de temps et d'espace sont liées. Si vous n'avez pas de temps, vous ne disposerez d'aucun espace émotionnel. Si vous n'avez pas d'espace, vous aurez de moins en moins d'énergie. Si vous avez moins d'énergie, vous atteindrez encore plus rapidement la mort thermique. Au bout du compte, l'énergie de votre vie commencera à souffrir

227

d'une entropie sérieuse tant l'ego en aura dépensé. Si votre corps ne s'effondre pas avant, votre ego continuera sa progression vers un équilibre thermique où il n'existe plus de chaleur, de puissance ou de rapidité pour entretenir l'illusion. C'est alors que votre vie tout entière s'écroulera brusquement, et que vous vous effondrerez sur vous-même. La réalité s'imposera alors à vous. Il s'agit d'un mécanisme de protection, qui n'est certes pas infaillible, mais qui se déclenche habituellement juste avant que vous ne tombiez raide mort.

Si la progression de l'ego est contrecarrée et qu'il doit amorcer un repli, la peur qu'il ressent alors se transforme en un manque d'assurance, et il finit rapidement par avoir la sensation qu'il est en train de mourir. D'une certaine façon, c'est ce qui se produit puisque l'ego perd l'illusion de son état de particule et retourne au sein de l'onde. Or, il ne peut pas le permettre. Une fois qu'il a établi ne serait-ce qu'une once de cette illusion — qu'il s'agisse de quelques briques dans une banlieue ou d'une supériorité divine conférée par le statut de la race aryenne — la perdre devient une question de vie ou de mort.

Du point de vue de l'ego, retomber dans l'onde est ce qu'il y a de pire. Bien entendu, il ne l'a jamais réellement quittée. Il a simplement développé son pouvoir d'élasticité, lequel lui a permis de croire qu'il pourrait s'échapper. Aucune force ne peut permettre à l'ego de sortir de l'onde tribale pour concrétiser son rêve de particule extérieure. Un individu concentré sur son ego et sur le monde extérieur est en réalité tourné vers la mauvaise direction. À mesure que l'ego s'étend, la réalité s'ajuste et s'étend avec lui. Votre horizon extérieur ne cesse jamais de s'éloigner, c'est pourquoi les gens n'ont jamais assez de pouvoir, de sexe, d'argent, ou de tout ce que l'ego peut rechercher. L'ego est incapable d'atteindre la vitesse critique, et il ne peut donc pas être totalement satisfait — pas plus qu'il ne peut atteindre l'état de particule. C'est un peu la même chose avec l'Univers. Vous ne pouvez pas en sortir en franchissant ses frontières. Car il n'en a pas. Si vous essayiez de le faire, l'Univers s'étendrait en conséquence et créerait un horizon d'événements qu'il vous serait impossible de franchir. Tandis que vous amorceriez une accélération pour atteindre ce que vous pensez être la frontière de l'Univers, vous vous retrouveriez en manque de carburant, et la force de gravité se ferait de plus en plus importante à mesure que votre vitesse augmenterait. Elle vous ralentirait à un point tel que vous seriez incapable de générer une vitesse suffisante pour atteindre votre objectif.

229

Ce que nous voyons aujourd'hui dans le monde est en grande partie une illustration de la mort thermique de l'ego qui atteint les limites de son élasticité avant d'amorcer un recul. Dans certains cas, ce retour en arrière s'est déjà produit. Sommes-nous témoins d'une crise réelle du monde ou s'agit-il simplement d'un problème qui concerne l'ego ? Si toutes les personnes extrêmement spéciales et importantes perdaient subitement ce trait distinctif, serait-ce notre monde qui changerait ou seulement leur vision ?

Notre monde repose sur la consommation. Celle-ci est la raison d'être de notre système économique. Nous avons besoin d'une petite quantité de consommation pour survivre et mener une vie agréable, mais la plus grande partie de ce que nous consommons ne concerne que notre quête de l'état de particule. Pensez à toutes les choses que vous avez achetées au fil des ans sans jamais les utiliser. Elles vous ont simplement permis de ressentir un plaisir éphémère pendant le bref instant où elles ont entretenu l'illusion. Une fois cet instant passé, vous avez déplacé votre horizon un peu plus loin et vous êtes mis en quête du prochain. Si notre besoin de posséder tout ce matériel disparaissait subitement, serait-ce une catastrophe ou plutôt l'occasion formidable d'organiser une fête qui vous permettrait de rencontrer vos voisins ? L'évolution de l'humanité est auto-corrective, comme l'est celle de la nature. L'esprit humain recherche l'équilibre. Heureusement qu'il en est ainsi. En réalité, ce que nous observons n'est pas une crise réelle, mais simplement la mort d'une illusion. Les personnes qui vivent cette illusion considèreront sa mort comme un traumatisme. Mais la vérité est qu'elle laissera la place à une ère importante de guérison, laquelle s'étendra sur une période prolongée et permettra à notre peuple de comprendre que la quête de l'état de particule extérieure — jusqu'au point d'effondrement — est futile, et que le seul chemin pour atteindre un état de particule est intérieur.

230

Pour créer cet état, vous devez vous affranchir de l'esprit tribal. Bien entendu, vous ne pouvez pas abandonner votre langue de naissance, mais dans le monde intérieur, ce n'est pas ce qui importe. Le langage dans lequel votre moi intérieur s'exprime est principalement constitué de sentiments, de symboles et de visions. Ce qui importe est de vous affranchir de l'attachement émotionnel que vous entretenez à l'égard de l'onde tribale. C'est la seule façon de dépasser les peurs que celle-ci ressent et de se libérer de ses schémas restrictifs.

Si vous croyez à la crise mondiale et que vous vous lamentez comme tout le monde, cela signifie que vous vous associez à l'onde et à la peur que ressent l'ego à l'idée de perdre du terrain. Si vous souhaitez vous comporter véritablement en être humain, vous êtes obligé de considérer la vie avec objectivité. La plus grande partie des problèmes dont on nous parle n'existent pas réellement. Il ne s'agit, pour la majorité, que d'une sorte de matraquage publicitaire. Bien sûr, il y a des problèmes, mais ils concernent tous l'ego. Dans une société où tout le monde souhaite devenir une particule, mais où personne n'a réellement la capacité et la volonté de le faire, la victimisation est la seule alternative connue. En devenant une victime et en recherchant la sympathie des autres, vous les établissez en tant qu'observateurs. Dans des pays comme les États-Unis, si vous pouvez réellement faire croire à votre infortune, vous pouvez également devenir riche. Ainsi, votre état de particule est établi par le biais de la compensation que vous recevez pour l'injustice dont vous prétendez avoir été victime.

Mais quelle est la part d'infortune et d'injustice réelles ? Dans quelle mesure s'agit-il simplement du besoin d'attention, d'observation ou d'argent ressenti par l'ego ? Selon mes estimations, si vous divisez l'onde négative en deux — et peut-être plus — vous vous rapprocherez de la réalité. De toute évidence, plus vous faites du bruit, et plus vous faites de l'argent. Par exemple, même s'il y a beaucoup de pauvreté au sein du monde occidental, combien d'Anglais, d'Américains ou d'Espagnols meurent de faim ? Très peu. Notre pauvreté est-elle le résultat d'une simulation de l'ego qui se plaît à jouer les victimes et qui exige que l'état de particule lui soit octroyé sans avoir à déployer d'efforts, ou est-ce une véritable pauvreté attribuable à de mauvaises conditions de vie ? Tout cela est bien relatif.

Le système se nourrit lui-même et perpétue le sentiment de victimisation. Les individus doivent s'arranger pour que leur statut de victime soit plus crédible que celui des autres. Lorsqu'une société encourage la victimisation, celle-ci ne peut qu'augmenter. Chaque année, un nombre encore plus grand de ces individus se joindront aux autres parce qu'il est plus facile d'être une victime que de prendre ses responsabilités ou de faire des efforts pour générer de l'énergie. Ainsi, vous pouvez rendre les autres responsables de vos problèmes ou de votre incapacité à agir de façon avisée. Quoi qu'il en soit, pour entretenir cette victimisation et conserver la sympathie (et les chèques) des autres, vous devez aller toujours plus loin pour provoquer les réactions souhaitées. Ainsi, ce qui nous apparaît comme un effondrement de la société n'en est pas réellement un. C'est particulièrement le cas si vous portez un regard extérieur à l'onde. Ce n'est pas la société qui s'effondre, mais c'est l'ego qui affirme que celle-ci ne peut pas fonctionner sans lui et sans les principes qu'il considère sacro-saints.

232

Bien que nos gouvernements occidentaux connaissent des difficultés réelles, il serait théoriquement possible d'en résoudre la plus grande partie en une nuit. Le statu quo devrait se replier, et les individus devraient en faire de même. Vous pouvez donc recommencer à respirer, car vous avez le pouvoir de vous guérir immédiatement. La crise n'est pas un passage obligé. Le contexte n'est peut-être pas idéal, mais vous n'y perdrez pas au change.

Il n'y a rien de mal à ce que les gens souhaitent améliorer leur vie et rechercher l'état de particule extérieure, dans la mesure où ce qu'ils vivent à l'intérieur est réel et où ils n'attendent pas que les autres fassent le travail pour eux. J'ai toujours encouragé les gens à commencer par rechercher l'indépendance dans le monde extérieur, parce que je ne vois pas comment il serait possible de s'affranchir de la mainmise de l'ego et du statu quo sans un minimum d'argent. Bien entendu, vous pouvez décider de sortir du système pour vivre dans les bois, mais sans argent vous ne pourrez pas profiter pleinement de votre vie. Le fait d'établir une indépendance extérieure constitue une base solide sur laquelle construire son voyage intérieur. Le développement de notre vie intérieure viendra compléter ce processus d'intégration spirituelle.

La seule difficulté que le monde doit affronter actuellement provient du fait que le peuple a été incité à croire qu'il était très important et que l'état de particule était une de ses prérogatives. Le fait est que nous ne sommes pas particulièrement importants. Certes, une étincelle divine vit en chacun de nous, mais ça ne va pas plus loin. Nous nous sommes laissés piéger par notre ego, et la seule façon de nous en sortir est d'arrêter notre faire-valoir et d'entamer le processus de retrait de notre ego. Autrement, notre bulle finira par éclater, et la chute n'en sera que plus douloureuse. Les gens veulent avoir plus que ce qu'on peut leur donner, et ce qu'ils recevaient jusqu'à présent est sur le point de leur être retiré. Nous devons diminuer notre endettement et notre consommation, nous tourner vers un mode de vie plus spirituel, développer des économies durables qui ne détruisent pas la planète dans une course folle pour le statut social et la reconnaissance. Si vous dites à une onde nationale qu'elle peut atteindre l'état de particule sans avoir à déployer d'effort, il est tout naturel qu'elle soit intéressée. Je reproche au statu quo de manipuler les besoins des gens à des fins politiques. La télévision a également véhiculé des notions erronées qui ne feront que créer de la souffrance. Tout est faussé. L'ego des gens est hors de contrôle, et c'est celui de la nation qui en est à l'origine.

233

Pour votre propre paix intérieure, il est très important de vous tourner vers ce qui est réel et vers ce qui peut être contrôlé, afin de ne pas être affecté par les problèmes d'ego des autres. Bien sûr, nous pouvons soutenir notre entourage dans sa période d'ajustement, mais la plus grande partie du travail revient à chacun. En attendant, je pense qu'il est essentiel de garder à l'esprit que la plupart des crises du monde n'en sont pas réellement. L'esprit naît de la mort de l'ego, et il s'agit d'un passage difficile. Si vous voulez mener une vie intérieure et extérieure, vous vous efforcerez sans attendre de vous débarrasser mentalement de la crise. Si vous acceptez la peur et la validez, celle-ci vous emprisonnera. Si vous baignez dans l'onde et que vous vous accrochez mentalement à cette crise comme s'il s'agissait d'une religion, il ne fait pas de doute qu'elle se concrétisera. La lutte finale n'est pas un combat entre le bien et le mal, ni entre un « Mâle-défunt-devenu-dieu » et un autre. Il s'agit plutôt d'un combat entre votre ego et le moi intérieur que votre esprit a créé. Ainsi, en faisant preuve de discipline, vous entamez un voyage silencieux, mais enrichissant, où vous vous attacherez à soumettre votre ego à votre volonté et à le faire disparaître. Tel est le meilleur chemin à emprunter. Maintenant, penchons-nous sur quelques-unes des crises populaires transformées en religion par le « système », afin d'apprendre à les reconnaître et à les éviter.

À quand l'apocalypse ?

CHAPITRE HUIT

A U XIVE SIÈCLE, LA PESTE NOIRE A FAIT DES MILLIONS DE VIC- **237** times en Europe. Aux dires du clergé, le peuple, qui était victime de la colère de Dieu, devait se repentir et faire acte de contrition. Pendant ce temps, quelques farfelus descendaient dans les rues pour exécuter des danses macabres. Pour ce faire, ils devaient porter des masques représentant des têtes de mort et s'agiter dans tous les sens pendant des heures en hurlant : « On va mourir ! On va tous mourir ! » Certains sont morts, mais d'autres non. L'épuisement en a probablement emporté plus d'un.

Aujourd'hui, nous avons notre propre version de la danse macabre : tandis que certains sont convaincus que l'Antéchrist n'est pas loin et qu'un sort funeste nous attend, les médias véhiculent l'image d'un avenir sombre. On nous parle du réchauffement climatique et de la pollution qui abîment notre planète, des dauphins de moins en moins nombreux, et de l'une explosion ou autre Armageddon qui anéantira le monde tel que nous le connaissons.

Si nous retournons à l'époque de la Grèce antique, d'où nous vient le terme « apocalypse » (qui signifie « révélation »), et que nous faisons le décompte de toutes les prophéties qui ont marqué l'histoire jusqu'à ce jour, nous remarquons que tous les prophètes avaient un point en commun : ils se trompaient la plupart du temps ! Il est amusant de constater que ce léger « détail » ait échappé à notre attention.

Mais la croyance en une apocalypse constitue une composante primordiale de nombreuses religions, et elle est solidement intégrée au mode de pensée des gens. Cette croyance provient des peurs que nous entretenons sur notre statut de mortel, et elle fait partie de notre psyché. Pour l'ego, la mort est gênante. Il préférerait que tout le monde meure, car son traumatisme serait ainsi atténué en faisant de cet événement une expérience collective. « Ce n'est pas de ma faute si je vais mourir puisque je ne suis pas le seul. »

238

Nous croyons également à l'apocalypse parce que notre imagination n'est pas suffisamment développée. Il nous est difficile d'imaginer à quoi ressemblera une société dans deux cents ans, alors comment pourrions-nous prévoir ce qu'il en sera du monde dans deux mille ans ? Comme nous ne pouvons pas vraiment nous projeter dans un avenir éloigné, il est naturel que nous ayons tendance à penser que le monde n'existera plus.

Pour le système, le changement est aussi terrible que la mort, car il menace la stabilité des gens. Le fait que nous vivions à une époque où tout évolue rapidement contribue à entretenir cette peur, et tout passage à un autre millénaire est vécu avec une grande angoisse pour ces réfractaires au changement.

Une apocalypse est un bon catalyseur financier. Déclencher une bonne frayeur est un moyen efficace de faire tourner l'argent. Je pense qu'un bon nombre de nos préoccupations écologiques ont été récupérées par de grandes entreprises qui s'en servent pour faire du profit. Par exemple, dans les années 90, 77 % des Australiens faisaient leurs courses en se basant sur des critères écologiques. Or, il se trouve que les produits écologiques sont plus chers — la différence de prix est parfois

très importante. Les fabricants ont donc profité de nos préoccupations écologiques pour en faire une industrie de plusieurs
milliards. Bien sûr, nombre des données écologiques dont
nous disposons possèdent une part de vérité, mais certaines
ne visent qu'à faire de l'argent. Il y a quelque temps, j'ai
acheté une douzaine d'œufs que j'ai trouvée particulièrement
chers. De retour chez moi, j'ai remarqué qu'il y avait sur la
boite une étiquette indiquant qu'il s'agissait d'œufs végétariens écologiques, ce qui expliquait que le prix était 90 % plus
élevé. Mais qu'est-ce qu'un œuf végétarien, me suis-je
demandé. Les poules ne mangent pas de viande ; existent-ils
des œufs qui ne sont pas végétariens ? Bien sûr que non. Mais
les fabricants savent bien que les simples d'esprit que nous
sommes se jetteront sur tout ce qui ressemble à un produit
écologique sans prendre le temps de réfléchir. L'industrie et
les gouvernements tirent profit de notre stupidité, puisque
celle-ci leur permet d'avoir de l'argent à déposer à la banque.
Alors, la prochaine fois que vous serez assis sur les toilettes,
d'où vous regarderez avec amour vos shampoings écologiques hors de prix et votre papier toilette non blanchi,
demandez-vous qui a inventé cette idée. Quelle est la part
d'attrape-nigaud ? Combien d'argent votre ignorance leur
permet-elle de gagner ?

239

Le problème est que la plupart des scénarios proposés
sont des demi-vérités ou de véritables mensonges. Au
moment de la guerre du Golfe, lorsque le golfe Persique a été
victime d'une marée noire, les écologistes l'ont qualifiée de
« mère de tous les désastres environnementaux », en déclarant que cette catastrophe pouvait menacer la stabilité de la
planète. Des millions de dollars ont été investis dans cette
cause, et tout le monde s'est amusé à nettoyer les oiseaux, à
prendre du soleil et à jouer les pompiers. Ils ont également
gagné beaucoup d'argent. Lorsque tout cela a été terminé, la

vérité a été dévoilée, et les écologistes ont dû reconnaître que la pollution n'était en réalité que locale. Quelques oiseaux avaient péri, le Koweït s'était retrouvé légèrement enfumé pendant neuf mois, mais la « mère de tous les désastres écologiques » n'était en fait victime que d'un problème local. Tout cela n'avait plus d'importance, car entre-temps, les chèques, qui totalisaient un montant de cinq millions de dollars, avaient tous été encaissés. Inutile de continuer à faire peur aux gens.

240

En réalité, ils jouent à un jeu. Prenons l'exemple du réchauffement de la planète. Rien ne prouve que le monde est réellement en train de se réchauffer[4]. Certes, au cours des cent dernières années, la température de la Terre a changé d'un demi-degré, mais d'une manière générale elle ne cesse d'augmenter et de baisser. On ne peut pas se baser sur une période de cent ans en prétendant qu'elle est représentative d'une tendance. En fait, il existe de nombreux éléments qui tendent à prouver le contraire — c'est-à-dire que la Terre serait en train de se refroidir légèrement. Entre 1930 et 1970, la température moyenne de la planète a considérablement chuté. La NASA, qui effectue sur le long terme une surveillance du climat mondial, prend chaque année vingt-deux millions de photographies satellites de la terre, avec une précision de près d'un centième de degré. Selon leurs ordinateurs, la terre se serait légèrement réchauffée au début des années 80, et sa température aurait ensuite diminué vers la fin de la décennie. La surveillance à long terme effectuée par le Centre de vols spatiaux de la NASA ne laisse aucun doute sur le fait qu'il n'y a pas de réchauffement.

Nous entendons parler de la fonte de la calotte glaciaire et des probabilités pour que le niveau de la mer augmente de cinquante centimètres à un mètre au cours des cinquante prochaines années. Mais d'où provient cette information ?

---

4. N.d.T. : Nous rappelons aux lecteurs que cet ouvrage a été écrit dans les années 90.

Des médias. Des documentaires télévisés qui nous montrent des glaciers canadiens en train de s'effondrer tragiquement dans les mers. Cette scène, à l'atmosphère irréelle, nous est présentée comme un avertissement de ce qui nous attend si nous ne réagissons pas. Mais ce point de vue repose-t-il sur des données scientifiques ? Qu'est-ce qu'il y a de si étrange à ce qu'un glacier fonde dans la mer ? C'est de la NASA que nous proviennent les données les plus fiables sur la calotte glaciaire. Les informations que leurs satellites leur permettent d'obtenir sont corroborées par des organismes tels que le British Antarctic Survey, qui analyse des carottes de glace provenant de régions polaires. Qu'elles proviennent directement du site ou des satellites, les données ne montrent aucun changement global.

241

Vous me direz peut-être : « Le niveau de la mer monte, c'est sûr. Qui n'a pas vu ces documentaires télévisés qui montrent des enfants, vivant sur des atolls du Pacifique, nous avertir que leurs îles vont bientôt être submergées par les eaux ? Les commentateurs ne mentent sûrement pas. » Ils ne le font peut-être pas délibérément, mais ils vous vendent l'idée qu'ils souhaitent vous voir acheter. La planète ne possède pas une quantité d'eau illimitée — elle ne crée pas d'eau à proprement parler. Ainsi, si les calottes glaciaires ne fondent pas, le volume global de l'eau ne bougera pas. Il est vrai que le niveau de la mer a augmenté ça et là, mais c'est parce que celui des terres a chuté. Par exemple, dans le sud de l'Angleterre, le niveau de la mer a légèrement augmenté au cours des dernières années, mais si vous allez un peu plus loin vers le nord, en direction des Îles britanniques, vous constaterez que les marégraphes indiquent une diminution du niveau de la mer. Les plaques continentales ne cessent de se déplacer.

Qu'en est-il de l'accumulation du CO_2 dans l'atmosphère ? De toute évidence, tout ce gaz toxique doit faire monter la température de la planète, non ? Je suis désolé de vous décevoir, mais la réponse est non. En fait, rien ne permet d'établir réellement le bien-fondé de la croyance répandue selon laquelle le dioxyde de carbone provoque une augmentation de la température. Si vous jetez un coup d'œil aux données climatiques mondiales du XXe siècle, vous constaterez que la température de la planète a légèrement augmenté entre 1900 et 1930, mais que cette poussée cyclique — qui est un phénomène naturel — s'est produite *avant* l'augmentation des émissions de CO_2, laquelle a commencé après 1950. En réalité, à mesure que les niveaux de CO_2 ont augmenté entre 1950 et 1970, la température moyenne de la planète a diminué. Cette information vient contredire de façon étonnante la théorie de l'effet de serre.

242

Personne ne s'oppose aux données qui indiquent une augmentation considérable de CO_2 dans l'atmosphère au cours des dernières décennies. Il a été prouvé que les gaz d'échappement des voitures étaient nocifs pour la santé, mais montrez-moi une preuve qui établit avec certitude que le CO_2 a le pouvoir de faire augmenter les températures. Ce que je vous demande est délicat puisqu'en réalité, une telle preuve n'existe pas. Pour les défenseurs de la théorie de l'effet de serre, les données climatiques sont quelque peu contrariantes puisqu'elles prouvent justement le contraire — c'est-à-dire que l'accumulation de CO_2 dans la haute atmosphère fluctue *en réaction* aux changements de température, et non le contraire comme on nous l'a toujours dit. Les données dont nous disposons démontrent que lorsque la température moyenne augmente, le niveau de CO_2 présent dans la haute atmosphère augmente également, avec quelques années de retard. Par le passé, lorsque la température chutait, le niveau de CO_2 en faisait autant. L'effet de serre repose entièrement sur l'hypothèse que le CO_2 renvoie la chaleur vers la terre, ce qui aurait pour effet de la réchauffer. Mais il existe deux petites questions épineuses que l'on préfère ignorer. Tout d'abord, pour que l'effet de serre puise être considéré comme une théorie scientifique, vous devez prouver que la chaleur renvoyée est véritablement à l'origine d'un réchauffement de la planète. Personne ne peut assurer avec certitude que c'est le cas. De nombreux facteurs d'une certaine complexité entrent en jeu, comme par exemple quelle quantité de chaleur est émise par la trace des gaz, et quelle quantité est renvoyée vers la terre ? Personne ne le sait. Ensuite, la théorie de l'effet de serre est confrontée au problème suivant : si le CO_2 a réellement pour effet de réchauffer la planète comme on l'affirme, comment se fait-il que nous ne disposons d'aucune preuve pour appuyer cette hypothèse ? On part du principe que les températures n'ont pu qu'augmenter après une période de quarante-cinq ans d'émissions de CO_2 toujours plus élevées. Mais les preuves scientifiques et l'absence de hausse véritable des températures ont tendance à décrédibiliser cette théorie. Ce que les scientifiques savent est que le CO_2 n'est pas le principal coupable du phénomène de la chaleur réfléchie. C'est la vapeur d'eau qui doit être dénoncée. Avez-vous déjà entendu les médias mentionner qu'il pourrait subsister certains doutes quant à la validité scientifique de la théorie du réchauffement de la planète ou qu'il pourrait y avoir d'autres influences à l'œuvre ? Moi non. Lorsqu'une idée s'immisce dans l'esprit tribal et se transforme en religion, elle rejette automatiquement la discussion et les avis opposés en les taxant d'hérétiques. L'effet de serre qui concerne la vapeur d'eau excède de loin celui du méthane ou du dioxyde de carbone. Mais bien que la vapeur d'eau ait initialement pour effet de réchauffer la planète, d'une manière générale elle ne fait que la refroidir. À mesure que les températures augmentent, une quantité plus importante de vapeur est dégagée, ce qui crée un plus grand nombre de nuages, lesquels reflètent le soleil et maintiennent l'équilibre de la terre.

Qu'en est-il alors des modèles météorologiques informatiques qui prévoient un réchauffement dramatique de la planète au cours des deux cents prochaines années ? Le problème avec ces modèles est qu'ils sont créés principalement à partir de l'opinion d'une dizaine de chercheurs réputés. Ceux-ci sont de grands adeptes de l'imprécision. Par exemple, un modèle connu, sur lequel se fonde d'ailleurs la plus grande partie de la théorie du réchauffement, prévoit autant de pluie estivale pour le désert du Sahara que pour l'Irlande. Ces modèles ne tiennent pas compte de l'influence de la couche nuageuse parce que les ordinateurs ne peuvent pas la prévoir correctement. Ainsi, l'apocalypse du réchauffement de la planète se base sur des modèles informatiques qui présentent des tendances climatiques sur une planète pratiquement dépourvue de nuages. Étrange, et pourtant vrai. La plupart des météorologues éprouvent de la difficulté à prévoir le temps qu'il fera demain. Pour ma part, je ne donnerais pas très cher de leurs prévisions pour l'année 2193.

Pourquoi les scientifiques sont-ils autant intéressés par le sujet du réchauffement de la planète ? Le fait est que la plupart d'entre eux ne le sont pas vraiment. Ils savent qu'il s'agit de quelque chose de très spéculatif, mais ils redoutent de le reconnaître ouvertement. Le réchauffement de la planète est né d'une idée basée sur l'opinion de chercheurs qui ont tout intérêt à la promouvoir, autant sur les plans financier qu'intellectuel. On n'obtient pas de bourse pour étudier des phénomènes qui ne sont pas source de problèmes. Et on ne veut certainement pas que la vérité gâche une bonne occasion de gagner de l'argent. Imaginez vous rendre dans une insti-

244

tution et lancer : « Quelque chose ne va pas avec le climat, puis-je avoir un demi million pour l'étudier ? »

Nous avons tous entendu parler de ces méchants Brésiliens qui déboisent la forêt amazonienne et qui seront bientôt responsables d'une carence en oxygène. C'est une belle histoire, qui a en outre donné l'occasion à des célébrités et au prince Charles de dispenser leur science. Mais est-ce bien vrai ? L'Amazonie fournit-elle réellement l'oxygène mondial ? La réponse est non. En réalité, ce sont des microorganismes présents dans la mer qui en fournissent le plus. Même si la totalité de la forêt amazonienne devenait demain un parc de stationnement en béton, nous continuerions tous à bien respirer.

245

Bien entendu, nous aimerions conserver nos forêts, et il n'y a aucun doute que les arbres fournissent de l'oxygène, mais l'idée que la forêt amazonienne fabrique l'air que nous respirons est tout simplement absurde. Conserver la forêt amazonienne peut être une préférence émotionnelle pour de nombreuses personnes — dont je fais partie — mais il s'agit d'une opinion subjective, qui ne peut pas être justifiée en invoquant la question de l'oxygène. Si vous souhaitez faire démarrer une carrière politique, dire aux gens qu'ils manqueront bientôt d'air constitue un message puissant.

Ne vous méprenez pas, je ne suis pas en train de dire que toutes nos préoccupations environnementales sont futiles. Il est certain que nous devons porter attention au niveau de pollution, et que nous devrions tous faire notre possible pour améliorer la situation. Je pense que nous avons l'obligation morale et spirituelle de prendre soin de notre planète et de la laisser à nos enfants dans un bon état. Ce que je dis est qu'il y a une grande différence entre le fait de se sentir proche de la nature en ayant un réel amour pour sa planète, et celui de se laisser entraîner par la vague émotionnelle créée par le système — dont la base est souvent très éloignée de la réalité. Il serait très naïf de penser qu'il n'y a pas, dans toute cette histoire, des forces puissantes qui se servent de l'apocalypse écologique dans leurs propres intérêts politiques et financiers. Par exemple, la plupart des gens n'accepteraient pas de payer des taxes supplémentaires, mais si on leur disait qu'une taxe sur la pollution est nécessaire pour pallier le manque d'oxygène, la majorité d'entre eux changeraient d'avis. Le but est de fournir à la vague une quantité suffisante d'informations ambiguës qui excluent les preuves scientifiques opposées, jusqu'à ce que votre position politique soit établie. C'est le lavage de cerveau qui me gêne. On assiste à une véritable escroquerie. Vendre de la crise est très lucratif sur les plans financier et politique. Vous ne devriez jamais l'oublier.

246

La plus grande partie du problème de l'environnement n'est qu'un matraquage publicitaire. Si vous pensez au message véhiculé, vous constaterez que la plupart des inquiétudes des gens à propos de l'environnement ne sont qu'une extériorisation de leur agitation intérieure. L'eau est un symbole archétype de l'émotion. Lorsque vous êtes perturbé, vous rêvez par exemple que vous luttez dans une mer agitée dont les vagues immenses vous frappent de plein fouet. Alors, quelle signification se dissimule derrière la conviction que le niveau de la mer est en train d'augmenter ? Pourquoi les gens y croiraient-ils si ce n'était pas vrai ? Ils le font parce qu'ils se sentent submergés émotionnellement. Engloutis par la vie. Bien sûr que le niveau de la mer augmente, n'importe quel idiot le sait...

Qu'en est-il de la peur d'une atmosphère polluée qui nous étouffera tous à en mourir ? N'est-ce pas en partie représentatif d'un esprit troublé par l'évolution rapide du monde ? Si les gens ont vraiment envie de croire que la température de la planète augmente lorsque ce n'est pas le cas, ce n'est pas parce qu'ils sont stupides, mais parce qu'ils ont besoin d'extérioriser le sentiment d'étouffement que les problèmes et les restrictions du monde moderne ont éveillé dans leur vie. Lorsque l'air qui vous entoure n'a plus le même effet revigorant, il est naturel de penser que ce manque de fraîcheur est attribuable à des facteurs externes, comme la hausse des températures. Comment votre inconfort pourrait-il être causé par un ego qui détruit votre équilibre et aspire votre énergie ? Lorsque vous comprendrez de quelle façon l'être humain extériorise ses inquiétudes et son manque de confiance, vous n'aurez plus besoin de croire que « le ciel nous tombe sur la tête ». Vous pourrez simplement manifester de la compassion face à l'angoisse des autres, et faire de votre mieux pour les aider.

247

Lorsque plusieurs centaines de millions de personnes se dirigeront sans raison vers les falaises, comme le font les lemmings, quelqu'un s'arrêtera peut-être pour se demander quelle psychose se cache derrière ce suicide collectif. Je connais beaucoup de personnes, dont un bon nombre de mes amis font partie, qui sont très attristées du sort de la planète et qui pensent sincèrement qu'il n'y a aucun espoir. Inutile de les faire changer d'avis. Où sont-ils allés pêcher cette idée ? À la télévision ? Ce n'était certainement pas la même que celle qui prévoyait, pendant les années soixante-dix, une autre période glaciaire...

Et pourtant, les lemmings continuent à courir. Le sang monte à la tête, l'atmosphère est moite et chaude, quelque chose se prépare, le danger n'est pas loin, et les gens nous avertissent de la vengeance de Dieu. Un nuage noir cache le soleil, un poison se répand lentement dans notre sang, et un mauvais pressentiment nous assaille, tandis que des maladies mortelles nous traquent en silence et tuent des innocents. Des complots se trament, tandis que des cultes sataniques sévissent dans les campagnes, le bétail est mutilé, des enfants disparaissent, et un brouillard obscur tombe sur l'humanité, étouffant un cri primal dont on entend l'écho au loin. La nuit tombe maintenant, et des corneilles croassent dans des arbres voisins. Des insectes microscopiques polluent nos lits et rampent discrètement sur notre tête pour pondre leurs œufs dans nos sourcils. Des gaz mystérieux provenant du sol s'infiltrent dans notre corps et transforment nos cellules saines en cellules cancéreuses. Quel est l'être diabolique qui rôde dans la nuit ? Que ce soit un fantôme ou une goule, ou encore un affreux incube qui nous dépossède de notre virilité pendant que nous dormons, aspirant notre sang, se nourrissant de notre psyché et envahissant notre corps jusqu'à la folie ou la mort, nous allons tous périr. Notre être et notre âme sont en train de mourir. Quelqu'un doit être sacrifié pour apaiser les dieux. Les Colombiens sont probablement responsables de nos maux, ou peut-être est-ce l'homme noir ou le Juif ; quelqu'un est responsable de ce terrible malheur. Si ce n'est pas l'un d'eux, peut-être doit-on regarder du côté des homosexuels, à moins que ce ne soient les Asiatiques. Mais oui, c'est ça ! Les Japonais complotent pour renverser le monde et ils émettent des ondes à basse fréquence pour perturber l'esprit de l'homme blanc, lui voler son travail et anéantir son espoir d'atteindre un jour l'état de particule. À moins que ce ne soient pas les Japonais. Peut-être que ce sont simplement les mécréants, qui refusent de se repentir et d'accepter Jésus — satanés hérétiques, ils ont souillé notre esprit de leurs contradictions et privé notre peuple de l'approbation divine et de la protection de Dieu. Organisons une guerre sainte pour les attaquer, ainsi que l'Arabe infidèle et tous ceux que nous pouvons rendre responsables de l'agitation de notre ego.

Le rythme assourdissant se maintient, et nous sommes maintenant engourdis. La tolérance et l'amour sont piétinés, tandis que les danseurs hurlent d'une même voix effrénée : « Vive l'ego ! » La réalité est déformée pour refléter les besoins des danseurs, les murs sont penchés vers l'intérieur, menaçants, et ils ondulent en se balançant d'avant en arrière sur le rythme de la danse. Et du cerveau mutilé de l'homme surgit une bile verte dont la puanteur est prise, à tort, pour de la fierté nationale. Son odeur entraîne la foule vers l'extase. Les visages sont ravagés par la douleur, mais la danse continue. Personne ne réalise que les os des danseurs se décomposent un peu plus à chaque impulsion musicale, et que leur chair se répand sur le sol en faisant penser à de la cire, tandis qu'ils grimacent en se prenant les pieds dans leurs propres vestiges. Une centaine de millions de doigts maigres et tordus sont pointés vers le ciel à la recherche des coupables. « Le Macabre est la vérité, lancent-ils. Que la danse dure pour toujours ! »

Monsieur ? Madame ? Souhaitez-vous acheter un ticket pour participer à la danse ? Peut-être préférez-vous vous asseoir sur ce tronc d'arbre recouvert de mousse, d'où vous pourrez contempler l'étonnante beauté du Tao éternel. Une force divine, dénuée d'ego, brille à travers une goutte, tandis qu'elle continue son évolution infinie, que les humains que nous sommes considèrent comme la petite distance qui sépare la feuille de la pierre. Une brise agréable souffle maintenant, elle est douce et sans prétention, et son parfum rappelle celui du jasmin. Est-ce un vent d'été ou l'esprit de la vallée qui ne meurt jamais, qui se déplace dans les couloirs de notre cœur et qui rafraîchit nos espoirs et nos rêves ? Qui peut le dire ?

Nous ne pourrons peut-être pas aimer comme le fait la nature, ni accueillir le vide sans une larme ou un regret, mais nous devons au moins essayer, et offrir nos encouragements aux autres. Montrons-leur que l'amour de la douceur et l'esprit de la Mère sacrée ne peuvent pas être offerts dans une perspective politique de peur ou de colère, car si c'était le cas, il ne s'agirait pas d'un amour divin.

C'est ainsi que se comporte l'ego ; il tente de s'approprier l'assentiment divin en faisant preuve d'intégrité, laquelle lui permet de procéder à sa séparation. J'ai raison, je suis divin, je suis distinct et je suis béni par Dieu. Vous avez tort, et par conséquent vous n'êtes pas béni par Dieu, et vous m'êtes donc inférieur. Votre infériorité fait de moi un être supérieur, plus important et mieux protégé.

250

J'ai la sensation que l'industrie qui profite de cette notion d'apocalypse joue avec le sentiment de culpabilité des gens. De façon perverse, le battage publicitaire qui entoure les questions d'environnement n'est qu'une version moderne du péché originel. L'ego se plaira à entretenir l'illusion de sa divinité, mais l'odeur moite que dégage le corps dans lequel il réside au moment de la défécation semble contredire l'image qu'il entretient de lui-même. N'est-il pas un être choisi ayant reçu l'approbation divine ? Avec une telle image, l'importance de l'ego est remise en question. C'est pour cette raison que les gens ne supportent pas d'être observés lorsqu'ils sont aux toilettes — ils en ont honte — et qu'ils préfèrent nier leur forme humaine et ses fonctions. Du point de vue de l'ego, une certaine culpabilité est inhérente à la condition d'humain. À mesure que l'ego s'est étendu dans l'espoir d'atteindre un statut divin, il a commencé à ressentir un dégoût croissant à l'égard de sa malpropreté. Nous devons mettre fin à cette pollution — elle est scandaleuse. Bien sûr, l'ego ne pense pas qu'il est responsable, et il reporte le blâme sur quelqu'un d'autre — principalement sur le corps physique. Ainsi, le péché originel est transféré ailleurs. Cela ne peut pas être moi.

Je suis une particule irréprochable destinée à accomplir de grandes choses. Ces selles, dans les toilettes, ne viennent pas de moi ; c'est au corps qu'elles appartiennent. Le corps est mortel et il pollue, alors l'ego ne peut pas se l'approprier au risque de détruire son illusion. Un processus de transfert se produit, d'abord de l'ego vers le corps, et ensuite du corps vers un coupable extérieur. Ce sont les autres qui polluent, pas moi. C'est l'usine qui se trouve de l'autre côté de la rue, et non ma propre consommation des produits que celle-ci fabrique, qui est à l'origine du problème. J'ai besoin de cette consommation pour me distinguer ; ce n'est pas la mienne, mais celle d'un autre qui détruit la planète.

251

À l'extrémité du mouvement écologique, vous assistez à une autre tentative, de la part de l'ego, de nier son état de mortel en se distinguant de la saleté — principalement celle dont il est responsable. La destruction de la planète par la pollution est une extériorisation de la crainte de l'ego relativement à son effondrement. L'ego sait que si l'individu regarde en lui-même et se met en état d'observation et de contemplation, il finira par perdre de son importance et par mourir. Ainsi, plutôt que de s'« auto-immoler », il fait toute une histoire sur le fait que la planète est en train de mourir, en s'assurant ainsi que l'individu dans lequel il réside reste concentré sur l'extérieur. Il n'y a rien de mieux qu'une menace extérieure pour s'assurer que l'attention de tout le monde reste dirigée dans la mauvaise direction.

C'est pour cette raison qu'il y a autant d'émotion autour du sujet de l'écologie et un tel déni des faits scientifiques empiriques. Nous avons adhéré à un dogme, et aucune autre alternative ne sera acceptée. C'est maintenant une question de vie ou de mort pour l'ego. Le changement provoque chez les gens une sensation de fatalité liée à l'instabilité qu'il entraîne. L'agonie de la planète est vitale pour l'ego, car si elle n'était pas en train de mourir, les sentiments noirs dont nous faisons actuellement l'expérience ne pourraient qu'être attribuables à l'illusion de mort de l'ego, ou, pire encore, à sa mort imminente. Aucune de ces deux solutions n'est envisageable, et une politique de colère et de crise est donc maintenue pour empêcher l'ego de voir ce qui se produit réellement.

« C'est un peu étrange, me diront certains. Si nous ne sommes pas sur le point de vivre une catastrophe, et s'il n'y a pas de réchauffement de la planète, comment peut-on expliquer ce qui arrive à nos pauvres dauphins ? » Je suis désolé de vous décevoir, mais rien ne prouve que la population mondiale des dauphins est en diminution. En fait, c'est plutôt l'inverse qui semble se produire. Quoi qu'il en soit, toutes les histoires que nous faisons à propos des dauphins ne visent qu'à renforcer notre suffisance. Le dauphin est l'espèce marine la plus évoluée. Sur terre, ce statut revient aux humains. Du point de vue de l'ego, le dauphin possède un statut. Ce n'est pas seulement un poisson — ou un mammifère qui ressemble à un poisson — mais également une particule. Il est spécial et son destin est différent de celui des poissons ordinaires. Ainsi, un filet rempli de poissons ne provoque aucune émotion particulière puisqu'il s'agit d'une énergie ondulatoire. Mais nous crions au malheur si un seul dauphin est attrapé. Le dauphin est un symbole de notre état de particule. S'il meurt, une partie de l'illusion de l'ego relativement à son état de particule meurt avec lui. Rappelez-vous que la principale raison pour laquelle l'ego souhaite se séparer de la vague est sa volonté d'éviter la mort. La vue d'une particule, représentée par un mammifère aquatique, piégée dans un filet de pêche est un coup terrible pour l'ego. Elle provoque beaucoup de tristesse et de colère. C'est exactement ce que l'ego souhaite éviter — une mort au sein de l'onde tribale.

« Et tous les animaux en voie de disparition alors ? »
J'aimerais beaucoup pouvoir vous dire que tous les animaux
disparus se sont simplement cachés parce qu'ils en avaient
assez que de minables biologistes surpayés leur mettent des
électrodes dans les oreilles. Nous devrions plutôt penser en
ces termes : il existe un équilibre naturel propre à la terre.
Notre planète est un organisme vivant, et elle possède un
esprit qui lui est propre. Les animaux ne sont pas des victimes.
Ils sont en parfait équilibre, tout comme la planète. Si des
espèces disparaissent, qui peut prétendre que ce n'est pas ce
qui était censé se produire ? Le royaume animal connaît une
évolution spirituelle sur le plan terrestre, comme c'est le cas
pour les humains. Certains pensent que les animaux appartiennent à une âme collective. Ainsi, il y aurait une âme
collective pour les orangs-outans, une pour les différentes
sous-espèces de rats, et ainsi de suite. Comment l'âme collective de ces animaux pourrait-elle s'affranchir du plan physique
si elle ne finissait pas par disparaître après avoir terminé son
évolution spirituelle ? Ces différentes espèces sont peut-être
censées s'éteindre. Peut-être que leur disparition est leur
transcendance ultime, comme c'est le cas pour nous. Ce serait
vraiment gênant si des dinosaures se promenaient dans la
rue. En ce qui me concerne, je ne vois aucun inconvénient à
ce qu'ils soient passés à une autre forme d'évolution.

Bien entendu, le phénomène d'extinction de certaines
espèces est bien réel, mais l'émotion qui l'entoure provient
d'un manque de confiance irrationnel causé par un sentiment
d'incertitude et par le fait que la situation évolue avec rapidité. L'ego se demande donc s'il sera la prochaine « espèce »
à s'éteindre. Mais ici encore, tout le tapage qui est fait autour
du sujet ne vise qu'à faire de l'argent, comme c'est le cas pour
le réchauffement de la planète. J'ai vu un documentaire sur
un couple qui vivait depuis quinze ans dans le désert pour

analyser les habitudes d'accouplement des chameaux. Ils sont arrivés à la conclusion que les chameaux se reproduisaient bien et que l'on n'en manquait pas. Quelle découverte ! Je me demande combien a coûté cette petite étude ? À peu près cinquante mille dollars ? Ou cent mille ? Mais surtout, comment peut-on se retrouver à étudier la sexualité des chameaux ?

254

Certes, nous avons le devoir spirituel de respecter notre planète et de prendre le meilleur soin de possible des animaux, mais nous devons également comprendre que l'évolution est ce qu'elle est, et que, même si la chouette tachetée subit quelques pressions, ce n'est qu'une partie de la question. Car la pression que subit l'humain est toute autre.

Je trouve que toute cette agitation et tous ces gémissements sonnent faux. Ça me fait rire lorsque je vois un de ces défenseurs de la nature à la télévision, emmitouflé dans sa veste de camouflage, tempêter contre la dégradation des forêts, alors que la première chose qu'il fera lorsque son sermon sera terminé sera d'aller faire sauter la tête de Bambi. Je me demande combien de ces personnages aiment suffisamment la nature pour se mettre au végétarisme.

L'idée de tuer quelque chose dont on n'a pas besoin pour le plaisir me semble d'une barbarie difficile à égaler. Mais si vous êtes un prédateur, vous ne pouvez pas vous plaindre si quelque chose ou quelqu'un cherche à vous attraper vous aussi. Je me suis toujours demandé comment autant de chasseurs s'arrangeaient pour se tirer dessus ou se faire tirer dessus par accident. Une question de karma je suppose. Mais quand même, ce serait très amusant si les petites créatures de la forêt pouvaient répliquer lorsqu'un chasseur les blesse. Ça, ce serait du sport ! Bambi 6, Chasseurs 0. Voilà un score intéressant !

Lorsque vous défendez une cause, vous pouvez vous permettre toutes les hypocrisies, mais vous devez quand même vous demander pourquoi le reste de l'humanité adhère à toute cette histoire d'apocalypse. Je suppose qu'il s'agit tout d'abord d'une question de mode. Il est naturel que les gens disent qu'il faut arrêter de tuer la planète, si ce sont les instructions qu'ils ont besoin de recevoir pour se sauver eux-mêmes. Plutôt que de reconnaître que l'ego est en train de mourir ou d'être éclipsé par la recherche d'un équilibre personnel, les gens extériorisent leur peur et insistent bien sur le fait que c'est la planète qui est en train de s'effondrer.

Les nombreuses données scientifiques provenant d'organismes aussi réputés que le Massachusetts Institute of Technology, la NASA, le British Meteorological Office, le Woods Hole Institute of Oceanographic Studies, ainsi que des dizaines d'université et d'établissements de recherche, permettent d'affirmer avec certitude qu'aucun élément ne prouve l'existence d'une crise, ni même le réchauffement de la planète. Le niveau de la mer n'augmente pas, et rien ne permet de démontrer que les gaz d'échappement provoquent des changements climatiques.

255

Je vous concède qu'il peut être assez perturbant de lire dans cet ouvrage que la question du réchauffement de la planète repose en grande partie sur une mauvaise information. Certains considèreront que mes propos sont absurdes. Mais je peux vous assurer que je n'ai rien à gagner — autant sur le plan financier que politique — à vous faire part de la vérité. Mon but n'est pas de perturber l'onde ou sa religion, mais plutôt d'aider ceux dont la conscience s'est élevée à s'affranchir de la peur véhiculée par le système, car je pense qu'elle nuit au processus permettant d'atteindre l'état de particule. Il vous sera difficile de croire en vous-même et d'avoir foi en votre voyage intérieur si vous croyez à tort que la planète sur laquelle vous vivez est sur le point de se désagréger.

Aussi étrange cela puisse paraître, quasiment tout le monde pense que la planète est en train de tomber en morceaux à cause d'un mauvais pressentiment de la part de la religion et du « système ». Lorsque plusieurs centaines de millions de personnes entament subitement une danse macabre, il est bon de se demander ce qui se passe. Ce phénomène me fascine. Je trouve également très intéressant que les opinions scientifiques d'éminents spécialistes réfutant la thèse du réchauffement soient totalement ignorées par la presse. Tout le monde s'est fait une idée et a accepté le nouveau dogme, parce que l'ego en a désespérément besoin. Les politiciens dépensent des millions pour organiser des Sommets de la Terre à Rio ou ailleurs, parce que c'est bon sur le plan politique. C'est fou, non ? Tout cela sous-entend qu'il doit y avoir, au sein de la vague, un profond besoin psychologique qui est exprimé sans tenir compte des faits. Quiconque prétend proposer un raisonnement d'une certaine logique est souvent mis au pilori, réduit au silence, et banni à jamais. Au cours d'une interview, j'ai mentionné le travail du professeur Patrick Michaels, de l'Université de Virginie, lequel est un grand défenseur de l'approche rationaliste en matière d'environnement. Mon interview, qui concernait à quatre-vingt-dix pour cent le potentiel humain et qui n'abordait que très brièvement la question de l'environnement, a été présentée à un « Vert » de réputation mondiale, considéré comme une superstar de l'environnement. L'éditeur souhaitait en effet obtenir sa réaction, et il se trouve que ce pro de l'environnement a été très contrarié par l'article. Il a catégoriquement refusé de faire des commentaires, et il est inutile de dire que mon interview s'est directement retrouvée au recyclage, où elle aura probablement servi à de grandes choses, comme sauver des arbres par exemple.

256

Il est dommage que le mouvement environnemental, qui aurait pu tant apporter à l'âme collective planétaire, ne soit souvent qu'une autre forme de recherche de pouvoir et de contrôle. À l'heure actuelle, il devient presque impossible d'obtenir une permission de construction dans les petites villes rurales. Les habitants s'opposent farouchement à toute forme de développement. Lorsque vous êtes propriétaire d'une jolie petite maison de campagne, pourquoi voudriez-vous que d'autres particules viennent interférer avec votre état d'individualité et envahir les terres sur lesquelles ce statut repose ? Les locaux ne peuvent pas se permettre d'affirmer que les nouveaux venus ne sont que des embryons de particules prétentieux et suffisants — ce qui reviendrait à exercer une discrimination à leur encontre. Il n'est pas question d'agir ainsi. Il sera donc préférable de prétendre que ces nouveaux venus ont non seulement un comportement immoral, mais que leurs actions portent atteinte à l'environnement. En réalité, c'est l'ego des locaux qui en souffre, car ils se sont approprié de l'espace et ont établi une distinction très nette entre eux et les autres en entretenant l'illusion que toutes les terres avoisinantes leur appartenaient. Tout ceci est très subtil, et les arguments vaniteux invoqués par l'ego feraient la fierté de n'importe quel évangéliste zélé. Il est difficile d'être vrai, mais la tentation de choisir la facilité du mensonge est grande.

257

Notre monde devra finir par mettre un frein à sa consommation effrénée. Toutefois, elle ne pourra pas disparaître totalement, car nous en avons besoin pour survivre. Nous devons limiter notre endettement et rétablir la bienséance au sein de nos systèmes politiques. Mais nous n'y parviendrons que si nous regardons au fond de notre cœur et si nous acceptons de remettre en question nos attitudes prétentieuses. Nous devons mettre un terme à la quête effrénée que mène l'ego pour atteindre l'état de particule. Très peu de personnes sont capables de le faire et d'admettre qu'elles sont responsables de leurs propres problèmes. Et elles sont encore moins nombreuses à voir que cette arrogance est ce qui tue notre société. Ainsi, au lieu de procéder à cette prise de conscience, nous allons nous déhancher un peu plus longtemps sur notre danse macabre et choisir une nouvelle cible. « Voyons... qui n'avons-nous pas attaqué depuis un moment ?»

258

Mais nous avons également la possibilité, pendant que les autres continueront de danser, de rester calmement en retrait et de travailler sur nous-mêmes afin de devenir plus forts et plus libres. Lorsque vous aurez établi un certain équilibre et une plus grande confiance, et que vous aurez atteint une maturité spirituelle, vous réaliserez que le monde est parfait tel qu'il est, avec ses imperfections, et vous saurez vous en satisfaire. Vous ne vous laisserez plus entraîner par la névrose collective pour vous sentir mieux. Le monde s'améliore en permanence. Les gens sont en meilleure santé et vivent plus longtemps, et la plupart des problèmes politiques mondiaux se règlent progressivement. Nous devrions en être heureux, mais ce n'est pas le cas, puisque la paranoïa continue de régner.

La pollution la plus importante n'est pas celle que subit l'environnement, mais celle dont votre esprit est affligé — sans parler de l'attaque que subit votre portefeuille. Nous pouvons y résister en prenant du recul et en laissant la négativité du système entraîner sa propre destruction. Entre-temps, je suis convaincu que les manipulateurs réussiront à maintenir un certain niveau de terreur. Lorsqu'on y pense, quoi de plus intéressant, du point de vue du pouvoir en place, qu'une belle petite menace écologique ? L'incitation à établir un nouvel ordre mondial provient d'un désir de contrôler le peuple et de le priver de ses droits civiques, puisqu'il n'a pas beaucoup de valeur aux yeux du système. Pour instaurer ce nouvel ordre mondial, il est nécessaire que chaque pays abandonne son pouvoir. Ce processus a déjà été entamé. La CEE a en effet emprisonné l'ensemble de l'Europe occidentale tout en lui imposant sa législation. Chaque jour, de nouvelles lois sont adoptées dans les villes de Strasbourg et de Bruxelles, lesquelles contrôlent l'activité économique du peuple jusqu'au moindre petit détail, comme la taille des fromages ou les ingrédients des croustilles. Cette mainmise nous anesthésie le cerveau. Qui a vraiment besoin de cet asile bureaucratique stérile qui nous est proposé ? Qu'est-il advenu de la liberté et du droit à l'individualité pour lesquels nos pères et nos mères se sont battus ? Les êtres humains ont besoin de pouvoir être spontanés, libres, créatifs et un peu fous. À qui profitent ces petites rangées d'Européens proprets qui avancent à l'unisson vers un paradis bureaucratique, leur fromage formaté à la main ? Mon Dieu, permettez à l'esprit de briller et libérez notre peuple !

259

Parfois, tout cela m'attriste. Le cœur, la joie et les plaisirs de notre peuple sont réduits en miettes par la domination de dirigeants pathétiques prêts à vendre leur propre pays pour entretenir leur complexe de supériorité et afficher de belles érections. L'Europe occidentale a été ficelée. Le continent tout entier est aux mains d'un pouvoir central dominé par le gouvernement et par sa bureaucratie abrutissante. À son tour, celui-ci fait des courbettes au gouvernement américain, qui, depuis l'effondrement de la Russie, dispose d'une plus grande marge de manœuvre pour contrôler la planète. Les forces qui contrôlent les États-Unis et qui s'évertuent à instaurer un état policier mondial ont tout intérêt à entretenir la notion de menace écologique. L'idée que des milliards de personnes aient à abandonner leurs droits pour résoudre les problèmes de pollution du monde semble tout à fait raisonnable en surface. Comment une personne sensée pourrait-elle s'opposer au contrôle mondial des CFC, ou chlorofluorocarbones, puisque ceux-ci portent atteinte à la couche d'ozone. N'avez-vous jamais entendu quelqu'un remettre en question la responsabilité des CFC ? Bien sûr que non. Rien ne doit faire obstacle au joyeux nouvel ordre mondial. Comment savons-nous que les CFC détruisent la couche d'ozone ? C'est le gouvernement qui l'a dit aux médias, lesquels nous l'ont répété, et nous les avons crus ! Pourtant, il faut cinquante ans à une particule de CFC pour se déplacer du niveau du sol à celui de la haute atmosphère. Alors, est-ce l'industrie moderne qui est responsable du problème ou sommes-nous témoins des répercussions d'émissions de CFC survenues en 1943 et avant cette date ? Si nous regardons une photo datant de cinquante ans, à l'époque où les émissions n'étaient pas encore élevées, nous pouvons tirer deux conclusions : selon la première, nous serons dans un sacré pétrin lorsque le reste des CFC aura atteint la haute atmosphère, et selon la deuxième, les CFC industriels ne sont pas si néfastes pour l'atmosphère, et le problème vient d'ailleurs.

260

On nous dit que la présence de CFC dans l'atmosphère nous rend plus vulnérables aux rayons ultraviolets, mais aucune preuve scientifique ne permet d'appuyer cette théorie. C'est même plutôt l'inverse, puisque le niveau des ultra-violets a été constant au cours des quinze dernières années. À l'avenir, cela pourrait changer, mais si j'essayais d'imposer ma domination sur le monde, je ne laisserais pas la question les ultraviolets se mettre en travers de mon chemin. Pas plus que je ne voudrais révéler au monde qu'une éruption volca-nique d'une certaine ampleur produit du chlore destructeur d'ozone dans une quantité équivalente à ce qu'une activité industrielle est capable de fabriquer sur plusieurs centaines d'années en termes de chlorofluorocarbone. Mais le nouvel ordre économique mondial n'a pas le pouvoir de contrôler les volcans, alors pourquoi aborder un sujet d'une telle trivialité ? N'est-il pas préférable de colporter des tas d'histoires sur le cancer et de s'assurer que tous les pays du monde abandonnent leur droit à décider eux-mêmes de leur vie ?

Mes chers amis, vous devez comprendre que le monde est rempli de personnes très malveillantes qui vous manipulent dans leur propre intérêt. Vous devriez faire particulièrement attention à ne pas gober tous leurs mensonges. Leur petit jeu s'appelle de l'ingérence et consiste à normaliser, à surveiller, à imposer certaines activités, à en interdire d'autres, et ainsi de suite. Il est dissimulé derrière un raisonnement bien structuré et il se reproduit inexorablement. Tout ce que vous avez à faire si vous voulez qu'un peuple vous abandonne son pouvoir est de le maintenir dans l'obscurité et de vous assurer sa docilité en le terrorisant. Lorsque les gens vivent dans la confusion, la peur et l'ignorance, ils sont heureux de confier le contrôle de la situation à quiconque semble détenir la solution au problème, et ils le feront sans poser de question. Le but du jeu est de donner aux médias les informations que vous souhaitez propager, et de laisser les stations de télévision arranger les histoires à leur manière et les débiter aux nouvelles du soir. Ce procédé permet de laver le gouvernement de tout soupçon. Ce qu'il y a de merveilleux avec la télévision est qu'elle répand une information erronée sous des airs d'impartialité et d'authenticité. Quelle personne sensée voudrait s'opposer à une information officielle transmise par un présentateur propret, connu et apprécié de tout le monde, qui fait irruption tous les soirs dans votre salon ? Tout cela est d'une grande simplicité !

Vous êtes-vous déjà demandé pourquoi les médias se plaisent à nous faire peur ? Dans quel intérêt le font-ils ? Sommes-nous censés y prendre plaisir ? S'agit-il vraiment

261

d'information ? Cela nous aide-t-il de savoir combien de personnes ont été tuées pendant la journée ? En Australie, vous avez droit au détail des accidents de voiture sur une base quasi quotidienne. Je ne parle pas d'un carambolage de cinquante voitures sur l'autoroute, qui serait en effet digne d'être montré aux nouvelles, mais du plus petit accident — un camion heurte une voiture et tue au passage une vieille dame et son chihuahua. Je vous pose la question : pourquoi ? Dans quel objectif ? Une personne aurait-elle, quelque part dans le monde, un quelconque intérêt à maintenir les gens sur le fil du rasoir ?

262

La réponse est oui. Ce facteur d'incertitude présente un intérêt commercial. Si vous créez du stress et des ondes négatives, vous vendrez davantage d'armes, d'assurances, de produits bancaires et d'ordonnances médicales. Chaque semaine, les pharmacies américaines reçoivent 2,5 millions d'ordonnances pour des tranquillisants. En partant du principe qu'une ordonnance moyenne prescrit environ cinquante petites pilules, on arrive à la conclusion que les Américains en ingèrent plus de six millions par an. Il y a de quoi faire beaucoup d'argent. En outre, si ces millions de personnes sont déconnectées de la réalité parce qu'elles sont dépendantes — à un niveau émotionnel ou chimique — de cette drogue légale (sans compter la dépendance à un autre type de drogue), elles n'opposeront pas une grande résistance lorsqu'on tentera de les manipuler.

Qui donc essaie de vous brouiller l'esprit en vous offrant des billets pour la danse macabre, en vous vendant des abris nucléaires et en récupérant votre argent en prévision du voyage ultime ? À l'heure actuelle, peut-être personne. Mais peut-être vous prive-t-on de votre intégrité psychique, de votre équilibre et de votre confiance. Alors, la prochaine fois que quelqu'un vous annoncera que la destruction du monde se fera par le SIDA, répondez-lui ceci : chaque jour qui passe, le traitement de cette maladie se précise un peu plus. Il existe même une souche du SIDA dont les chercheurs pensent qu'elle n'est pas fatale. Même si une grande quantité de personnes ont contracté cette maladie, le nombre de celles qui n'en sont pas atteintes augmente mille fois plus rapidement que les autres. Il s'agit d'une donnée scientifique vérifiable. Les chiffres relatifs à cette maladie se sont plus ou moins stabilisés dans les démocraties occidentales, tandis qu'ils continuent à progresser en Asie et en Afrique. Quoi qu'il en soit, la population mondiale augmente à une telle rapidité, par rapport à la propagation de la maladie, que les risques de voir celle-ci décimer la planète sont inexistants.

263

Vous devriez vous protéger des ondes négatives qui proviennent du manque de confiance généralisé. Il n'est pas obligatoire de s'y mêler. Vous pouvez vous en détacher et le considérer pour ce qu'il est réellement. Vous stimulerez ainsi votre protection spirituelle et vous lutterez mieux contre la police de la pensée qui édicte les lois et vous force à abandonner votre droit à une stabilité mentale et spirituelle, et à une opinion différente. Si vous laissez constamment les autres prendre le dessus, vous perdrez le contrôle de votre vie. La névrose généralisée vous prive de la joie divine que vous avez reçue en héritage.

Je voudrais maintenant aborder un point important : vous ne pouvez pas adhérer à la philosophie apocalyptique sans entraîner votre fin prématurée. Si vous croyez à cette apocalypse, il vous sera difficile d'entretenir la vision d'un avenir décent. Vos pensées finiront donc par être corrompues, et votre humeur sera teintée de tristesse, ce qui provoquera votre malchance et votre mort prématurée.

Certes, le monde connaît peut-être de graves problèmes économiques, mais ceux-ci nous sont profitables, car ils nous permettent de nous ajuster à la réalité plutôt que de lutter pour entretenir quelque chose qui n'est pas réel. Un peu de changement ne fait de mal à personne, et le monde en a encore pour quelques milliards d'années. Il s'agit d'un fait indiscutable.

Souriez. Soyez heureux. Changez votre façon de penser. Ayez foi en vous-même et en l'avenir. À bas la brigade du réchauffement ! Concentrons-nous plutôt sur ce qui en vaut vraiment la peine, comme le fait d'être bien, de prendre soin de notre famille et de nous-mêmes, ou encore de croire en un bel avenir spirituel. Mais de grâce, n'en parlez pas encore aux autres. Il y a encore quelques centaines d'abris atomiques d'occasion et très coûteux dont nos frères et sœurs spirituels doivent se débarrasser avant que l'homme de la rue réalise que toute cette histoire d'apocalypse n'est qu'une vaste fumisterie.

Ne laissez pas ces sangsues vous tyranniser.

264

Anatomie
d'une crise décente

Chapitre neuf

J'ESPÈRE AVOIR RÉUSSI, DANS LE CHAPITRE PRÉCÉDENT, À BIEN expliquer que la crise que nous traversons est avant tout affaire d'opinion. Il importe peu de savoir si cette opinion repose sur des faits ou sur une illusion, l'essentiel étant que tout le monde croit à sa véracité. Ainsi, pour instaurer une crise décente, celle-ci doit reposer sur un courant de pensée, public ou personnel. Mais si vous souhaitez l'éviter et ne pas la laisser vous emprisonner mentalement — ce que je trouve particulièrement dangereux —, il est utile d'examiner son « anatomie ». En disséquant le courant de pensée sur lequel elle repose, il est possible de comprendre comment elle a été créée, de la voir telle qu'elle est, et de parvenir à s'en détacher.

Analysons ce processus à l'œuvre. En vertu du code moderne, l'état de particule externe repose sur trois éléments : l'importance, la garantie d'une sécurité, et la distinction conférée par les gains matériels. Si une de ces trois composantes est défiée, nous avons ce qu'il faut pour déclencher une belle petite crise. Par conséquent, celle-ci naît principalement d'une opposition à l'opinion de l'ego. Pour qu'une situation néfaste soit maintenue et puisse atteindre un niveau de crise national, elle doit être alimentée par les médias. Une crise est assimilable à un produit fabriqué, entretenu, et vendu au public. On fabrique du sentiment pour obtenir des résultats, et ce que perçoit la nation est déformé par des émotions qui sont pour la plupart mises en scène dans l'intérêt des observateurs. Les problèmes prennent alors une importance vitale puisque l'ego se considère lui-même d'une importance vitale. Bien entendu, si vous osiez afficher votre désaccord envers l'opinion de l'ego, vous vous attireriez la colère de vos congénères. On s'attend à ce que vous adhériez aux émotions de la majorité, et si vous ne le faites pas, vous êtes considéré comme une personne indifférente, peu charitable et égoïste. Pourtant, c'est dans le courant de pensée initial que se trouve l'égoïsme. Toute opposition à la campagne publicitaire de l'ego est considérée menaçante et perçue comme un affront à la sacro-sainte position qu'il occupe, en tant que pourvoyeur de valeurs, d'idées et de réalité.

Une crise se vend et attire des partisans. Lorsque ceux-ci sont en nombre suffisant, l'état d'esprit national s'endurcit, sous l'effet de cette sorte d'infection émotionnelle, pour pouvoir accepter la crise comme une réalité.

Notre société considère qu'elle a des problèmes, mais ceux-ci n'existent souvent que parce que quelqu'un, quelque part, a décidé qu'il en avait besoin. Et ces problèmes sont très rarement tels qu'on nous les présente. Comme je l'ai dit précédemment, les gens ont besoin de romancer leurs difficultés pour les rendre plus importantes que celles de leurs concurrents et pour attirer des observateurs. C'est pour cette raison que nous avons une société de gens intéressés. D'ailleurs, dans certains secteurs de notre société occidentale, l'intérêt a remplacé le vrai travail. Il existe des milliers de lobbyistes, de groupes de pression et d'adeptes de la lamentation qui créent des problèmes et les entretiennent dans leur propre intérêt. Il y a de l'argent à la clé — beaucoup d'argent — et des avantages politiques, du temps d'antenne, ou tout autre privilège pouvant bénéficier au pourvoyeur de l'émotion appropriée.

Par conséquent, si un Martien atterrissait sur notre planète et regardait les nouvelles du soir, il pourrait avoir l'impression qu'un désordre total règne dans le monde. En réalité, ce n'est pas le cas. Au moins la moitié de ces soi-disant problèmes ne sont que le résultat d'un matraquage publicitaire, et ceux qui restent pourraient en grande partie être réglés demain si l'ego acceptait de modifier son état d'esprit et de se faire plus petit. Essayez d'éteindre la télévision pendant un an, et vous verrez que la plupart des problèmes disparaîtront, car ils ne disposent plus de véhicule pour les « commercialiser ». Les gens éprouvent des difficultés à réaliser que les médias et le gouvernement manipulent l'opinion en permanence. Nous ne pensons pas souvent à remettre en question la validité de ce que les médias nous présentent comme des faits.

Nos sociétés reposent sur la docilité du peuple. Le gouvernement n'aurait aucun moyen de contrôler les gens si ceux-ci ne le voulaient pas. Ce qu'il y a d'ironique, c'est qu'il est impossible pour le gouvernement de maintenir son contrôle sur le long terme, puisque son comportement est devenu de plus en plus immoral. Le seul pouvoir véritable est celui du peuple. Bien sûr, le gouvernement pourrait en appeler à l'armée, mais s'il le faisait il serait dans un sacré pétrin. Lorsque à l'époque cinquante mille personnes ont manifesté contre les impôts locaux proposés par Margaret Thatcher en mettant le feu à Trafalgar Square, le gouvernement britannique a réalisé qu'il risquait l'effondrement. Margaret Thatcher a donc été destituée et l'impôt annulé. Mais un groupe politique isolé s'en est emparé pour en faire une arme de rébellion, et comme le font habituellement les tyrans et les poules mouillées, le gouvernement prend ses jambes à son cou lorsqu'il doit affronter un peuple dont le cœur s'est libéré. Il n'y a qu'à voir ce qui s'est produit en Europe de l'Est et en Russie. Le statu quo a du pouvoir parce qu'il n'est contrarié par personne. Les dirigeants s'arrangent pour isoler notre peuple et le mitrailler de discours à saveur démocratique et autres mensonges, dans le but de lui faire croire à son impuissance. Pour entretenir cette idée, le peuple doit recevoir un flux constant d'informations et d'opinions acceptables, et il doit être confronté sur une base régulière à des problèmes qu'il ne peut pas régler par lui-même. Puisqu'on lui retire son pouvoir juridique et décisionnaire et que les informations divergentes et contradictoires lui sont cachées, le peuple finit par se désintéresser et par devenir apathique. C'est là que réside la manipulation qui permet d'établir le statu quo comme source pertinente et légitime de pouvoir. C'est pour cette raison qu'autant d'efforts sont déployés pour nous faire croire qu'il existe des gentils et des méchants. Cette idée permet d'isoler les gens sur le plan émotionnel et de contrôler leurs opinions en mettant le gouvernement du côté des gentils et en lui garantissant l'approbation subliminale des masses. D'importantes injustices sociales et spirituelles sont ignorées parce que les gens sont formatés pour réagir d'une certaine façon. Et c'est tout naturellement qu'ils laisseront ces « gentils » prendre le contrôle, puisqu'ils s'imaginent que ceux-ci agissent dans l'intérêt du peuple. Et même si leur foi est ébranlée, ils continueront à se raccrocher à cette illusion parce qu'ils n'ont pas d'autre choix. Leurs esprits ont été débarrassés de leurs potentielles idées de révolte et opinions divergentes. Ils sont devenus passifs. C'est pour cette raison que les personnes au pouvoir ont besoin de manipuler l'économie par l'endettement et de réguler les salaires et les conditions de travail pour créer une société trop occupée à survivre pour

270

avoir en plus l'argent, le temps ou l'envie de prendre la mairie d'assaut ou d'y mettre le feu.

Le roman *1984* de George Orwell possède une plus grande part de vérité que ce que son auteur l'imaginait à l'époque. La seule différence avec la réalité est qu'il envisageait le Big Brother comme une force brutale et inculte qui pouvait facilement être méprisée et détestée. Orwell n'aurait jamais pu prévoir des facteurs tels que la sophistication de la psychologie de masse, la programmation subliminale, la fabrication du consensus, la manipulation économique et les techniques de collecte de renseignements secrets utilisées actuellement pour contrôler et isoler les gens. Le système sur lequel repose notre société actuelle dépasse de loin tout ce qu'Orwell aurait pu imaginer. La surveillance n'est plus nationale, mais internationale. La plupart des grandes nations relient leurs bases informatiques pour que leurs citoyens puissent être repérés n'importe où dans le monde. Je ne peux pas m'empêcher de me demander quel en est l'intérêt. Dans l'ouest de la Grande-Bretagne — plus exactement dans les Cornouailles — il existe un centre de surveillance, appartenant au gouvernement américain, dont la mission est d'enregistrer toutes les conversations échangées à partir des téléphones cellulaires utilisés dans l'ensemble de la Grande-Bretagne. On peut se demander pourquoi le gouvernement britannique laisse faire les Américains. Cela semble tout à fait absurde. Je suppose qu'en acceptant cette surveillance de la part des Américains, ils ne peuvent pas être accusés de surveiller eux-mêmes les téléphones de leurs citoyens, mais il n'est pas surprenant que les gens en soient contrariés. D'ailleurs, le peuple américain lui-même n'est pas épargné, puisque les États-Unis disposent du système de collecte de renseignements le plus important au monde, et que celui-ci leur est principalement destiné. Saviez-vous par exemple qu'à partir de 1994, certaines bases

271

de données américaines seront reliées à d'autres bases à l'étranger, comme celle de Singapour ? Un agent d'un gouvernement étranger aura la possibilité d'appuyer sur un bouton pour savoir si un concessionnaire automobile basé à Phoenix a bien payé ses taxes foncières. Il y a tant de choses que notre peuple ne sait pas — tellement d'informations sont dissimulées derrière les discours pseudo rationnels et les sourires hypocrites des menteurs.

272

Plus le gouvernement dépouille les gens et les prive de tout pouvoir, plus il lui faut gonfler leur ego pour que ses agissements passent inaperçus. « Nous vous privons de votre liberté et de la plus grande partie de votre argent, mais vous êtes très spéciaux et importants, et nous voterons quelques chartes garantissant votre importance tant que vous nous cèderez votre pouvoir. »

Le fait est que si vous descendez dans la rue pour dire aux gens que leur nation est malfaisante et qu'elle est dirigée par des mégalomanes dont la principale motivation est d'obtenir le pouvoir et le contrôle, ils ne vous croiront pas. Ils se laisseront peut-être aller à rouspéter pendant un instant, mais ils finiront par vous répondre que leur pays et ses institutions sont bons et sacrés, et ils oublieront qu'ils ne possèdent aucun pouvoir en tant qu'individus. Une fois que l'esprit national est infecté, les gens sont tellement pollués par la propagande qu'ils n'ont plus la capacité de résister, et qu'ils finissent par croire que la réalité a été choisie pour eux. Cette réalité, ainsi que le contrôle et la manipulation exercés par le gouvernement, sont alors considérés comme des passages obligés permettant de maintenir un équilibre. Les gens finissent ainsi par atteindre un point où ils sont incapables de concevoir une réalité différente. C'est en entretenant l'illusion de l'importance du peuple et en nourrissant le gouvernement de l'argent des travailleurs que le processus de consensus peut être établi.

La fabrication de la crise fait partie intégrante du mécanisme de contrôle. Elle permet au statu quo d'affirmer qu'il sait tout mieux que tout le monde. Ainsi, il peut agir de façon unilatérale et s'octroyer des pouvoirs spéciaux et des règlementations d'urgence visant à gérer les crises fabriquées et à obtenir le consentement de la majorité, et il délègue avec plaisir ses responsabilités aux autorités. Avec une propagande suffisante, la réalité finit par se transformer pour refléter les ondes négatives que l'on souhaite nous voir accepter comme étant réelles. Vous éprouverez peut-être de la difficulté à cerner ce processus si vous ne l'avez jamais analysé en profondeur. Sur le plan psychologique, on s'arrange pour établir un sentiment d'obligation et de culpabilité. Les gens sont formatés pour être contraints et pour accepter de se sacrifier dans l'intérêt de tous — quel beau sentiment — sauf qu'en réalité, les fruits de leurs sacrifices ne sont pas utilisés pour le bien commun, mais ils servent plutôt à maintenir le « mal » commun. Et parce que notre peuple a été dépouillé de tout pouvoir, il ne peut pas régler les problèmes de lui-même. Ainsi, il doit s'assurer que d'autres auront le pouvoir nécessaire pour le faire. Et s'il n'accepte pas de leur donner plein pouvoir, on s'arrange pour qu'ils se sentent coupables. Nous sommes en permanence conditionnés pour croire que nous n'avons aucun contrôle sur notre destin. Ce mensonge implique que nous sommes exposés aux hasards de la vie, et que nous sommes incapables d'assurer notre sécurité sans être aidés par les personnes au pouvoir. Ce mode de fonctionnement rappelle le droit divin des monarques, la seule différence étant qu'il se dissimule efficacement derrière une manœuvre psychologique moderne et se présente sous une forme subliminale, à tel point que pratiquement personne ne

273

peut le déceler. Dans un monde où l'on s'attache à gonfler constamment l'ego des gens, leur offrir des garanties, une protection et une sécurité, ceci a un peu le même effet qu'une injection d'héroïne. Leur conférer de l'importance revient à leur donner de la cocaïne — celle-ci les stimule. Et les isoler a le même effet que le Valium, qui les rend dociles. Lorsque les gens sont privés de leur pouvoir sur le plan psychologique et qu'ils sont mentalement drogués à coups de propagande, ils finissent souvent par abandonner leurs responsabilités vis-à-vis d'eux-mêmes et par devenir des drogués sur le plan physique. Vous pouvez réduire considérablement la mainmise du statu quo sur votre vie et vous affranchir de la peur, du sérieux et de la gravité qui ont peut-être pollué votre pensée en prenant du recul par rapport aux médias de masse et en annulant votre abonnement à la presse à scandales. Il existe des tas de journaux et de magazines qui présentent des informations objectives. Je pense que vous pouvez être au courant de ce qui se passe sans vous laisser leurrer par le battage publicitaire. Des magazines tels que l'*Economist* et le *World Press Review* donnent une bonne idée des événements mondiaux. J'aime lire des journaux et magazines étrangers, car leur perspective sur les questions nationales est souvent plus réaliste que tout ce que l'on peut lire dans les journaux locaux — lesquels sont publiés, choisis et soumis à la censure à des fins de consommation locale. Par exemple, en 1991, un total de deux mille attentats terroristes survenus aux États-Unis ont été rapportés au FBI. De combien avez-vous entendu parler ? Pas beaucoup je suppose. Les autorités espèrent donner l'impression que le terrorisme n'existe pas aux États-Unis. Ainsi, les événements tendant à contredire cette version officielle sont volontairement omis.

Je pense que la presse alternative joue un rôle important, en ceci qu'elle aide les gens à développer un mode de pensée

274

différent en proposant d'autres solutions aux problèmes de société. C'est dans les médias de masse que se trouvent la pollution et la propagande ; en les éliminant de votre vie, vous vous libèrerez. Il s'agit d'une bonne discipline à intégrer si vous voulez vous épanouir en adoptant une belle philosophie de vie.

Bien sûr, si vous avez entamé votre cheminement spirituel, vous serez en désaccord avec de nombreux aspects de ce que les médias nous présentent comme des informations officielles — de même que vous serez en décalage avec le point de vue de l'ego. La quête d'importance, et la recherche constante d'une confirmation matérielle de celle-ci, vous apparaîtront déplacées et vous sembleront même rebutantes. L'idée que vous ne pouvez pas contrôler votre destin est un mensonge. Vous n'avez besoin de personne pour régler vos problèmes — seules votre perception et votre énergie sont nécessaires.

275

Ainsi, lorsque je dis qu'il n'y a pas de crise mondiale, et que la seule crise est celle de l'ego, j'entends par là qu'un certain nombre d'opinions pragmatiques sont nécessaires pour qu'une situation soit caractérisée de « crise », en sachant que les circonstances sont en constante évolution. L'idée selon laquelle l'ego ne doit pas subir d'agitation émotionnelle ou de circonstances néfastes — même s'il en est responsable pour la plus grande partie — est complètement insensée. Cette notion rend l'introspection impossible et empêche toute action corrective, puisqu'elle appuie la croyance selon laquelle nous sommes tous des victimes des circonstances. La pensée selon laquelle l'état de particule externe doit être protégé et assuré indéfiniment — peu importe le prix — n'est qu'une création de l'esprit tribal moderne — qui, pour parler poliment, est gonflé d'orgueil.

Que peut-on dire au sujet des sans-abri ? Là encore, une partie de l'émotion qui entoure ce fait de société ne provient pas de leur pauvreté, mais plutôt du fait que ces personnes sont privées de l'état de particule. Les gens n'aiment pas voir ce genre de choses, car ils se sentent menacés. Nombre de sans-abri souffrent d'alcoolisme, de dépendance à des drogues et de troubles mentaux. Vous pouvez investir de l'argent pour les aider, mais certains d'entre eux n'arrêteront jamais de errer dans les rues. Un certain pourcentage de ces sans-abri sont dans cette situation parce qu'ils n'acceptent pas de vivre en deçà du seuil social toléré par leur ego. Pourtant, ils pourraient bénéficier de l'aide importante de personnes bienveillantes. Mais un grand nombre d'entre eux se complaisent dans cette situation parce qu'ils ne veulent pas d'un travail modeste et d'une petite chambre dans un quartier populaire. Ils pensent mériter mieux. Les petits boulots sont l'apanage des immigrés clandestins et des gens de moindre importance. Ils ne concernent pas les particules pour lesquelles il est beaucoup plus aisé d'en appeler au gouvernement pour obtenir une maison gratuite. Pourquoi pas, après tout ? On leur a promis des avantages en échange de leur pouvoir. Ils s'attendent donc à en profiter à un moment donné. Si vous décidez que le fait d'offrir aux gens des maisons gratuites est une bonne chose (ce que je ne pense pas si l'on considère que toute cette charité dépouille un homme de son âme et le rend codépendant), vous pouvez construire des maisons modestes pour tout le monde. Mais les gens n'accepteront pas d'avoir des maisons modestes, et quant au gouvernement, il aura des tas d'autres choses à faire avec son argent. Par exemple, le gouvernement américain pourrait construire plusieurs centaines de milliers d'appartements gratuits chaque année avec l'argent qu'il donne aux gouvernements étrangers. Il s'agit d'un choix politique. Dans le monde occidental, la

276

pauvreté est un résultat direct des dépenses exagérées du gouvernement, lesquelles détériorent l'économie et diminuent aussi bien les salaires que le taux d'embauche. Elle est également attribuable en partie à un manque d'énergie positive. Cette carence ne peut pas forcément être imputable aux gens sur une base individuelle si on ne leur a jamais enseigné comment prendre leurs responsabilités et s'ils ne disposent pas des compétences ou de l'éducation nécessaires. Mais ce genre de problème ne se règle jamais en donnant de l'argent. L'argent achète l'émotion, mais il n'apporte pas de solution. Vous ne pouvez régler le problème de la pauvreté en apprenant aux gens à générer de l'énergie par un comportement approprié sur le marché. C'est seulement à cette condition que l'ego pourra obtenir un statut et que les gens seront heureux. En donnant de l'argent au peuple, vous supprimez le besoin d'action. Vous devez alors supporter le poids d'une émotion négative permanente. Lorsque l'importance et le contrôle du gouvernement ont pris le pas sur l'action, la pauvreté est devenue une caractéristique permanente et infortunée de nos sociétés.

277

Que peut-on dire sur la violence qui sévit dans nos sociétés ? Celle-ci n'est qu'une agression de l'ego stressé qui aspire à l'état de particule, à l'importance, au prestige, et à une résolution rapide et sans effort de ses problèmes. La violence est véhiculée par la télévision, laquelle la présente comme une source de pouvoir et une stimulation importante pour l'ego. Les « non-entités » sont en mesure d'établir une observation, un statut et une importance lorsqu'elles ont une arme à la main. C'est pour cette raison que nous ne parvenons pas à adopter les lois visant le contrôle des armes à feu. C'est autant une question d'observation et d'importance qu'un droit à défendre votre propriété et à chasser. Dans les sociétés où les armes à feu sont autorisées et où la violence est considérée comme une preuve d'importance, le nombre de fusillades est élevé. Il n'y a aucun mystère là-dedans. Cette culture de l'arme à feu provient avant tout de l'aspiration de l'onde à devenir particule. Les armes confèrent un statut à un individu, sans que celui-ci n'ait besoin de créer de l'énergie. Il s'agit ici encore d'atteindre une importance sans véritablement agir. Une telle mentalité convient parfaitement à l'état d'esprit moderne.

278

Nous sommes les victimes d'une philosophie dépassée. Mais ne levez pas les bras au ciel en signe de désespoir, car la situation est en train de s'améliorer. Partout dans le monde, des personnes se rassemblent pour discuter des règles officielles et pour les remettre en question. À mesure qu'elles délaisseront l'ego pour se tourner vers l'esprit et qu'elles accepteront d'assumer leurs responsabilités pour elles-mêmes et pour leur communauté, elles réaliseront l'intérêt de ce processus. L'état de particule externe provoqué par l'ego existera toujours, parce que la peur et l'insécurité font partie intégrante de l'expérience humaine. Néanmoins, l'idée selon laquelle quelqu'un peut vous donner une garantie et un statut sans que vous n'ayez rien à faire disparaîtra au cours des prochaines années. La réalité de l'économie veut qu'il soit impossible de maintenir une telle situation *ad vitam æternam*. À mesure que notre population vieillit, il y a de moins en moins de travailleurs pour payer les factures de la nation. En Californie, si l'on se fie à certains chiffres, il n'y aurait que trois contribuables pour chaque bénéficiaire. Et c'est pire en Australie. Sur les neuf millions de personnes aptes à travailler, un million sont privées de travail, ce qui laisse aux huit millions qui restent la responsabilité du revenu national. Parmi les personnes qui ont un travail, 1,8 million travaille pour le gouvernement, et elles ne génèrent donc pas de nouvelle richesse, si bien que le budget de la nation tout entière doit être couvert par les 6,2 millions de travailleurs qui se trouvent sur le marché libre. Chaque mois, plus de quatre millions d'Australiens bénéficient de pensions de vieillesse, d'indemnités, d'allocations, de prestations d'invalidité, de bourses d'études et de rémunérations gouvernementales. Ainsi, 6,2 millions de personnes travaillant sur le marché libre sont censées payer pour subvenir aux besoins des plus de 4 millions de personnes qui bénéficient de l'argent gouvernemental. Les chiffres peuvent s'élever jusqu'à 1,5 « générateur de richesse » par bénéficiaire. Aucun pays n'est capable de se payer ce genre de luxe à long terme. Un peu partout dans le monde occidental, les salaires et les revenus sont en recul, tandis que le nombre de personnes à entretenir augmente ; ces deux courbes se sont croisées et sont parties chacune de leur côté il y a bien longtemps.

279

C'est pour cette raison que je conseille de ne jamais faire confiance au système — il est prêt à manger dans votre assiette pour se nourrir. De toute façon, il est sur le point de se faire hara-kiri. Nous pouvons profiter de son mauvais état pour enseigner aux gens l'autosuffisance, et pour leur montrer que l'importance et la surconsommation n'ont rien à voir avec le bonheur. Ils pourront alors se regrouper, ou agir individuellement, pour générer de l'énergie. Et ce faisant, ils trouveront l'inspiration nécessaire pour abandonner ces vieilles idées rebutantes et écœurantes. Il n'y a rien de tel que l'action pour résoudre vos problèmes. Si vous ne pouvez pas agir avec efficacité, ne faites rien. Réfléchissez, attendez, planifiez, et ensuite vous pourrez agir de façon adéquate. Je suppose que certaines personnes vont trouver mes idées un peu trop simplistes et qu'elles auront des milliers de « mais » à leur opposer. J'ajouterai moi-même un « mais » à mes propos en disant ceci : « Mais la vie n'est qu'une histoire de perception, un effet Pygmalion qui prend sa source dans une opinion. Ce n'est réel ou traumatisant que dans la mesure où vous la considérez comme une vérité.»

Personne n'a envie d'avoir à subir des circonstances difficiles, mais nos réactions émotionnelles à ces circonstances se manifestent principalement sous forme de décisions subjectives. Ainsi, il n'existe pas réellement de crise, mais seulement des circonstances, lesquelles ne sont en fait que de l'énergie lorsqu'elles sont observées correctement. Si vous n'aviez aucune notion de l'antagonisme qui oppose le haut et le bas, le meilleur et le pire, le bien et le mal, vous ne connaîtriez pas d'émotions négatives, ni de crises. Il n'y a de crises que lorsque vous avez au préalable établi une opinion et que vous quantifiez ou qualifiez vos expériences.

280

Par exemple, vous pourriez dire que nous traversons une crise du SIDA. Cette maladie est affligeante et elle tue bon nombre de gens bien. Ainsi, dans un certain sens, nous vivons une crise, mais il y a une autre façon d'envisager la situation. Tout dépend de votre opinion sur la mort. Chaque semaine, des millions d'êtres humains naissent et meurent — le plan terrestre est une autoroute où se croisent de nombreux esprits. Si l'on considère que des maladies telles que la variole, le choléra, la polio, la typhoïde, la lèpre, la diphtérie, la tuberculose et la plupart des maladies mortelles du XIXe et du XXe siècles ont disparu ou peuvent être traitées, est-il anormal que notre planète cherche à nous fournir un moyen de nous faire passer sur le plan supérieur ? Trouver des traitements est formidable pour l'ego qui recherche l'immortalité, mais si nous devenions immortels — grâce à la science médicale — ce serait l'enfer sur terre. Ainsi, lorsqu'il sera possible de traiter le SIDA, vaudra mieux qu'une autre maladie se présente, sinon nous risquons de nous retrouver dans un sacré pétrin.

L'idée selon laquelle nous devons maintenir les gens en vie à tout prix est attribuable à l'ego moderne. Cette idée date d'une trentaine d'années — auparavant, une opinion différente prévalait. Maintenir les gens en vie en les branchant à des tubes pendant des années est un horrible affront à leur spiritualité. De telles méthodes tentent de faire passer le besoin de l'ego avant le besoin spirituel de mettre un terme à notre expérience humaine dans la dignité. Bien sûr, nous pouvons soulager ceux qui souffrent et utiliser la technologie pour maintenir les gens en vie pendant un certain temps, en espérant qu'ils se rétabliront naturellement, mais il y a là une grande différence avec le point de vue moderne. Dépenser des millions de dollars — qui appartiennent aux autres citoyens — pour maintenir en vie de véritables zombies est la manifestation d'un esprit tordu à son apogée. C'est d'une arrogance à toute épreuve.

281

Lorsque vous adoptez une perspective spirituelle et que vous n'envisagez plus la mort comme une crise, soixante-quinze pour cent des crises du monde disparaissent du jour au lendemain. Peut-être est-ce la mort du matérialisme croissant lié à l'état de particule en devenir, celle d'un rythme ou d'une routine auxquels nous sommes habitués, celle d'une relation ou d'une opportunité, ou encore celle de ce que nous considérions comme des menaces évidentes à la vie. En fait, c'est tout ce qui fait peur à l'humain. C'est pour cette raison que l'ego n'aime pas le changement, même si celui-ci est bénéfique, parce que la normalité est une extériorisation sociale de ce que l'ego souhaite pour lui-même. Cette normalité est présentée comme quelque chose de sacré et de bénéfique qui révèle de façon tangible le pouvoir de l'ego. Tout changement de rythme est envisagé avec une grande suspicion. Ainsi, si un ouragan se présente et dérange la normalité des gens, il s'agit d'une grande infortune pour l'ego, et non de la présence de vents violents. En contredisant l'état de solidité de l'ego, la nature nie son statut, son importance, et son désir de tout contrôler — lequel contrôle lui permettrait d'affirmer la suprématie de son point de vue. J'aime les ouragans, je les trouve très rafraîchissants.

Si vous avez établi une identité immortelle en vous-même, la mort et le changement vous paraîtront immatériels. La première réconciliation consiste à accepter que le changement est normal. Ne le prenez pas comme un affront personnel. Lorsque vous avez développé un être intérieur avec un destin intérieur, les changements seront inévitables puisque votre moi intérieur n'opposera pas — ou opposera peu — de résistance. Au contraire, il se laissera guider par des forces intérieures et par des sentiments spirituels d'une grande subtilité. Progressivement, cette absence de résistance de votre être intérieur se répandra dans votre conscience extérieure, et cet état d'esprit spirituel se reflètera dans votre vie. C'est pour cette raison que le changement est constant et inévitable lorsque vous évoluez sur le chemin spirituel. La permanence est uniquement le fait de l'esprit immortel, et il n'est pas nécessaire de construire une manifestation extérieure de cette permanence dans votre vie. Vous le ferez peut-être par réaction à vos sentiments actuels, mais vous finirez par dépasser ce besoin.

282

Pour un être humain, le changement ultime est la mort. Nous devons donc nous réconcilier avec notre peur et mettre celle-ci dans un endroit confortable de notre esprit, où elle ne causera aucun problème. La mort est considérée par l'ego comme une agression. Elle lui fait peur, elle l'aveugle, et elle l'incite à exécuter une petite danse, très étrange et souvent comique, qui consiste à marteler le sol de ses jambes dodues, à faire des grimaces et à adopter des expressions bizarres, tout en agitant ses bras poilus dans tous les sens, dans l'espoir de la repousser. Mais celle-ci se retrouve toujours sur le chemin de l'ego, à lui faire obstacle et à compromettre sa stabilité. Quoi qu'il en soit, dès que vous décidez de tourner le dos au monde extérieur pour vous concentrer sur l'intérieur, la mort est derrière vous, et vous pouvez vous réconcilier avec elle. En vous tournant vers l'intérieur, vous modifiez votre centre d'attention et vous vous élevez au-dessus de la mort. Il s'agit du premier pas permettant de contrôler la peur. Si vous ne parvenez pas à vous en affranchir, vous serez toujours victime de l'onde tribale et de la faiblesse de votre ego. En outre, vous dépenserez votre énergie en essayant de la repousser.

283

Vous avez besoin de courage pour dépasser votre peur. Même s'il peut s'agir au premier abord d'un simple ajustement intellectuel, à mesure que vous commencerez à ressentir la sensation d'immortalité qui accompagne la création d'un véritable être intérieur, le courage naîtra naturellement de votre esprit. L'amour humble est une composante de la force divine. Nous devrions donc faire preuve d'humilité face à la mort et l'accepter sans faire de vagues. Une personne philosophe est capable de s'effacer sans se lamenter, remettre à plus tard ou faire un tas d'histoires — ce qui, après tout, serait d'une grande impolitesse à l'égard de Dieu, qui s'attend peut-être à ce que vous reveniez à l'heure. Je trouve que toutes ces histoires que font les gens sont légèrement embarrassantes. Pourquoi ne parvenons-nous pas à accepter la mort comme une composante intéressante, et même agréable, de la nature cyclique du Tao éternel ? Si vous y pensez bien, la guerre, la peste et la famine ne sont que des sortes de péages qui ponctuent l'autoroute spirituelle. Avant que l'ego n'existe, la mort était un événement anodin. Dans certaines cultures, elle était même une occasion de se réjouir et de faire la fête. Parce que nous sommes devenus suffisants, et donc craintifs, nous faisons tout un cinéma autour du sujet. Tous les soirs à la télévision, l'ego national exécute sa rituelle « mort du cygne », tandis qu'un présentateur abattu annonce les résultats de la journée. Le sérieux est une des composantes de l'ego, et l'abandon du plan physique est considéré comme un acte mortellement sérieux. Pour une raison morbide qui m'échappe, l'ego est fasciné par la mort des autres ; peut-être parce que dans la mort, l'ego espère provoquer de l'émotion et se faire remarquer, ou peut-être est-ce parce que l'émotion qui entoure la mort des autres permet à l'ego qui est encore en vie de s'affranchir de certaines de ses peurs. Quelle qu'en soit la raison, nous adorons annoncer ce genre de nouvelles et les utiliser comme un outil d'enseignement permettant aux autres d'éviter le même sort. Grâce à eux, tout le monde se sent très utile, spécial, et, bien entendu, très important, ce qui permet de donner un sens à ce qui n'est, en réalité, qu'un flot permanent d'absurdités. À mon sens, il s'agit de foutaises, alors que d'autres appellent cela de l'information. Il est évident que notre cerveau crée en permanence des tragédies pouvant servir à établir des observateurs (les Martiens peut-être ?) de notre misérable condition d'humains. Il faut en faire le plus possible. C'est la règle du jeu. Et c'est tellement important que l'on dépense chaque année des milliards de dollars pour enregistrer et diffuser les nouveaux résultats. Étrange, n'est-ce pas ?

Est-il donc surprenant que la peur augmente un peu partout ? Ou est-ce naturel, si l'on tient compte que le niveau de l'ego augmente encore plus vite ? L'humilité, l'amour et la justesse permettent d'éliminer une grande partie de la peur. Une fois que vous vous trouvez sur votre chemin intérieur et que vous laissez votre esprit se répandre dans votre moi intérieur, la mort n'est plus un événement menaçant ou inhabituel — pas plus qu'elle n'est une crise. En réalité, c'est une partie de plaisir, et je recommande à tout le monde de l'essayer au moins une fois.

Si vous déplacez votre attention de l'ego à l'esprit, la mort ne pourra plus vous tourmenter en provoquant un inconfort perpétuel. Elle deviendra au contraire une force spirituelle que vous pourrez utiliser pour obliger votre ego à renoncer. Elle passera alors de l'état de prédatrice et d'ennemie à celui de compagne et d'alliée. Répétez plusieurs fois par jour pour vous-même : « La mort est mon amie. » Observez ensuite comment votre peur se modifiera au cours des semaines suivantes.

Il est indispensable de calmer votre peur si vous voulez pouvoir procéder à une observation intérieure. Malheureusement, vous ne pouvez pas établir d'observation spirituelle par l'intermédiaire de l'ego, car celui-ci est incapable de voir au-delà de lui-même. C'est ce qui explique que notre monde ne parvienne pas à percevoir des solutions pourtant évidentes. Lorsque l'ego du monde est submergé par l'influence de ses propres pensées négatives, il est incapable de sortir de lui-même pour déterminer la source du problème. Il continuera à faire ce qu'il a toujours fait, même si un tel comportement exacerbe ses problèmes. Et lorsque cela n'aura pas l'effet escompté, il reportera le blâme sur les autres. Il est tellement aveuglé qu'il est incapable de voir qu'il est victime de lui-même.

Si vous voulez vous affranchir de l'état d'esprit tribal ou national, vous devrez l'envisager sous un œil différent, ce qui vous permettra de vous en détacher. Il vous faudra du temps avant d'être suffisamment éloigné — sur le plan intérieur — pour être en mesure de porter sur lui un regard objectif. Au premier abord, vous serez encore influencé par l'onde tribale, parce que l'ego du monde aura toujours une mainmise sur vous — pendant un certain temps en tout cas. Une partie de son énergie vous accompagnera lorsque vous entamerez votre voyage dans les mondes intérieurs. Au même titre que l'énergie éthérée irradie de votre corps, les opinions du système se propagent vers l'intérieur, car elles sont programmées dans votre cerveau depuis longtemps. Dans une société où l'on utilise la peur pour manipuler les gens, cela peut prendre du temps avant de comprendre que celle-ci n'est pas réelle. C'est pour cette raison que les gens ont souvent besoin de mille jours pour s'affranchir totalement du système. Et même après cela, son souvenir est toujours présent et continue à vous affecter pendant un certain temps.

Pour créer une distance intérieure, vous devez vous concentrer sur votre ego afin de bien le comprendre. Vous serez surpris de constater à quel point il vous manipule et vous pousse à croire en une réalité qui vous est souvent préjudiciable. Lorsque vous aurez ouvert les yeux à l'intérieur de vous-même et que votre ego ne sera plus votre représentant officiel, les choses vous apparaîtront avec une grande clarté — autant sur le plan personnel que mondial. Quand ce moment viendra, vous ressentirez peut-être le besoin de vous asseoir et de vous laisser aller à pleurer. Des larmes de tristesse couleront d'un œil et se mêleront aux larmes de joie de l'autre. Cette tristesse naîtra de la compassion que vous ressentirez à l'égard de vous-même et de l'humanité tout entière, et la joie proviendra de la vision céleste qui sait que la mort est une illusion. Vous comprendrez que toute l'angoisse et la souffrance dont notre peuple bien-aimé fait l'expérience viennent principalement de lui-même. Elles ne sont pas un absolu, pas plus qu'elles ne sont obligatoires — il ne s'agit pas de notre état spirituel naturel. Il est possible de le comprendre en jetant un simple coup d'œil à l'extérieur de l'esprit tribal. La joie immense qui se dégage de cette prise de conscience est infinie, et elle est la source d'un grand soulagement.

C'est en s'observant que l'humanité peut se libérer. Il n'y a pas de bonne façon de décrire ce qu'une telle vision peut provoquer. Subitement, une force douce et bienveillante, qui provient de toutes les directions à la fois, nous enveloppe. Grâce à elle, et à travers elle, votre moi intérieur se retourne lentement. À partir de là, dans le crépuscule spirituel qu'est cet état émergent de particule intérieure, votre moi intérieur devient un miroir qui renvoie l'image de votre moi extérieur. Une sorte de fusion se produit, et ces deux parties de vous-même se mêlent grâce à une liaison d'énergie qui les unit en une lumière spirituelle. Votre être tout entier est instanta-nément guéri. La particule spirituelle devient alors réelle et intégrale puisqu'elle a fusionné avec une entité solide. Votre identité obtient ainsi une « entièreté » qui forme une véritable unité spirituelle que vous pourrez utiliser ultérieurement pour voyager − un peu comme un vaisseau spatial − et évoluer en dehors de ce monde en traversant des dimensions spirituelles avoisinantes qui ressemblent à la terre. Avant la fusion alchimique de cette capsule, il est impossible de voyager très loin, car la lumière spirituelle vous détruirait, et votre être serait dispersé dans l'infini pour se perdre à jamais. La faiblesse et le manque de cohésion qui caractérisaient votre état ultérieur, dominé par l'ego ou par un être intérieur inexistant ou aveugle, ne sont pas en mesure de supporter l'éclat de cette lumière. C'est ce qui explique que, lorsque vous voyagez dans les mondes intérieurs, vous voyez parfois un voile se dresser devant la lumière, de la même façon que les nuages dissimulent le soleil. C'est ainsi que la lumière peut vous protéger. Vous verrez parfois la lumière céleste, non pas par une perception intérieure directe, mais plutôt dans un reflet. Parce que vous ne pouvez pas la regarder directement, elle doit se refléter quelque part, par exemple sur un lac ou une surface intérieure réfléchissante. Elle est ainsi diffusée, ce qui vous permet de la voir et d'apprendre ce qu'elle a à vous enseigner, sans que cela soit dangereux pour vous.

Dès l'instant où la fusion se produit, vous êtes libéré à jamais de la faiblesse de votre état antérieur et de l'emprise qu'exerce sur l'homme son cerveau blessé. Vous comprendrez que la guérison de l'humanité est assurée, même si elle est encore éloignée dans le temps. Il y a une grande beauté dans cette vérité.

288

Nous devons trouver un moyen de prendre notre ego par la main et de lui montrer à quel point sa recherche de l'état de particule extérieure est absurde, et nous devons aider les gens à se tourner vers l'intérieur pour créer le véritable état de particule, qui naît de l'être intérieur, afin qu'ils acceptent d'assumer leurs responsabilités. Tant de personnes ont perdu la capacité de trouver du plaisir et du bonheur dans les petites choses. En étant uniquement tourné vers une réalité extérieure, l'être humain se concentre sur les sensations, lesquelles se doivent d'être de plus en plus fortes pour être satisfaisantes. Ainsi, soit il devient dépendant de ces sensations, soit il finit par s'ennuyer et devenir irritable puisque aucune d'entre elles ne lui semble suffisante. Nous devons réapprendre la simplicité et profiter de la merveille de notre humanité.

Le fait d'instaurer sérénité et équilibre vise en partie à empêcher l'ego de tomber dans la consommation et l'accumulation matérielle pour régler ses problèmes. C'est pour cette raison que j'aime la philosophie du minimalisme. Sa simplicité à l'état pur et son réalisme empli d'humilité sont très « zen ». Elle ne laisse aucune place à l'ego. Par contre, le minimalisme vous offre de l'espace et il insiste sur le fait que vous ne devez pas vous lancer dans une action ou une consommation dont vous n'avez pas réellement besoin. Il propose une discipline puissante qui vise le calme, l'espoir, la simplicité et l'amour.

Le minimalisme n'est pas important pour les personnes importantes, et il est totalement inutile pour les personnes très, très importantes ; il ne sert qu'à des insouciants qui ont besoin d'affirmer leur contrôle sur leur vie. Vous pouvez y avoir recours pour établir une certaine discipline par rapport aux circonstances que vous traversez, ce qui permet de procéder à une observation intérieure en libérant votre vision extérieure. Nous parlerons un peu plus loin d'observation intérieure. Au préalable, prenons le temps de nous promener dans les paysages dépouillés du minimalisme. Car si vous adoptez cette philosophie, la qualité spirituelle et émotionnelle de votre vie s'en verra immédiatement accrue de façon considérable.

289

Minimalisme : une technique de survie pour l'avenir

CHAPITRE DIX

EN MUSIQUE, LE MINIMALISME EST UNE COMPOSITION DONT LA structure et la forme sont simples, et dans laquelle le thème principal est répété continuellement, au lieu d'avoir une ouverture vers une plus grande complexité. Dans le domaine de la décoration et du style, le minimalisme s'exprime par l'utilisation d'un minimum d'éléments, ou d'éléments les plus simples possible, pour créer le meilleur effet. Le minimalisme est dépouillé, souvent caractérisé par la propreté et la pureté, et certaines personnes le trouvent relativement austère. Un intérieur minimaliste typique comporte peu de meubles — uniquement le nécessaire. Les vieilles maisons traditionnelles du Japon sont des modèles de minimalisme : tatamis, pièces dénudées, lignes et formes épurées.

Le salon de style victorien est à l'opposé du minimalisme ; il est encombré et surchargé. Les meubles sont présents en nombre important, tandis que les étagères sont remplies de bibelots et de souvenirs. Les sols sont recouverts de tapis, les murs de tapisseries, et les lampes sont souvent ornées de draperies. Les plafonds sont décorés de moulures et de corniches décoratives, tandis que les fenêtres sont garnies de rideaux épais. Il y a peu d'espace pour se déplacer — c'est un environnement douillet mais encombré.

Cette surcharge, qui caractérise le salon victorien, a cédé le pas à une version plus moderne, avec laquelle le nouveau riche peut prouver son opulence en affichant ses meubles, ses statues, ses peintures, ses robinets en or, ses tables basses consistant en tablettes de verre posées sur des défenses d'éléphant, et toute sorte d'objets aussi voyants visant à impressionner le visiteur. Il me semble que ces personnes pourraient tout aussi bien encadrer une copie de leurs avoirs financiers et de leurs comptes bancaires et les afficher au-dessus des toilettes. Ce serait certainement plus minimaliste et charitable. Les visiteurs pourraient prendre connaissance de la richesse et de la réussite infinies du propriétaire et se pâmer devant ses exploits, sans avoir à subir le traumatisme provoqué par la vue des défenses d'éléphant.

Lorsque nous sommes sortis des années quatre-vingt, qui avaient été marquées par un excès d'endettement, pour entamer les années quatre-vingt-dix, plus frugales, le minimalisme est revenu comme un boomerang, pas seulement parce qu'il était devenu approprié de limiter la consommation, mais également parce que c'était le liquidateur qui possédait les robinets en or, la table basse et toute la maison qui va avec. Vous ne pouvez pas être plus minimaliste que lorsqu'une banque vient vous dépouiller de toutes vos affaires.

Sur le plan spirituel, la récession et les problèmes financiers ont un merveilleux effet. Il est difficile de persuader les gens de changer leur façon de vivre quand ils passent leur temps à se pavaner dans leurs Porche. Mais dès que vous privez une personne de sa sécurité matérielle, elle se retrouve seule face à elle-même. Subitement, le fait de s'observer et d'étudier le sens de la vie devient la seule chose à faire. Le minimalisme deviendra le slogan des années quatre-vingt-dix. Bien sûr, le style minimaliste n'est qu'une question de goût.

Toutefois, la pensée minimaliste est un mécanisme de survie qui vous permettra de bien vous en sortir au cours de la prochaine décennie. Mais de quoi s'agit-il ? Et en quoi peut-il vous être bénéfique ?

Au point de vue philosophique, le minimalisme est un retour à la simplicité ; comparé au monde de l'ego, qui est expansionniste la plupart du temps, le minimalisme est réductionniste. Dans le monde de l'ego, l'intellect avance à toute vitesse vers les complications, l'encombrement, la surconsommation, le désordre et la confusion. Avec le minimalisme, la force dominante est la subtilité des sentiments. Il prône la simplicité dans les structures, la clarté, l'équilibre et le contentement par une mise en pratique d'une philosophie simple.

La société moderne repose sur l'action et sur l'activité — conséquences du besoin qu'a l'ego de consommer. On prône l'action pour le plaisir de l'action. Les personnes actives sont considérées entreprenantes, intelligentes et intéressantes. Il nous faut une certaine dose d'activité au quotidien, si bien que nous sommes devenus des accros du « faire ». Dans le monde de l'ego et de l'intellect, l'ennui s'installe rapidement. L'action est essentielle au bonheur de l'ego, qui a besoin de stimulation. Cela explique que les gens passent frénétiquement d'une sensation à l'autre. Ce n'est pas réellement une chose ou une condition qu'ils recherchent, mais c'est l'activité qui leur est indispensable. Une activité perpétuelle donne une importance aux personnes en manque de confiance. En s'engageant dans cette quête, elles se retrouvent exposées, et donc observées, et elles sont considérées comme des personnes intelligentes, habiles et importantes. Or, il s'agit d'une force motrice. Par exemple, un ego mâle qui s'intéresse à une femme pour l'aspect sexuel investira du temps et de l'argent dans sa quête, et il prendra le temps nécessaire pour la convaincre. Dès l'instant où il obtient ce qu'il veut, il perd tout intérêt pour cette personne. C'est la quête et l'activité qui comptent, et non les résultats.

Ainsi, lorsque nos gens ont adhéré à l'illusion de l'état de particule extérieure, c'est l'idée du « faire » et non de l'« être » qui a été adoptée. L'action entraîne toujours votre attention vers l'extérieur. Enfants, on nous enseigne à porter attention à ce que l'on fait. Lorsque nous regardons autour de nous, nous aimons ce que nous voyons, parce que nos actions sont la preuve de notre importance et de notre magnificence. En « faisant », nous établissons la présence d'observateurs qui pourront se pâmer devant la splendeur de nos actions.

Malheureusement, la concentration et l'énergie dont nous avons besoin pour agir nous font perdre le contact avec nos sentiments intérieurs, et nous nous refermons pour ressembler à des bouilloires vides qui font beaucoup de bruit et dégagent beaucoup de vapeur. Le besoin d'activité constante provient des peurs de l'ego et d'une aspiration à la grandeur, et il se trouve qu'il est néfaste.

Nous devrions chercher à pratiquer une activité efficace et agréable, au lieu d'agir sans raison. Je peux tout à fait comprendre que l'approche minimaliste rebute les jeunes. Ceux-ci sont attirés par l'activité parce qu'ils doivent faire l'expérience de sensations pour en apprendre plus sur la vie. Leurs actions les aident à déterminer qui ils sont. Elles leur permettent de s'exprimer. Les jeunes ont besoin d'observateurs, de commentaires, et d'action pour affiner leur personnalité et pour exprimer leur énergie et leur pouvoir naissants. Nous ne pouvons pas attendre des jeunes qu'ils se concentrent sur autre chose que sur eux-mêmes. Car leur identité n'est pas encore établie, et ils ne disposent pas d'une expérience suffisante sur laquelle développer leur confiance.

Une observation intérieure leur est inutile. Il leur faut commencer par le monde extérieur.

Mais les personnes plus âgées n'ont pas cette excuse — elles devraient faire preuve de plus de bon sens. Il serait triste de passer votre vie à « faire », et de mourir avant d'avoir appris à « être ». Après tout, nous sommes des êtres humains et non des « faire » humains. Cependant, il faut voyager longtemps dans le monde moderne avant de trouver des humains qui savent comment « être ». Une âme doit être sereine et équilibrée pour passer de l'état de « faire » à celui d'« être ». À cette époque, pratiquement toute aspiration aura disparu de votre cœur, et vous saurez ce qui est bon pour vous et ce qui ne l'est pas, ce qui vous fait plaisir et ce qui vous irrite. Ainsi, une personne avisée choisira des circonstances qui lui seront agréables. Elle saura quand agir et quand attendre. Elle saura évaluer la qualité de ses actions.

297

Un style de vie minimaliste suppose donc une action concertée pour les aspects de la vie qui méritent une approche dynamique, et aucune action particulière le reste du temps. Le but est d'obtenir un résultat maximal avec un minimum d'effort, par le biais d'une bonne dose de planification, d'ordre et de clarté. Ainsi, en élevant vos actions, vous libérez votre style de vie en évitant le superflu. Vous restez concentré sur ce qui est bon pour vous et sur ce qui vous est agréable, en éliminant sans pitié tout le reste. Cela nécessite rigueur et discipline, ainsi qu'une bonne communication avec les autres. Le défi est de ne pas laisser votre ego ou votre entourage vous influencer en vous poussant à entreprendre des activités ou à assumer des obligations qui ne vous sont pas bénéfiques et ne vous servent à rien. Il est tout à fait déraisonnable de se lancer dans une activité sans raison valable ou dans le but de contenter votre ego. Ce n'est pas bon non plus de le faire pour vous sentir utile ou pour être comme les autres. Ce serait une preuve d'immaturité. Il est préférable de ne pas faire comme les autres et de ne pas vous sentir utile, si cela vous permet de mener votre vie à votre rythme et de prendre le temps de flâner. Les gens n'aiment pas la flânerie — ils l'associent à la paresse. Pourtant, il s'agit de vous laisser aller à faire des petites choses qui vous amusent, sans but précis, ou de vous asseoir sur une véranda en décidant de remettre tout ce que vous avez à faire au lendemain. C'est un bon moyen de faire contrepoids à l'ego qui souhaite vous mettre à son service. Si vous pouvez vous permettre de flâner, vous devez le faire. C'est une bonne façon de vous donner la permission d'être. La flânerie est un trait distinctif des minimalistes — une sorte de technique.

298

Bien sûr, certaines personnes mènent une vie qui ne leur permet pas de flâner puisqu'elle nécessite une activité intense. Mais il faut se demander quelle sorte de motivation les anime pour qu'ils acceptent de supporter une telle pression. Une mère de quatre ou cinq enfants me répondra peut-être que ce n'est pas une question de motivation, mais plutôt de survie. Mais pour de nombreuses personnes, l'activité est un choix, et il peut être intéressant de se demander pourquoi elles en font autant, et qu'est-ce qu'elles y gagnent réellement. Je suis sans cesse surpris de voir à quel point l'être humain excelle dans l'art de la stagnation. Nous en sommes devenus des spécialistes du domaine !

Notre société a tendance à fixer ses besoins vitaux légèrement en deçà d'un niveau que l'on pourrait appeler « la mort par l'action ». Dès que vous savez que vous n'avez pas besoin de tout ce que l'ego exige, vous êtes libre de travailler un peu et de paresser, d'arriver légèrement en retard ou de ne pas arriver du tout, de vous faire payer un peu plus et de faire des tas de choses gratuitement, de vous lancer dans quelques activités importantes, et dans de nombreuses activités qui n'ont aucune importance. La différence est que si vous choisissez, on vous en impose peu. L'important est de créer de l'espace et du temps libre pour prendre contact avec vous-même et vous observer. Lorsque votre être intérieur se sera développé, vous atteindrez l'équilibre, vous disposerez d'une plus grande force, et vous adopterez une philosophie libératrice qui vous permettra de vous élever au-dessus du chaos de la vie pour réaliser ce qui vous tient à cœur, si vous n'avez pas pu le faire jusqu'à présent. Le but est d'éviter de créer trop d'obligations et d'activités qui vous feraient perdre le contact avec vous-même. Il n'y a rien de pire que d'être occupé au point de ne plus savoir qui l'on est. Si votre emploi du temps est chargé, essayez de limiter vos activités à de petites périodes. Lorsque vous aurez plus d'expérience dans le domaine, efforcez-vous de réduire toujours un peu plus ces périodes.

299

S'il vous faut passer à l'action, faites-le à la perfection. Élaborez un plan, déterminez ce dont vous avez besoin, agissez avec efficacité et détermination, ne mâchez pas vos mots, et dites aux gens qui vous êtes et ce que vous voulez. Ne dépensez jamais de l'énergie sans avoir auparavant tâté le terrain. Ne vous précipitez pas. Avancez tranquillement, exprimez-vous à bon escient. Ne tombez pas dans le sentimentalisme et ne laissez jamais les autres vous manipuler. Il existe toujours un autre moyen, un autre moment, et il y a six milliards d'autres personnes. Faites part au monde entier de votre philosophie. Dites-lui que vous avez tout le temps, et en agissant ainsi, vous devenez infini. Rappelez-vous que la plus grande sagesse est celle du « non faire ». Ce sont les situations que vous évitez qui vous permettent de conserver votre énergie, votre force et votre indépendance. Je dis aux personnes qui assistent à mes séminaires que la perception possède cinq vitesses. L'une d'entre elles est une vitesse avant et les quatre autres sont des vitesses arrière. À mesure que vous développez votre perception, vous l'utilisez principalement pour éviter certaines choses. La nature se sert de la perception pour éviter les problèmes. Nous devrions nous en inspirer. Ceux qui ont compris cette philosophie passent plus de temps à s'éloigner des choses qu'à s'en rapprocher. Tout ce à quoi vous vous engagez aura un certain poids. Il peut s'agir du poids émotionnel de posséder quelque chose, celui des responsabilités que vous assumez, celui d'une relation, plus particulièrement si vous êtes la personne qui maintient cette relation en vie. Il existe également un poids financier. Tous vos engagements financiers vous forceront probablement à vous rapprocher du système, parce que c'est là que se trouve l'argent. Il vous faudra peut-être retourner parfois vers le système, mais vous devrez éviter de le laisser prendre trop d'emprise sur vous. À mon avis, il est préférable de mener une vie modeste et heureuse et de voyager dans le monde pour apprendre à le connaître, plutôt que de vouloir se l'approprier. Quel est l'intérêt de posséder des tas de choses qu'il vous faut entretenir et assurer, et qui vous causent une certaine dose d'inquiétude ? Rappelez-vous que l'endettement est un des moyens qu'utilise le statu quo pour contrôler les gens. C'est pour cette raison qu'il est si facile de s'endetter. L'ego ne peut pas résister à son envie de consommer. Vous pouvez vous rapprocher du minimalisme en consommant moins et en arrêtant de vous endetter. Si vous avez besoin d'emprunter de l'argent, ne le faites que si cela vous permet d'en gagner plus que la somme empruntée ; n'utilisez jamais l'argent des autres pour votre consommation personnelle. Si vous n'êtes pas endetté et avez peu d'obligations, vous êtes libre. Et aussi loin que le monde est concerné, vous commencerez à disparaître.

À mesure que votre être intérieur se développera, vous aurez une meilleure idée de ce que vous voulez, et vous saurez si vous disposez de l'énergie et de la détermination nécessaires pour arriver à vos fins. Un plan sain et convenable ne cherchera jamais à tirer profit des autres ou à les manipuler. Au contraire, il reposera sur une action juste et sur de bonnes intentions, et il sera validé par vos sentiments intérieurs. C'est de cette façon que vous saurez s'il est favorable. La plus grande partie de ce que nous faisons dans la vie est malhonnête, nuit aux autres, ou exige trop de nous-mêmes par rapport à ce que nous y gagnons. Il faut être très philosophe pour savoir ce que l'on veut. L'action seule est acceptable, mais l'action mêlée d'émotion est de l'ordre de la lutte, et elle alourdit votre cœur. Soyez précis. Prenez le temps d'analyser les choses. Indiquez clairement vos intentions, assurez-vous que tout le monde sait ce qui se passe, et faites savoir à chacun que vous êtes une personne honorable et fidèle à sa parole. Le but du jeu est de s'engager le moins possible, et de ne le faire que si vous le souhaitez absolument. Il s'agit de faire des « hum » et des « ah », et de hausser les épaules sans jamais dire oui ou non. Répondez par un sourire et un « peut-être », et prenez le temps de flâner en observant la forme d'un nuage qui passe dans le ciel ou un oiseau se régaler d'une petite abeille affairée. C'est pendant cette contemplation — en sachant que la nature est votre mère sacrée et votre guide — que vous vous direz « ce n'est pas le moment d'agir ». Demain peut-être, quoique, le jour suivant sera peut-être plus approprié. Ne vous engagez que si vous ne pouvez pas faire autrement.

L'« importantisme » prend son essence dans la gravité et l'importance, et il est la source de maladies. C'est l'inverse émotionnel du minimalisme. On attrape ce « virus » lorsqu'on accumule trop de choses importantes. Ce qui importe réellement est que vous laissiez votre cœur — et non votre ego — dominer votre vie. Ainsi, très peu de choses seront importantes à vos yeux, parce que vous serez devenu une personne humble qui saura prendre la vie comme elle vient la plupart du temps. Vous pourrez changer les petites choses que vous n'aimez pas et prendre du recul par rapport à ce que vous ne pouvez pas changer. Lorsque vous en arrivez au point où presque rien n'a plus d'importance à vos yeux, vous êtes libéré sur le plan émotionnel. S'il pleut, vous êtes mouillé ; s'ils arrivent en retard, vous les attendez ; s'ils ne vous payent pas, vous dépensez moins en nourriture ; s'ils ne vous aiment pas, ce n'est pas grave, vu que vous n'êtes pas né pour leur plaire ; s'ils ne pensent pas que vous êtes quelqu'un de spécial, c'est merveilleux, puisque vous êtes libéré de la contrainte de devoir les remercier pour leurs compliments. Si la vie ne prend pas le chemin que vous espériez, acceptez qu'il en soit ainsi, et profitez-en pour apprendre. S'ils vous disent que votre vie est un chaos, répondez-leur que vous aimez le désordre et que vous avez trouvé le moyen d'apprendre de cette situation. S'ils vous disent que tout cela est une véritable tragédie, dites-leur : « Ah bon, vraiment ? » S'ils vous traitent d'égoïste sans pitié, répondez-leur : « Je n'ai aucune position, connaissance ou pensée à défendre ; je ne vois que l'esprit vivant en toute chose. Je peux vous en faire profiter si cela vous intéresse. »

En prenant le temps de vous promener et de regarder autour de vous en sifflotant, vous constaterez à quel point le minimalisme peut être efficace, par exemple pour les habitants de la marge. Bien entendu, de nombreuses personnes ne seraient pas prêtes à acheter ce concept. Mais il se trouve qu'il n'est pas à vendre, puisqu'il est gratuit. Je ne pense pas que l'idée du minimalisme soit populaire au sein des masses — en tout cas pas encore — car notre monde est encore trop intéressé par le prestige et obsédé par la complication. Prenez l'exemple de nos sportifs. Au début, tout se passe bien, ils profitent de leur activité physique. Puis, ils s'améliorent et deviennent des sportifs professionnels. Soudainement, le sport devient extrêmement sérieux. L'excellence n'est pas loin, et ils donnent tout ce qu'ils ont pour être les meilleurs. Puis, ils deviennent les meilleurs, et une petite médaille plaquée or pend sur leur poitrine, tandis que l'on entend au loin un coup de tonnerre d'où s'échappe un « Et alors ? » Qu'ont-ils donc ? Ils ont l'excellence et l'importance aux yeux de l'ego, et le directeur de la compagnie qui commercialise des chaussures de sport leur offre un contrat, à la suite de quoi ils passent à la télé, mais qu'ont-ils vraiment de plus que la perspective d'une défaite à venir, qu'ils prendront sans aucun doute avec beaucoup de sérieux ? À bien y regarder, sont-ils véritablement l'incarnation de la santé et de la vitalité ? Pas nécessairement. Il arrive souvent que leur ego les dépouille de leur énergie. Les coureuses me font souvent penser à ma grand-mère juste avant qu'elle ne quitte ce monde. Les boxeurs de vingt-cinq ans ressemblent à des pruneaux séchés, les cyclistes semblent être dénués de toute vie, et les joueurs de football ne peuvent pas marcher. Je ne suis pas convaincu que tout ceci en vaille la peine. La compétition n'oppose pas des êtres humains, mais des ego. Si vous êtes un sportif, priez pour ne pas atteindre l'excellence — je ne crois pas qu'une médaille en or puisse compenser quarante années d'arthrite.

Se battre pour l'excellence a un côté ridicule et infantile. Si vous êtes doué pour une activité, vous atteindrez peut-être un excellent niveau sans vous en rendre compte, mais il s'agit d'un handicap avec lequel vous devrez apprendre à vivre. Mais se battre dans ce sens revient à le faire sans raison particulière. Car ce que la plupart des gens considèrent comme l'excellence ne me semble pas digne d'intérêt.

303

L'excellence vous oblige à être courtois, à faire la conversation, à serrer des mains et à être agréable avec des gens que vous ne connaissez pas. Il vous faut sourire jusqu'aux dents comme un bienheureux, signer de petits morceaux de papier pour faire plaisir aux gens, et faire des apparitions dans des soirées d'un ennui mortel où, habillé comme un pingouin, vous proposerez des toasts et ferez la distribution de cadeaux. Il y a dans tout cela une mise en scène qui ne me plaît pas. Je pense que l'excellence est réservée aux personnes qui n'ont rien de mieux à faire. Par contre, c'est l'excellence anonyme que nous devrions viser. Et si ce n'est pas possible, le mieux est d'en rester éloigné. Les aéroports, qui sont des endroits merveilleux, sont un exemple parfait de minimalisme. Toute votre vie doit tenir dans vingt kilos. Je pense que les aéroports constituent le traitement le plus efficace contre les maux de l'ère moderne. On ne peut pas guérir grand-chose sans une petite « dose d'aéroport ».

304

Le VP (voyageur perpétuel) est une race à part entière, qui est devenue très populaire. Il existe même des bulletins qui informent les gens sur la question. Le monde du VP est très attrayant. Il ne paye pas d'impôts, n'a pas de contraintes ni d'engagements. Il possède souvent, et en toute légalité, un minimum de deux passeports. Il a des comptes dans plusieurs banques, et il ne peut pas être prisonnier d'un lieu géographique. Avoir de l'argent est un plus, mais il existe de nombreux VP qui se déplacent à moindres frais d'un lieu à un autre et qui parviennent à survivre en dépensant peu.

Nous avons tendance à penser que nous avons besoin d'attaches pour nous ancrer dans le sol. Mais celles-ci ne sont en réalité que des poids qui limitent notre liberté de mouvement. Vous pourriez passer le reste de votre vie à vagabonder, sans que cela nuise à votre « ancrage ». La différence est que les âmes d'une certaine maturité sont enracinées en elles-mêmes, tandis que les autres, dont la confiance en elles est moins développée, ne peuvent ressentir un enracinement que lorsqu'elles possèdent suffisamment de matériel pour les raccrocher au sol.

Bien entendu, si vous êtes à la tête d'une entreprise et que vous avez une famille, comme c'est mon cas, il est plus compliqué d'être un VP. Mais si vous êtes célibataire, ou que vos enfants sont grands, vous pouvez le faire plus facilement. Vous ne pouvez pas être plus minimaliste qu'en passant votre vie à voyager avec deux valises pour seuls bagages. À de nombreux égards, il s'agit d'une expérience d'une grande spiritualité, puisqu'elle vous apprend à n'appartenir qu'à vous-même, à croire en votre énergie et à ne vous fier qu'à vous-même.

305

Si vous ne parvenez pas à vous limiter à deux valises, rien ne vous empêche d'être minimaliste, même si vous vivez dans une grande maison en ville, car l'approche minimaliste est émotionnelle. Vous pouvez être entouré de quelques affaires que vous aimez, tant que vous n'y êtes pas attaché. Dès que vous lâchez prise dans votre esprit, le matériel ne peut plus avoir de mainmise sur vous. Si vous avez ce que vous voulez, tant mieux, mais si ce n'est pas le cas, c'est aussi bien. Lorsque vous vous serez débarrassé de tout ce dont vous n'avez pas besoin, vous manifesterez une plus grande fluidité et vous serez en mesure de vous adapter aux différentes conditions. Sur le plan psychologique, vous serez libéré de la mainmise que votre environnement possède sur vous.

Le monde de l'intellect et du désir est une prison dans laquelle toute la confusion de la masse est enfermée. Notre société souffre de ce que j'appelle une « prise de tête existentielle ». Les gens sont tellement compliqués et confus que le sentiment de joie a été jeté par la fenêtre et remplacé par des questionnements. En réalité, une fois que vous êtes passé du

« faire » à l'« être », il vous est inutile de trop vous questionner, et vous avez besoin de peu de réponses. Il peut subsister une part de mystère. L'excès de questionnements est nocif — ceux-ci génèrent de la confusion. La confusion ne peut pas exister sans qu'il y ait de question. Vous pouvez réfléchir à certains aspects de votre vie, mais si les points d'interrogation sont trop nombreux, votre cerveau arrivera à saturation. Or, vous ne pouvez pas être heureux dans ces conditions, parce que votre cerveau serait trop lourd à porter. Les minimalistes sont fiers de leur ignorance, et ils ont rarement besoin qu'on leur explique ce qu'ils ne connaissent pas.

306

C'est pour cette raison que je n'arrive pas à comprendre les gens qui passent leur temps dans les bois à la recherche d'animaux en voie de disparition. Il y a deux possibilités : soit l'espèce en question n'a pas disparu — alors pourquoi fait-on toutes ces histoires ? — soit l'espèce a bel et bien disparu — quel est donc l'intérêt de la chercher ? Le fait est que nous ne pouvons pas faire grand chose à propos de ces animaux tant que l'ego n'acceptera pas d'arrêter son cinéma et de consommer avec frénésie. Mais l'intellect pense que l'animal lui est inférieur et qu'il est donc sous son contrôle. Le fait d'agrafer une puce à un poisson et de le suivre pendant des années en surveillant ses moindres mouvements est tellement ridicule que seuls les humains appartenant à l'espèce occidentale sont assez stupides pour le faire. Qu'apprenons-nous de telles expériences ? Que les poissons passent beaucoup de temps à nager. Notre intellect nous ridiculise en nous faisant perdre notre temps avec des absurdités soi-disant importantes. Si Dieu avait voulu que nous nous investissions dans ce genre d'expériences, il nous aurait pourvus d'une meilleure oreille. Mettre des puces sur des poissons pour les entendre couiner à dix kilomètres de distance doit sembler très absurde aux yeux de la force divine.

Si nous ne prenons pas la peine de discipliner nos sentiments pour savoir où nous allons, nous connaîtrons peut-être les faits et gestes des humains et des animaux, mais nous resterons dans l'ignorance quant à notre véritable nature individuelle. Je pense que le monde intellectuel peut présenter un certain attrait, mais d'une manière générale, il est inintéressant et ennuyeux, et parce qu'il cherche à nier notre véritable identité spirituelle, il nous coupe de nos perceptions. Au niveau le plus profond de notre identité spirituelle, notre moi intérieur est constitué uniquement de sentiments purs. Cela s'explique par le fait que tout prend sa source dans la force divine. Toute chose dégage une lumière céleste, à un degré ou à un autre, ce qui implique qu'elle libère des sentiments. Si votre monde est uniquement fait d'intellect et de langage, de surveillance de poissons et de sensations, vous risquez de ne jamais découvrir les impulsions et ambitions les plus profondes qui vous poussent à choisir votre prochain acte. Les gens finissent par croire que seules leurs idées sont importantes. Celles-ci sont certes créatrices d'action, mais derrière toute idée se cache un sentiment profond.

Notre monde intellectuel peut être qualifié de monde réactif. Nous réagissons de façon pavlovienne aux signaux auxquels nous sommes conditionnés. Mais parce que nous sommes nombreux à ne pas avoir de rétroaction — en raison de l'absence d'observation intérieure —, nous ne comprenons pas réellement d'où proviennent ces signaux intérieurs, ni ce qu'ils signifient. La plupart des gens passent à côté de leur vie et ne comprennent pas les raisons de leurs actions. Ils sont programmés pour agir sans tenir compte de la valeur ou de la signification réelle de leurs actes. C'est pour cette raison qu'ils traversent la vie à toute allure en menant toujours le même train-train, même lorsqu'ils savent que leurs actes sont vains. C'est également pour cette raison que tant de personnes n'obtiennent jamais ce qu'elles veulent. Leur intellect les poussera à accepter une idée et il se lancera dans cette entreprise à corps perdu, même si leur intuition n'abonde pas dans ce sens ou le rejette complètement. Par exemple, lorsque vous envisagez l'état de particule externe, vous vous dites peut-être que vous souhaitez être riche. Vous décidez donc de partir, dès le lever du soleil, à la recherche de votre fortune.

Cela ne pose aucun problème tant que vos sentiments sont en accord avec votre motivation intellectuelle. Au plus profond de leur cœur, la plupart des gens ne veulent pas être riches. Ils ne recherchent que le contentement. Or, ils pensent que celui-ci est une conséquence de la consommation, et l'argent devient donc vital. Mais au plus profond d'eux-mêmes, ils n'ont pas envie de se laisser importuner par la richesse. Car la responsabilité et les complications qui l'accompagnent ne les intéressent pas. Il est préférable d'être que de faire. Avec le « faire », votre esprit et vos actions vont dans un sens, tandis que vos sentiments vous contredisent avec silence et passivité. Sur de longues périodes, les sentiments finissent toujours par gagner, parce que la réalité vient à vous en réponse à ceux-ci, plus qu'à votre pensée. Ainsi, en supposant que votre réalité intérieure et votre pensée ne soient pas en accord, vos messages intérieurs diminueront toujours la qualité de vos actions. Vous raterez constamment votre cible d'un centimètre ou deux, et vous obtiendrez moins que ce que vous souhaitez, ou peut-être rien du tout. Si vous ratez votre cible une ou deux fois, il est possible que vous ayez seulement à ajuster votre approche, ou à intensifier votre volonté, mais si vous la manquez constamment sur une période prolongée, c'est le signe que vos sentiments et votre intellect sont en désaccord.

Lorsque vous vous tournerez vers l'intérieur pour procéder à une auto-observation adéquate et que vous détournerez votre attention du monde extérieur, tout ce qui est superflu ou en désaccord avec le dessein principal de votre vie vous sautera aux yeux. Vous réaliserez qu'une grande partie de vos actes n'est motivée que par le besoin de reconnaissance de l'ego — c'est-à-dire la preuve de son état de particule. En modifiant votre centre d'attention, vous remarquerez que la légèreté, la gaieté et la clarté prennent de l'importance à vos yeux. C'est là que le minimalisme prend sa source. Vous conserverez peut-être vos ambitions et vos objectifs, mais vous ne les laisserez pas prendre une importance vitale, parce que vous porterez un regard différent sur vous-même.

Des émotions s'entremêlent en permanence dans le monde extérieur. Mais il ne faut pas confondre émotion et sentiment. Quand je parle de sentiment, je fais référence à nos motivations et impulsions intérieures. Le subconscient ou les sentiments spirituels profonds de votre moi intérieur ont une influence en ceci qu'ils précèdent l'action. Ils stimulent les pensées qui aboutissent à l'action, mais l'intellect ne sait habituellement pas où celle-ci prend son origine, n'ayant souvent pas conscience de l'influence qu'a le subconscient sur ses propres idées.

Les émotions découlent des pensées, ce qui implique qu'elles sont réactives. Elles ne peuvent pas exister avant les pensées. Elles en sont le produit, et elles font partie du processus de compréhension qui permet d'interpréter la réalité extérieure. Ainsi, elles varient souvent en fonction de la réalité ou vérité intérieure de chacun, puisque la base de données qui leur donne naissance provient du jugement de l'intellect : bon, mauvais, agréable, désagréable, et ainsi de suite. C'est pour cela que le monde complexe de l'état de particule externe est souvent si désagréable. Vivre uniquement dans le monde de l'intellect et des sensations ne donne aucun sens particulier à la vie. « Bienvenue dans le monde des zombies ! Veuillez vous asseoir. Insérez une pièce. L'implant électronique sera activé dans trente secondes. Merci et bonne journée. »

Parce que les sentiments intérieurs sont subtils et dissimulés, et parce qu'ils sont souvent en opposition avec l'ego et l'intellect, nous nous en sommes débarrassés au fil des siècles, et nous avons réprimé notre moi intérieur pour devenir une autre « espèce en voie de disparition ». Ces sentiments et messages intérieurs ont fini par être totalement éclipsés, au point que nous en sommes arrivés à considérer les émotions et les sensations comme des sentiments. Les émotions se sont alors compliquées, parce que l'ego leur a conféré une importance qui n'aurait jamais dû leur revenir. Mais un monde captivé par le prestige, l'action, la réaction et la manifestation de l'esprit par le biais de l'ego ne pouvait qu'aimer ces émotions, parce qu'elles pouvaient être du meilleur effet. Elles ont alors été utilisées pour promouvoir des idées et manipuler les gens. Les émotions sont particulièrement efficaces dans le domaine de la politique, du commerce, de la relation amoureuse, du sexe, du pouvoir et d'un tas d'autres choses. Elles constituent un outil de négociation efficace, et elles sont tellement utilisées qu'il faudrait verser un droit d'auteur à son inventeur. À bien y réfléchir, les émotions sont des armes de guerre. Les guerres sont sociales, domestiques et commerciales. Ces émotions nous ont poussés à nous disputer des territoires, à mettre la main sur des propriétés, à établir des hiérarchies et à établir notre supériorité. Par l'intermédiaire de l'émotion, nous contrôlons, nous terrorisons et nous manipulons les autres pour qu'ils agissent comme nous le souhaitons.

Lorsqu'il est devenu normal d'avoir recours à une force émotionnelle pour obtenir ce que l'on souhaite des autres, les luttes se sont faites plus nombreuses ; chaque manipulateur choisissant son martyre émotionnel. La menace, la peur, la culpabilité, la contrainte, la sympathie, le remords, l'envie et l'avidité font partie de la gamme des armes émotionnelles. Les personnes qui se laissent prendre à ce jeu émotionnel sont louées et glorifiées, et elles sont considérées comme des êtres sensibles ; celles qui ne cèdent pas aussi facilement sont « adoucies » par la propagande qui cherche à obtenir leur soumission. La seule raison pour laquelle ce chantage émotionnel fonctionne à une aussi grande échelle est que nous programmons nos enfants dans cet objectif. De façon subtile, nous leur inculquons que, pour être sensibles et attentifs, et pour aimer leurs parents, ils doivent adhérer et réagir à l'émotion parentale. Lorsque nous avons annihilé leur raisonnement et formaté nos enfants pour réagir à nos émotions, il est plus facile de les contrôler. Mais est-ce très différent de mettre une longe à un animal sauvage ou d'attacher une puce à son oreille et de lui apprendre à faire des tours d'adresse pour le cirque ? Je ne le crois pas. Les gens s'imaginent que leurs sentiments sont très spéciaux, or ce n'est pas à leurs sentiments, mais à leurs émotions que vous avez à faire. En rendant leurs émotions importantes, inviolables et inattaquables, les gens espèrent vous rallier à leur opinion. Vous n'êtes pas autorisé à les contrarier en vous opposant à leurs émotions. Seul un esprit prétentieux peut imposer une telle chose. Cela nous ramène aux notions de déni et de liberté d'expression. Je trouve tout à fait absurde de s'attendre à ce qu'on adhère aux émotions des autres et même à ce qu'on s'y intéresse. Seules des personnes de nature crédule tombent dans le panneau. Les émotions sont des manifestations extérieures d'opinions personnelles présentées à grande échelle, la

311

plupart du temps pour vous inciter à réagir. Mais il s'agit premièrement d'une mise en scène, et deuxièmement d'un commerce d'opinions. Il n'y a rien de spécial ou de sacré à propos des émotions ou de n'importe quelle composante de l'esprit tribal. Il devrait exister des lois anti-pollution qui interdisent aux gens de vaporiser leurs émotions un peu partout. C'est pire que les projections odorantes des mouffettes. Vous pouvez regarder les gens s'agiter, mais vous n'êtes pas obligé de faire pareil, ni de réagir. Vous pouvez devenir un observateur objectif de cette agitation. Et c'est de cette façon que vous pourrez être impartial envers vous-même et arrêter de vous juger avec sévérité. Le but est de laisser tout le monde, y compris vous-même, tranquille.

312

Rappelez-vous que l'intellect ne peut pas sentir, mais qu'il peut seulement savoir. Les émotions pensent qu'elles ressentent, mais elles sont limitées à l'information transmise par l'intellect, si bien que ce qu'elles pensent ressentir n'est pas forcément un sentiment intérieur, mais plutôt une réaction basée sur une opinion. Ce n'est pas avec ça que l'individu pourra s'orienter puisqu'il ne dispose pas de source d'information fiable. Pas étonnant que les gens soient perdus — le guide touristique est un aveugle au comportement particulièrement étrange.

Dans le monde du « faire », il n'y a pas de temps pour à l'appréciation et les sentiments — tout est intellectuel, transitoire et précipité. Mais si nous tombons dans le panneau, nous reconnaissons la suprématie de l'ego et de l'intellect. Nous vivons dans un monde mental en espérant qu'il nous accorde les sensations que l'état de particule apprécie particulièrement. Progressivement, nous nous laissons prendre dans la toile de l'intellect, à tel point que nous perdons contact avec ce que nous sommes réellement, et nous oublions ce que nous voulons vraiment.

Ainsi, le minimaliste se doit d'être sélectif. C'est princi-palement une question de bon sens. Lorsque vous avez affiné votre pensée, contrôlé vos émotions et écarté le superflu, vous devez analyser vos relations. Celles-ci se divisent en deux catégories : les personnes que vous devez fréquenter parce que vous travaillez ou avez un lien particulier avec elles, et celles avec lesquelles vous entretenez une relation « facul-tative ». Commencez par vous pencher sur la deuxième caté-gorie. Évaluez chaque personne qui la constitue en termes d'énergie et d'équilibre. La quantité d'énergie émotionnelle et financière que vous investissez dans cette relation est-elle équivalente à celle que vous recevez de la part de ces per-sonnes ? Essayez de travailler à ces relations ou mettez-y un terme si vous estimez être en « déficit ». En ce qui concerne les relations qu'il vous faut conserver pour des raisons fami-liales ou financières, demandez-vous si elles vous sont favo-rables, ou s'il serait préférable pour vous de quitter votre travail ou de laisser aux gens tout l'espace dont ils ont besoin. Plusieurs milliers de kilomètres par exemple !

313

Lorsque vous aurez établi une certaine discipline au sein de votre vie relationnelle, vous pourrez adopter une attitude spirituelle minimaliste face à la vie. Le terme « spirituel » est assez amusant en ceci qu'il évoque différentes notions en fonction de chaque personne. Certaines l'associent à un rituel religieux ; pour d'autres, ce rituel est d'ordre ésotérique. En outre, nombreux sont ceux qui attribuent un caractère spirituel à leur morale émotionnelle, et qui ne le font pas avec celle du voisin, puisqu'elle pourrait être en contradiction avec la leur, ce qui la rendrait déplaisante, et donc moins spiri-tuelle. Toutes les définitions de la spiritualité ont un point commun : elle décrit l'attitude d'un être humain face à son dieu et à son voyage intérieur vers l'illumination. Si ce voyage intérieur se fait avec légèreté, simplicité et autonomie, il est minimaliste. L'inverse est une attitude spirituelle lourde, contraignante et foisonnante de règles et d'obligations. Il n'est pas souhaitable d'être alourdi par la « spiritualité » au point de ne plus pouvoir bouger.

De toute évidence, le but ultime de votre voyage intérieur est d'atteindre une meilleure compréhension de Dieu et de développer ce qu'il y a de divin en vous. Pouvez-vous imaginer un Dieu accablant, dogmatique et sérieux ? Le fait d'adopter une attitude austère et lourde vous aidera-t-il à être plus en accord avec Dieu ? Ou peut-on supposer que la simple vision de votre spiritualité pesante lui donnerait la nausée ? Moins vous avez de croyances à défendre et à entretenir, mieux vous vous porterez sur le plan émotionnel. Imaginez ce qui se produirait si vous n'aviez ni croyances ni préférences. Chaque jour serait un délice parce que tout vous conviendrait. Dans votre quête spirituelle, le minimalisme est l'art d'éliminer les dogmes pour laisser la place à un chemin dégagé. C'est un voyage qui remplace la folie qui nous habite par un état de sérénité.

314

Le point central du minimalisme est le flux. Il s'agit d'avancer dans le monde avec calme et équilibre, en ne consommant que ce dont vous avez besoin. Cela implique de vivre le « maintenant » et d'utiliser ce qui est à portée de main, en attendant les choses que vous n'avez pas encore, et en oubliant que vous les avez voulues. Il faut ramener votre vie à l'essentiel, sans vous priver de plaisirs, mais sans abuser non plus. Il s'agit d'un processus naturel, qui ne nourrit pas l'ego.

De plus, le minimaliste rend service au monde, puisque la simplicité de son esprit libre renvoie aux gens l'absurde complexité de leur vie. Ils apprennent donc à s'ajuster et à reprendre le contrôle. Les autres puisent du courage dans le cœur des minimalistes, en réalisant que ceux-ci sont parvenus à un équilibre sans avoir souffert de grand traumatisme, et ils commencent à croire qu'eux aussi peuvent y arriver.

Dans la simplicité des minimalistes, il y a une affirmation d'une grande sagesse et d'une grande puissance qui dit : « Je suis ce que je suis. Je ne suis esclave de personne. Rien n'a d'emprise sur moi, car je n'appartiens qu'à moi-même et à mon dieu, ce qui me confère intégrité et authenticité. Je sais que je n'ai pas le pouvoir de résoudre les problèmes du monde, mais je peux offrir un îlot de plénitude. »

Si, en faisant le constat de votre vie, vous arrivez à la conclusion que vous avez réussi à être cohérent envers vous-même et votre entourage, et que vous avez inspiré le même comportement aux autres, tout va bien dans le meilleur des mondes. Il n'y a rien de plus rafraîchissant et merveilleux qu'un être silencieux et maîtrisé qui n'a besoin de rien, ne demande rien à personne, et n'a aucune requête à faire. Aux yeux de Dieu, il s'agit là de personnes spéciales, presque angéliques. La simplicité de leur cœur et l'espoir silencieux qu'elles véhiculent contrastent avec le désordre causé par les cinq milliards de voix hurlantes qui s'élancent vers le ciel et l'implorent de leur accorder un statut, une faveur, ou de la chance, alors qu'elles font si peu pour attirer ces bienfaits à elles.

Mes chers amis, assurez-vous de prendre la responsabilité de votre vie et d'y insuffler la force, la simplicité et la beauté, en laissant les habitants du monde émotionnel se heurter à des murs autant qu'ils le veulent. Ils finiront par se lasser. Certains se convertiront peut-être même à l'approche minimaliste, mais ne vous en faites pas si ce n'est pas le cas — ils laisseront plus de place au reste d'entre nous. Ne laissez pas les autres vous compliquer la vie. Continuez votre chemin, et ils ne sauront plus que faire.

Observation

Chapitre onze

P**OUR PROCÉDER À UNE VÉRITABLE OBSERVATION INTÉRIEURE,** nous devons déplacer notre attention du monde extérieur de l'ego et de l'état d'esprit tribal, où règne la confusion, vers le monde intérieur plus calme de la contemplation, de la méditation et de l'introspection.

Dans l'ancien temps, l'esprit populaire des tribus prônait une vie calme et simple, détachée de l'ego, et proche de la nature, par le biais de religions panthéistes totalement — ou quasiment — dépourvues de dogmes. C'est pour cette raison que de nombreuses personnes redécouvrent aujourd'hui la culture des indigènes d'Amérique — la vénération de l'Esprit tout puissant et de la Mère sacrée incarnés dans la nature — semble très rafraîchissante comparée au monde chaotique qui nous entoure. Notre esprit populaire moderne s'est perdu dans la névrose de l'ego, de la lutte, de l'intellect et des règles. Ainsi, la première étape de l'observation consiste à couper le lien émotionnel. Rien n'est plus important dans la vie. Sans discipline et détachement, vous vous condamnez à mener une vie difficile. Les émotions sont comme une colle qui vous attache au monde extérieur et à l'esprit tribal, et vos réactions à ceux-ci, souvent prévisibles, permettent aux autres de vous manipuler. Lorsque vous aurez compris que vous n'êtes pas là uniquement pour plaire aux autres et tenir le rôle de la puce savante, vous serez libéré.

La première étape consiste à développer une sérénité émotionnelle et à adopter, dans la mesure du possible, un style de vie le plus autonome — que ce soit avec vous-même ou avec votre partenaire amoureux. Moins vous serez dépendant des autres — et donc redevable —, mieux vous vous porterez. À choisir, il me semble préférable de vivre dans une cabane en montagne que d'habiter en ville, où vous devez faire des politesses au directeur de banque, puisque c'est à la banque qu'appartient votre maison. L'âme qui n'a besoin de personne est d'une grande puissance, et elle constitue en elle-même une affirmation spirituelle dans un monde où tout le monde supplie et implore avec les mains tendues. Aimez-moi, regardez-moi, dites-moi que je suis spécial, payez mon loyer, arrangez mes dents, donnez-moi un nouveau nez — un qui ressemble à celui d'une célébrité. L'idéal pour lequel vous devez vous battre est celui d'une vie simple, dans laquelle vous êtes en mesure de payer sans attendre pour couvrir les besoins qu'il vous est impossible de satisfaire autrement qu'avec de l'argent.

320

Lorsqu'il cherche à atteindre l'état de particule externe, l'être humain doit concentrer son attention sur le monde extérieur. Ce que la plupart des gens considèrent comme leur monde intérieur — c'est-à-dire leurs émotions, leurs impulsions et leur instinct — est en réalité une vision extérieure. Comme je l'ai mentionné précédemment, les émotions et les impulsions ne sont qu'une manifestation de l'opinion qui réside dans notre tête. Le subconscient est intérieur comparé au monde extérieur conscient, mais il fait quand même partie de l'entendement — ou de la mémoire personnelle —, et tous les mots, symboles, images et souvenirs qui y résident sont extérieurs si on les compare aux mondes célestes intérieurs. Nous le savons parce que nous ne pouvons normalement pas voir les mondes célestes intérieurs lorsque notre esprit est concentré sur l'extérieur.

Vous pouvez consulter un psychologue pour déterminer ce qui vous motive et définit votre personnalité. Vous pourriez en apprendre plus, au cours de ces séances, sur votre façon de réagir aux différentes pensées et croyances. Mais si vous analysez le contenu de votre esprit, vous ne laissez pas la possibilité à ce dernier de s'« auto-observer ». Vous parvenez seulement à le raisonner, et non à l'observer — car cette observation doit être effectuée de l'intérieur. Un psychanalyste peut entraîner un individu dans son subconscient profond, mais ce voyage, qui est basé sur une opinion, restera d'ordre intellectuel. Ainsi, si vous êtes un homme, votre thérapeute vous dira peut-être que la source de votre problème réside dans votre certitude que votre pénis est trop petit, et que vous enviez votre père, auquel vous attribuez, sans en avoir la preuve, un pénis plus grand. Et vous vous sentirez soulagé en quittant son bureau. Soulagé d'environ cent cinquante dollars et soulagé de connaître enfin la raison de votre mal-être, bien résolu à exiger de votre père qu'il mesure son membre viril la prochaine fois pour confirmer votre théorie.

321

Le problème est qu'il s'agit là d'une opinion intellectuelle, et bien que cette opinion provienne d'un très éminent courant de pensée et de votre encore plus éminent thérapeute, il est uniquement question de spéculation et non d'observation. Vous ne pouvez pas savoir si la solution réside véritablement dans la théorie du pénis. Vous pourriez penser que oui — après tout, vous avez payé pour cette théorie — mais il est possible qu'il existe mille et une composantes de votre mémoire globale qui contribuent à vos problèmes émotionnels et comportementaux. Certaines de ces composantes vous rendent plus agité, tandis que d'autres ont l'effet inverse. La plus grande partie de votre subconscient est invisible, silencieuse et dissimulée aux yeux du monde conscient, et même si votre thérapeute parvient très bien à en sortir ce qu'il y a d'intéressant et à vous proposer des interprétations de ses découvertes, il ne s'agira toujours que d'interprétations qui ne reflèteront pas nécessairement la réalité. En outre, il ne pourra discuter avec vous que des éléments qui feront surface pendant la thérapie, si bien que ceux-ci auront naturellement une certaine prépondérance sur ceux qui resteront dissimulés. Une quantité astronomique de souvenirs ne nous est jamais dévoilée, et nous ne pouvons en découvrir qu'un faible pourcentage, sans jamais savoir si les parties que nous découvrons sont plus importantes que celles qui restent un mystère. Il est également possible que vous connaissiez certaines parties de votre subconscient, et que vous en réprimiez d'autres, dont vous ne ferez jamais état en présence de votre thérapeute. Ce n'est pas étonnant, puisque vous êtes installé sur le sofa de votre thérapeute dans un état conscient, et que votre discours, qui a été choisi officiellement par votre personnalité et votre ego, se limite tout naturellement à ce que votre thérapeute doit entendre. La psychanalyse est donc un processus lent et aléatoire. Elle est certainement profitable aux personnes qui ont tendance à intellectualiser — principalement celles qui vivent en milieu urbain — et qui souhaitent mieux comprendre leur fonctionnement mental, mais le fait est que personne ne peut affirmer avec certitude ce que vos symboles signifient pour vous. Car personne ne peut voir comment s'organisent les images et les symboles à l'intérieur de votre esprit. Certes, nous pouvons avancer que l'eau est le symbole de l'émotion, mais il s'agit d'une généralisation qui, bien qu'elle semble correspondre à un certain nombre de personnes, n'est pas forcément appropriée à votre psyché à

322

un instant précis de votre vie. Et même si cette interprétation est appropriée aujourd'hui, elle pourrait ne pas l'être demain. À mon avis, la mémoire ou image globale de notre subconscient — son thème général — évolue pour refléter nos humeurs. Tous les souvenirs sont reliés entre eux, et elle réagit donc au compte-gouttes et à coup d'information dont vous avez besoin minute après minute, tout en disposant également d'une réponse générale. Si vous êtes en colère, tous les symboles et souvenirs de votre esprit ont une réaction en cascade et s'influencent entre eux pour correspondre aux messages puissants qui vous proviennent par le biais des émotions. Ainsi, chaque composante de votre subconscient se modifie en fonction du flux d'énergie qu'elle reçoit. La partie de votre subconscient qui contenait des souvenirs d'amour revêt une nouvelle tonalité pour devenir de l'amour en colère. Dans les mondes célestes, vous pouvez clairement voir que vous êtes une identité — une empreinte digitale d'énergie — qui agit comme un tout pour définir ce que vous êtes. Toutes les composantes de votre être s'expriment à l'unisson. Dans ces mondes, il ne semble pas exister de pièces indépendantes ou d'aspects différents dans une même personnalité, car ces éléments irradient en une énergie cohésive, comme s'ils étaient unis et liés entre eux. Il est alors impossible de séparer le traumatisme du « petit pénis » et de prétendre qu'il s'agit d'un aspect important d'une personne. Tout ne fait qu'un. Ainsi, dans le monde physique, si vous êtes en colère, cette émotion s'établit par l'intermédiaire de votre être et vous change radicalement. Subitement, vos pieds sont en colère, ainsi que vos oreilles, vos mains et vos sentiments, et chaque partie de votre être vibre de colère. Il n'existe pas de démarcation. C'est une façon simpliste de l'expliquer, mais le fait est que votre esprit vibre d'une même tonalité. Vous pouvez observer cette réaction collective en tant que réponse

323

éthérique aux changements d'humeur, et il est donc normal que votre corps physique réagisse de la même façon. Le docteur Deepak Chopra, auteur et guérisseur, a très bien résumé ce phénomène lorsqu'il a participé à l'émission d'Oprah Winfrey, en disant que « chaque cellule de votre corps écoute aux portes de votre dialogue intérieur ». Nous commençons à comprendre que notre être tout entier réagit aux messages que nous lui envoyons. Le manque de confiance affaiblit légèrement vos cellules, et celles-ci sont donc plus exposées aux problèmes et moins aptes à affronter les difficultés biochimiques, puisqu'elles dégagent ce manque d'assurance. Ce processus se reproduira jusqu'à ce que vous modifiiez votre état d'esprit et que vos cellules se mettent sur un mode de satisfaction.

Analyser votre fonctionnement mental peut vous aider à mieux vous comprendre et à dépasser vos réactions. Cela vous permet également de devenir une personne plus équilibrée, mais je pense que la seule façon d'établir une observation intérieure est de détourner votre attention de l'intellect, de l'ego, et de toutes les distractions du monde extérieur, puis de refermer votre esprit pour regarder à l'intérieur de vousmême. Regardez la figure 6. La forme qui apparaît à droite de la bande « rotation » est votre esprit global, ou mémoire globale si vous préférez. Dans l'état conscient de cette mémoire globale, vous faites l'expérience de votre personnalité et de votre ego. La personnalité est le véhicule mental externe par lequel votre esprit global rassemble des informations, des souvenirs et des perceptions dans le monde tridimensionnel ordinaire.

ROTATION

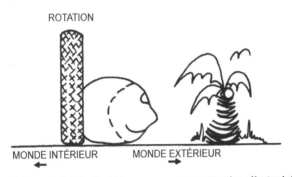

MONDE INTÉRIEUR   MONDE EXTÉRIEUR

Figure 6 : L'esprit global est extérieur par rapport aux mondes célestes intérieurs

Avec cet esprit, vous pouvez observer un arbre dans le monde tridimensionnel et le transformer en objet solide, puisque vous vous en distancez. Rappelez-vous ce que j'ai dit dans le chapitre deux : pour qu'un scientifique puisse rendre une particule solide, il doit prendre de la distance par rapport à elle. C'est cet écart qui rend la particule ou l'arbre solide, aussi bien que l'observation que vous en faites. L'écart, ou la distance, est également une composante essentielle à la constitution d'une identité et d'une position absolues.

Revenons maintenant à la forme qui représente votre esprit. Que ce soit dans un état conscient, émotionnel ou hypnotique, ou encore dans vos songes, il n'y a aucun endroit dans cette forme où il soit possible de porter un regard extérieur et de procéder à une observation. Et votre thérapeute n'a pas plus de pouvoir là-dessus puisque, même en établissant une distance physique avec vous, il est dans l'incapacité de voir dans votre esprit, et donc de l'observer. Il peut le connaître de façon raisonnée, grâce à son expérience et à sa compréhension de l'être humain, ainsi qu'aux termes de référence que vous avez établis avec lui au cours de vos échanges, mais il est incapable de l'observer en tant que particule provenant d'une onde.

Si vous imaginez maintenant un million de formes liées entre elles par les caractéristiques communes de l'esprit tribal, vous remarquerez qu'elles se trouvent à l'extérieur de la rotation, si bien qu'aucune d'entre elles n'a la liberté de procéder à une observation. Ces formes ont toutes le potentiel leur permettant d'établir une identité individuelle en dehors de l'onde tribale, mais elles ne peuvent habituellement pas se distancier de leurs propres émotions, et de l'esprit tribal en général, pour y parvenir.

Lorsque vous êtes tourné vers le monde extérieur, votre vision et votre attention se déplacent vers l'avant, et vous penchez émotionnellement ou intellectuellement vers l'objet de votre désir. En vous penchant, vous l'éloignez un peu plus de vous, si bien que votre horizon, tout comme le monde physique, recule constamment. Les lois d'attraction et de répulsion sont subtiles — je ne souhaite pas aborder ce sujet en détails — mais ce qu'il est important de comprendre est que, dans l'état conscient, la réalité qui est proche de vous — c'est-à-dire que vous pensez possible et réalisable — vient à vous par la force d'attraction. Mais votre réalité d'ensemble recule, non seulement parce que vous l'éloignez avec vos émotions et vos aspirations, mais également parce que vous n'acceptez pas de croire aux aspects qui vous semblent obscurs, improbables ou inatteignables.

Lorsque vous aurez instauré une discipline de méditation et d'introspection, et que vous aurez par conséquent mis votre ego en sourdine, vous serez silencieux et serein au lieu de pencher vers la réalité extérieure. En fonction de l'équilibre que vous aurez atteint, vous pencherez de l'autre côté du monde extérieur, c'est-à-dire vers le monde intérieur quadridimensionnel avec un effet réfléchissant. Le monde extérieur des circonstances et des probabilités interrompt son expansion et commence à se rapprocher de vous. Vos espoirs et vos rêves reviennent vers vous. À l'évidence, la réalité physique — arbres, maisons, etc. — reste stationnaire. C'est la réalité circonstancielle qui se déplace vers l'avant ou vers l'arrière. Pour vous affranchir de l'esprit tribal, vous devez vous sortir du monde tridimensionnel et déclencher une rotation complète de votre moi intérieur vers la quatrième dimension des mondes intérieurs. Lorsque votre moi intérieur sera établi dans la quatrième dimension, et qu'il sera libéré de l'ego et de l'influence qu'exerce l'esprit tribal sur vous et sur votre mémoire globale, il pourra commencer à se développer.

Votre détachement sera créé à un niveau émotionnel et intellectuel, simplement à partir de votre décision de ne pas trouver la vie aussi dramatique que ce que votre ego l'imagine. Vous serez heureux de laisser les autres effectuer leur évolution à travers le plan physique, car vous serez libéré de toute opinion et interférence possible. Vous observerez donc la perfection qui se dégage de leur imperfection, et vous les verrez faire leurs expériences, dont les motivations vous échapperont, mais cela ne signifie pas que vous serez insensible à leurs problèmes. Au contraire, vous pouvez les aider indirectement grâce à votre énergie et à vos connaissances, mais vous ne devez pas vous mêler de leur vie, surtout s'ils ne vous ont pas sollicité. Faites preuve d'humilité en ne prétendant pas savoir mieux que les autres ce qu'ils ressentent. S'ils ne sollicitent pas votre opinion, pourquoi la leur donner ? À mon avis, la plus grande preuve d'amour que l'on peut offrir aux autres est de les laisser tranquille. Car vous affirmez ainsi qu'ils sont capables de résoudre leurs problèmes, et qu'avec un peu de temps ils y parviendront probablement mieux que vous. Il n'existe pas d'exception à cette règle de non-ingérence, et c'est même valable pour les parents de jeunes enfants.

Dans ce genre de situation, l'enfant se rapprochera de vous pour suivre votre modèle évolutif jusqu'à sa maturité. Vous n'empièterez pas sur sa vie, si vous lui inculquez les principes et les comportements qui vous semblent les plus appropriés. Lorsque votre enfant aura atteint l'âge adulte, vous devrez lui rendre sa liberté, et le maximum que vous pourrez faire sera de lui offrir votre soutien et de lui donner des conseils, en espérant qu'il vous écoutera. Rappelez-vous qu'une des fonctions principales d'un parent est d'observer ses enfants pour les ancrer dans la réalité, afin qu'ils puissent s'adapter au monde extérieur tridimensionnel. Si un enfant est observé de façon adéquate — c'est-à-dire que son existence est validée et qu'il est encouragé — il sentira qu'il est une personne bien réelle, avec un potentiel et de la valeur, et qu'il n'aura pas besoin de se joindre à un gang ou de posséder un révolver pour avoir des observateurs. Naturellement, il est difficile pour des parents de se détacher de l'évolution de leurs enfants, mais vous pouvez apprendre à être patient et à vous distancier, en leur laissant du temps pour revenir vers votre mode de pensée, ce qui se produira si vous exercez sur eux une influence positive.

Dès que vous vous affranchissez de vos émotions, et de celles de l'esprit tribal qui vous entoure, quelque chose d'étrange se produit au niveau éthérique, et vous le ressentirez peut-être dans votre corps. Voici ce dont il est question : le lien éthérique que nous entretenons avec le physique passe par le plexus solaire. Un vortex d'énergie éthérique de forme tubulaire ressort à cet endroit et vous relie au physique. C'est pour cette raison que les gens parlent de « réaction viscérale ». C'est à cet endroit que nous sommes reliés au physique. C'est de cette façon que le lien à votre mère, par l'intermédiaire du cordon ombilical, a été remplacé par un lien au métaphysique, par l'intermédiaire de ce qui vous unit à la Mère sacrée

— la toile éthérique de la nature. Lorsque vous rompez le lien émotionnel et intellectuel qui vous unit à l'esprit tribal, vous relâchez également votre énergie éthérique. Votre luminosité (ou éthérique) s'éloigne de la lumi-nosité que dégage l'éthérique de la terre, ainsi que de la toile éthérique des autres. Lorsque cela se produit, il se peut que vous ressentiez une sensation de tiraillement au niveau du nombril. Si vous avez eu l'occasion d'écouter mes enregistrements de *Trance States* et avez mis en application la technique de rotation, vous aurez probablement fait l'expérience du tiraillement éthérique dont il est question. Quoi qu'il en soit, vous n'avez pas besoin de moi ou de mes enregistrements pour mener ce processus à bien. Il se déclenche automatiquement lorsque vous êtes dans un état de transe pendant un certain temps. Vos émotions circulent dans votre corps éthérique comme des vagues d'énergie laissant derrière elles l'empreinte de votre être. Ce sont elles qui dominent. Lorsque votre esprit est calmé et que vos émotions sont sous contrôle, le corps éthérique est libéré de l'influence des émotions. C'est alors qu'il s'affine et que sa texture se modifie — celle-ci perd de son humidité. Il cherchera alors à prendre de la vitesse pour s'éloigner du lien qui le rattache à un monde émotionnel qui le ralentit. L'éthérique, lorsqu'il n'est pas brimé, semble toujours rechercher une vitesse ou une résonance plus élevée.

329

L'énergie que dégage l'éthérique, par l'intermédiaire du portail tubulaire situé au niveau du plexus solaire, s'écoule de la même façon que lorsque du dentifrice sort de son tube. Son énergie se perd dans l'éthérique global des autres et dans le monde en général. Lorsque les émotions et la peur arrêteront de puiser de l'énergie dans ce tube, votre éthérique essaiera de refermer partiellement son ouverture. C'est pour cette raison que le détachement est un processus de guérison d'une telle importance. Si la plaie du nombril commence à se refermer, la force vitale de l'éthérique arrête de se déverser, et vous retrouvez instantanément votre pouvoir. S'il en a la possibilité, l'éthérique essaiera de se retirer en se laissant aspirer par le vortex tubulaire du plexus solaire, afin de conserver son énergie et de s'octroyer une résonance supérieure. On y perd moins de cette façon. Tant que vous êtes en vie, il y aura toujours une certaine perte d'énergie qui se produira par le plexus solaire, mais dès que votre détachement vous aura permis dans une certaine mesure de fermer ce « trou », l'éthérique se retirera, ce qui contribuera à le refermer un peu plus. Ainsi, le flux d'énergie qui s'écoule par le tube — contribuant à maintenir son ouverture — sera moins élevé.

330

Grâce à votre affranchissement de l'esprit tribal, l'éthérique développe sa rapidité et son élasticité. Un écart éthérique se crée donc entre vous, votre énergie et le monde extérieur. C'est ce que j'appelle la *zone libre éthérique*. Cette notion décrit la façon dont vous vous y prenez pour vous libérer de l'influence de l'onde et de ses mouvements d'oscillation qui relient les différentes parties de l'onde en une seule énergie. Vous ne pouvez pénétrer dans cette zone que lorsque vous vous êtes distancié des autres et avez accepté de prendre la responsabilité de ce que vous êtes, de même que votre vie. La zone libre éthérique est donc la première preuve de distance et la clé de l'observation. Il s'agit du côté positif de la chose. Mais l'inconvénient est que vous ne pouvez plus blâmer les autres pour ce qui vous arrive. Vous devez accepter que vous êtes le seul à décider de votre évolution. Un tel processus vous permet de vous transformer en un individu libre, au lieu de continuer à tourner en rond dans l'onde. L'écart, ou zone libre, vous permet d'évoluer en dehors de l'esprit tribal et de ne pas être encombré par l'énergie des autres. Ce retrait de l'éthérique vers le plexus solaire peut se produire naturellement pendant votre sommeil, ou sur une plus longue période, mais il survient parfois de façon très soudaine, alors que vous êtes en état de méditation profonde, et vous ressentirez alors une sensation de tiraillement intense dans la zone du nombril, laquelle sera provoquée par les efforts de l'éthérique pour développer son élasticité et pour se rétracter.

Au moment de ce tiraillement, il est possible que vous ressentiez également un léger tremblement et que vous ayez l'impression de tourner sur vous-même. Vous pourriez même vous sentir nauséeux à cause de ce mouvement. Le fait que l'éthérique se retire du monde physique contribue à la rotation qui permet de procéder à la transition de l'état extérieur tridimensionnel à l'état quadridimensionnel, puis à celui qui caractérise les mondes célestes.

Les mondes célestes intérieurs se font le miroir de notre monde extérieur. Par « miroir », je n'insinue pas que les mondes célestes intérieurs sont un reflet *conforme* de notre monde. Ce que j'entends par là, c'est qu'ils nous font face — comme c'est le cas des images qui se reflètent dans un miroir. Nous existons dans le monde tridimensionnel constitué d'une longueur, d'une largeur et d'une hauteur. Les mondes intérieurs appartiennent à un état quadridimensionnel, et il est possible qu'il existe d'autres états dimensionnels dont je n'ai pas connaissance. Pour l'instant, nous essayons simplement d'atteindre le quatrième, pour nous y établir, pour prendre de la distance et pouvoir ainsi nous observer, et pour atteindre par la suite l'état de particule intérieure. À l'exception du détachement du monde émotionnel, et par là même de la libération progressive de votre éthérique, vous n'avez rien de particulier à faire pour provoquer le mouvement de rotation qui vous permettra de vous affranchir du monde tridimensionnel de la réalité extérieure. Ce processus semble faire partie d'un cycle naturel qui vous permet de progresser et d'envisager la vie sous un angle différent. L'essentiel est de ramener le silence dans votre esprit. S'il y règne un bavardage incessant, il doit être stoppé par le biais de la discipline et de la concentration. La rotation n'est ensuite qu'un déclic dans l'esprit. En fait, vous devez chercher à « retourner » le monde (votre vision personnelle de ce qu'il est) à l'envers, pour qu'il devienne le miroir que vous pourrez observer. Vous trouvez que c'est compliqué ? Ce n'est qu'une impression, et je vais vous le prouver.

332

Rien n'est plus représentatif du déclic qui se produit dans l'esprit par le biais de la rotation vers l'état de miroir que le cube de Necker.

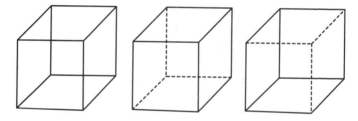

Figure 7 : Le cube de Necker et ses deux interprétations

Regardez à l'intérieur du cube de gauche, et imaginez que vous êtes assis dans le coin arrière gauche de celui-ci. Imaginez que le monde physique se trouve dans ce cube, ainsi que l'esprit collectif de votre peuple, lequel est en réalité un microcosme de l'esprit collectif de l'humanité — son âme collective planétaire. La vie à l'intérieur de ce cube est limitée par les trois dimensions que sont la longueur, la largeur et la hauteur, ainsi que par les connaissances et les croyances collectives de l'humanité, qui sont représentées par les côtés du cube. La totalité de notre monde tridimensionnel se trouve dans le cube. Celui-ci s'est agrandi avec le temps et à mesure que les connaissances se sont étendues, mais personne ne peut sortir de l'esprit ou du monde tridimensionnel (ou cube) si son attention est tournée vers l'extérieur. Les gens sont alors piégés — sur les plans physique et intellectuel — jusqu'à leur mort dans le « monde cube ». Nous faisons le tour du cube en pensant : « C'est ça la réalité », et bien que certains parviennent avec brio à en découvrir le contenu et à bien connaître ceux qui s'y trouvent, tout cela ne reste qu'à l'état de savoir. Car parce qu'ils sont piégés dans le cube, ils ne peuvent pas s'en éloigner pour s'observer de l'extérieur et au-delà des limites qu'il impose. Ils ne pourront pas atteindre l'état de particule intérieure tant que leur attention sera limitée au cube, et c'est pour cette raison que la quête de l'ego pour l'état de particule externe est vaine.

333

Maintenant, concentrez-vous sur le coin arrière gauche du cube, et ramenez-le mentalement vers vous, comme si vous essayiez de le soulever de la page. En l'espace d'un instant, le cube s'inverse, comme pour vous montrer son image miroir. Plusieurs tentatives vous seront peut-être nécessaires pour parvenir à cette inversion, mais dès que vous y serez arrivé une fois, le processus sera plus aisé. Regardez le deuxième et le troisième cubes, avec leurs lignes en pointillés — vous comprendrez mieux comment le cube bascule d'un état à l'autre à l'aide d'une rotation vers son état quadridimensionnel et dans le sens inverse. Ce qui était initialement la face arrière du cube, lorsque votre attention ou votre vision exerçait un mouvement de pression vers l'avant, est devenu le fond ou le couvercle du cube, en fonction de l'interprétation que vous en faites. Au lieu de vous trouver au fond du cube, coincé dans l'esprit tribal et dans le monde tridimensionnel, vous êtes maintenant à l'extérieur de celui-ci, assis au-dessus du coin gauche du toit ou en dessous du coin gauche de sa base, selon votre choix. Quoi qu'il en soit, vous vous trouvez à l'extérieur du cube. Vous êtes libre et vous vous élevez au-delà des limitations d'évolution imposées par le cube.

Au départ, lorsque vous vous êtes imaginé dans le cube — près du coin arrière gauche — votre esprit a dû faire un mouvement vers l'avant pour pouvoir y placer votre attention. C'est ce même mouvement vers l'avant que nous adoptons dans le monde extérieur lorsque notre ego est en phase d'extension, à la recherche de ce qui comblera ses besoins et ses désirs. L'extension de l'esprit conscient vers l'avant a pour effet de l'enfermer dans une boîte que nous appelons la réalité humaine/physique. Pour vous libérer totalement de la boîte, vous devez tirer vers vous le coin arrière à l'aide de votre concentration. C'est le seul processus qui inversera la réalité pour vous transformer.

Lorsque vous êtes dans un état méditatif, votre vision avant est tournée dans la direction opposée, c'est-à-dire vers l'intérieur, et les circonstances tridimensionnelles qui vous entourent ne subissent plus la pression de votre attention, mais commencent au contraire à revenir vers vous. Ainsi, en regardant vers l'intérieur, vous créez un mouvement d'attraction, du moins en ce qui concerne votre monde extérieur. Par conséquent, vous vous attendrez peut-être à créer un mouvement de poussée intérieur, vers les mondes célestes, parce que c'est là que se trouve votre attention, mais ce ne sera pas entièrement le cas. Je vous expliquerai pourquoi dans un instant. Le fait que vous attiriez la réalité extérieure à vous, en établissant un regard inverse dans la direction des mondes célestes intérieurs, est ce qui crée l'inversion de votre réalité et de votre lien avec l'esprit tribal. Votre détachement vous permet de vous « décoller », et la méditation vous permet d'effectuer une rotation, par l'intermédiaire de l'état quadridimensionnel, vers les mondes célestes. Vous penserez peut-être qu'à l'instant où votre méditation sera terminée et où vous réintègrerez le monde extérieur par le biais de votre conscience, le cube et votre réalité s'inverseront de nouveau pour vous piéger une fois de plus. Et je vous répondrai qu'il y a là du vrai et du faux. De toute évidence, votre conscience se retrouvera dans le cube puisqu'elle ne l'aura jamais réellement quitté. Vous vous êtes juste contenté de la « refermer », mais le moi intérieur que vous avez créé de l'autre côté de la rotation ne peut pas revenir en arrière.

Si vous ménagez des périodes de calme et de méditation dans votre vie quotidienne, les mouvements de rotation qui mènent aux « mondes miroirs » se feront plus fréquents, et peu importe que vous perceviez ou non ces mondes intérieurs, votre esprit global, qui existe normalement dans le monde extérieur, prendra naissance et commencera à donner forme à un être, ou une personnalité, intérieur(e), qui sera bien sûr votre moi intérieur. Le développement de ce moi intérieur n'est pas différent du processus par lequel vous vous êtes créé une personnalité en dehors de vos souvenirs et expériences d'enfance. Mais vous êtes désormais divisé en deux parties : l'une d'elles évolue dans le monde extérieur, et l'autre évolue de l'autre côté de la rotation, dans le monde intérieur.

335

Lorsque votre moi intérieur s'est complètement développé, il commence à voyager vers l'intérieur et à faire l'ascension de différents paliers, en mettant de la distance entre lui et votre personnalité tridimensionnelle extérieure qui se trouve dans la forme du graphique. Un écart va ainsi se créer et ouvrir la voie à une formidable possibilité : celle d'observer les deux parties de vous-même, c'est-à-dire à la fois votre personnalité intérieure et extérieure !

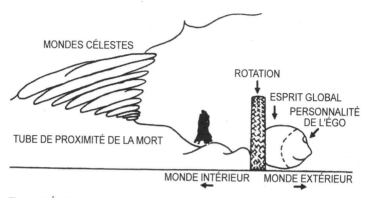

Figure 8 : Établissement de l'observation via la rotation du monde tridimensionnel extérieur vers les mondes miroirs de votre moi intérieur

Lorsque votre esprit global, qui contient la mémoire que vous avez de vous-même, conçoit et émet un nouvel aspect de lui-même, c'est-à-dire votre moi intérieur, celui-ci ne peut pas revenir vers le monde tridimensionnel du cube en passant par la rotation quadridimensionnelle. Mais pourquoi donc, me demanderez-vous, puisqu'il a été conçu à partir des mêmes registres de mémoire que ceux qui forment la personnalité de l'ego ? C'est en effet le cas, mais même si votre moi intérieur présente des caractéristiques qui prennent leur origine dans l'esprit extérieur, lequel façonne ses symboles et son tempérament initiaux de la même façon que vous héritez de la langue et du tempérament de vos parents, votre moi intérieur n'existe pas dans le monde tridimensionnel extérieur du temps et de l'espace. Peu importe vers où votre moi intérieur dirige son attention, son regard sera toujours intérieur — au lieu d'être tourné vers une réalité tridimensionnelle extérieure. Ainsi, il est dans l'incapacité de se retrouver dans le monde extérieur puisqu'il ne possède pas de vision tridimensionnelle. De la même façon qu'il vous serait impossible de franchir les frontières de l'univers physique, quelle que soit la direction que vous preniez, votre moi intérieur ne peut pas générer de vision extérieure lui permettant de créer un horizon tridimensionnel qu'il pourrait franchir pour effectuer avec succès un retour de son monde intérieur vers le monde tridimensionnel ordinaire. En passant, vous vous demandez peut-être comment les fantômes y arrivent... et je vous répondrai que pour eux les choses sont différentes. Leur monde est extérieur au monde céleste. Ils sont pris en sandwich, ou piégés, entre le monde tridimensionnel et le monde céleste.

Lorsque votre moi intérieur se sera habitué à se retrouver de l'autre côté de la rotation, c'est-à-dire lorsque vous aurez procédé à la même inversion que celle du cube de Necker, il restera dans ces mondes intérieurs pour y évoluer parallèlement à votre personnalité extérieure, laquelle continue son cheminement sur le plan physique. Le concept de la naissance du moi intérieur est inhabituel, et pourtant, à bien y penser, il n'est pas différent de la naissance du corps physique ou du développement de votre personnalité à partir de vos premières expériences. Ce que vous considérez comme votre *vrai* « moi » — c'est-à-dire votre personnalité consciente — n'est en fait qu'une petite partie détachée de votre mémoire globale, que votre esprit global utilise pour faire l'expérience de la vie dans le monde extérieur. Votre moi intérieur n'est rien de plus qu'une deuxième version de votre personnalité que votre esprit « détache » pour pouvoir évoluer à deux endroits en même temps, à savoir dans le monde extérieur et dans le monde quadridimensionnel de l'état de miroir — ou du monde céleste.

Je pense qu'en établissant votre moi intérieur de l'autre côté de la rotation, vous amorcez une évolution ou un destin qui est en réalité l'« Au-delà », dont la plupart des gens ne font l'expérience qu'après leur mort. Vous avez donc créé une partie de votre vie dans l'Au-delà, ce qui signifie que, lorsque

337

vous vous y retrouverez après votre mort, vous aurez fait le gros du « travail ». Vous aurez déjà exécuté et intégré une bonne partie des ajustements et de l'apprentissage dont un être humain doit faire l'expérience lorsqu'il arrive dans l'Au-delà.

Ainsi, les habitants des marges et toutes les personnes qui auront dépassé le plan physique pourront activer l'autre partie de leur être et continuer à apprendre et à évoluer. S'ils ne le faisaient pas, ils seraient coincés sur terre, piégés dans un plan qui n'offre aucune expérience ou leçon nouvelle. Une telle vie serait un véritable enfer d'un ennui mortel. Bien sûr, tout le monde mène à un moment donné une vie spirituelle, mais la plupart n'entament cette partie de leur évolution qu'après leur mort. Avant cela, tout fait partie du domaine de l'intellect ou de l'émotion — c'est-à-dire de la personnalité extérieure. C'est très simpliste. Si vous ne vous trouvez pas de l'autre côté de la rotation, tout ce que vous pensez et croyez doit faire partie du monde tridimensionnel de l'esprit, de l'intellect et de l'opinion. À bien y penser, ce n'est pas anodin.

338

Le voyage de votre moi intérieur vers les différents paliers (voir la figure 8) ressemble de près à celui que l'être humain accomplit de sa conception jusqu'à sa naissance. Votre moi intérieur amorce son existence de l'autre côté de la rotation, dans un état d'aveuglement, comme c'est le cas pour un embryon humain. Il dispose de quelques sensations (décrites au chapitre quatre), mais rien de plus. Après ses déplacements et ses ascensions, il finit par traverser le plateau de la désolation, et arrive à l'entrée du tube de proximité de la mort — ou le canal de naissance si vous préférez. Se frayer un chemin dans ce canal nécessite du courage et de la ténacité, comme c'est le cas pour un accouchement. Ce n'est que de l'autre côté de ce tube que votre moi intérieur pourra développer sa vision.

Désormais, votre moi intérieur se trouve réellement dans les mondes célestes, et il vous fait face dans le monde extérieur comme un effet miroir. C'est un peu après que la liaison se produit (voir le chapitre précédent) et que votre moi intérieur fusionne en une explosion silencieuse d'énergie avec votre personnalité humaine, dont l'évolution se fait dans le monde physique extérieur. Une sorte d'association se produit entre les deux molécules, parce qu'elles ne sont plus séparées par une distance absolue, et que la fusion permet une consolidation, ou sorte de « mini-bang » céleste qui établit un « mini-univers » constitué de ces deux parties de vous-même qui possèdent actuellement une identité spirituelle absolue — laquelle s'étend sur une distance céleste, entre l'autre côté du tube et le monde des images humaines qui se trouve de notre côté.

339

Il faut savoir que lorsque je vous parle de distance et de voyage intérieur, il me faut utiliser des mots que nous connaissons dans le monde tridimensionnel pour décrire des états qui existent dans des mondes multidimensionnels. Par exemple, dans notre monde tridimensionnel, la distance est reliée à la lumière, puisqu'il s'agit du temps nécessaire à la lumière pour se déplacer d'un point A à un point B. Dans le monde céleste, vous devez oublier ce que vous avez appris lorsqu'il est question de distance. Ce qui nous apparaît comme une réalité objective extérieure est en fait relié à vous sur le plan symbiotique. L'environnement que vous percevez est relié à vous en ceci qu'il est un prolongement de votre moi intérieur et de sa personnalité, y compris de toutes ses connaissances. Parce que la lumière céleste émet des sentiments, ce n'est pas une lumière ordinaire — qui, elle, ne transporterait aucun message ou sentiment particulier. Ainsi, la distance céleste n'est pas la distance ordinaire dont nous faisons l'expérience dans le monde physique. Dans ces mondes, la distance et l'horizon personnel de chacun sont un prolongement de ses sentiments. Vous ne voyez et ne vivez que les choses (ou réalités si vous préférez) qui sont en accord avec votre identité intérieure et qui vous correspondent. Vous ne pouvez pas voir ou vivre des choses qui ne vous correspondent pas, car les situations que vous vivez reposent sur un horizon d'événements créé par vos sentiments. Ainsi, la réalité intérieure vous répond et entretient avec vous une relation subjective. La réalité objective, ou extérieure, à laquelle nous sommes habitués n'existe pas — seule l'illusion de cette réalité existe. Ainsi, dans le monde céleste, votre environnement vous paraîtra peut-être solide, alors que ce n'est pas le cas et que les choses ne sont pas nécessairement statiques ou fermement ancrées à un endroit précis. Vous vous déplacez dans une dimension céleste et votre environnement ressemble à certains égards à un paysage physique — par exemple, vous pouvez apercevoir une maison. Au départ, cette maison reste statique, comme vous vous y attendiez. Mais si vous souhaitez la voir de plus près, elle se rapproche instantanément de vous. Ce n'est pas vous qui vous déplacez, mais bien elle qui vient à vous. Subitement, elle apparaît juste devant vous. Ou bien, si vous exprimez le désir de vous retrouver à l'intérieur de celle-ci, vous en voyez apparaître l'intérieur tout autour de vous. Ainsi, dans le monde céleste, nous savons que la réalité est subjective. Elle n'a pas de longueur, de largeur ou de hauteur différentes de celles que vous lui attribuez de par votre expérience dans le monde tridimensionnel. C'est pour cette raison qu'il n'y a pas de réalité extérieure sur les plans célestes, et que votre moi intérieur ne peut pas revenir vers le monde tridimensionnel une fois qu'il a vu ce qu'il y avait de l'autre côté de la rotation. L'absence de point de vue extérieur lui enlève toute possibilité d'horizon à traverser, et comme il ne peut pas attirer le monde physique à lui par le biais de la rotation, il ne peut plus réintégrer le monde tridimensionnel. Ce qui, tout compte fait, est plutôt positif.

Vous me direz peut-être que toutes ces histoires de monde céleste sont bien belles, mais que vous demandez à voir. Et je vous répondrai que, si vous étiez à côté de moi, je pourrais vous le montrer, puisque je serais en mesure de créer une distance dans votre corps éthérique et de vous donner un aperçu de ce dont je parle. Cependant, il y a un petit exercice que vous pouvez pratiquer par vous-même, et qui vous donnera une idée de ce qu'est le mouvement de rotation. Même si vous n'êtes pas en mesure de voir les mondes célestes en raison de votre aveuglement intérieur et de la distance intérieure qui vous sépare initialement du canal de proximité de la mort, vous ferez quand même l'expérience d'une rotation vers un état quadridimensionnel, vers le monde miroir. Si vous vous y prenez correctement, à une vitesse cérébrale peu élevée (dans un état de transe ou autre état similaire), vous vous retrouverez momentanément au sein d'une autre évolution. Vous trouverez cet exercice dans l'annexe du livre. Vous devez résister à la tentation de vous y rendre immédiatement. Car si vous ne comprenez pas au préalable les bases et le processus de l'exercice, et si vous n'avez aucune connaissance de la symbolique des mondes intérieurs célestes, vous risquez de vous faire une grosse frayeur.

341

Pendant cet exercice, il y aura un moment où votre personnalité humaine sera momentanément piégée dans la rotation. Cela se produira parce que celle-ci n'a aucune expérience au-delà de la rotation. Vous perdrez momentanément de vue la personnalité humaine extérieure que vous connaissez pour devenir ce que vous êtes réellement. Imaginez vous réveiller un matin et observer le monde qui vous entoure, pour réaliser subitement que vous n'avez aucune perception ou connaissance de l'individu ou de la personnalité qui est derrière cette observation. Cela ne veut pas dire que vous serez incapable de vous rappeler comment vous vous appelez, mais plutôt que vous ferez subitement l'expérience de votre corps sans lui attribuer de personnalité particulière. La personne que vous pensiez être aura alors disparu. Elle ne se trouve plus à l'endroit où vous vous attendiez, c'est-à-dire à l'arrière de vos yeux, dans votre esprit, occupée à percevoir le monde extérieur auquel vous êtes habitué. Au moment où votre personnalité se perdra dans le mouvement de rotation, vous chercherez — avec difficulté peut-être — à redécouvrir qui vous êtes. Vous pourriez être momentanément perturbé si vous ne savez pas vers où vous diriger, ou si vous ne réalisez pas immédiatement que vous pouvez quitter ce monde par le biais de la rotation quadridimensionnelle, pour réintégrer votre corps et retrouver la personne que vous étiez dans le monde tridimensionnel.

Ainsi, en prenant les choses dans l'ordre, et en imaginant ce que vous serez de l'autre côté de la rotation par une meilleure connaissance des symboles et du langage de ces mondes, vous pourrez vous rendre à cet endroit (si vous le souhaitez) de manière appropriée. Le but est de vivre une expérience exceptionnelle sans en être déstabilisé. Parlons maintenant de l'état de transe, de ses symboles et de ses significations. De cette façon, vous serez mieux préparé.

Notre perception du monde conscient se déroule à une vitesse cérébrale relativement rapide qui équivaut à au moins quatorze cycles par seconde — il s'agit de l'état bêta. Ce n'est que lorsque vous ralentissez cette vitesse cérébrale à un état de transe (soit quatre à six cycles par seconde) que vous pouvez pénétrer dans les mondes intérieurs de l'état miroir ou les percevoir. En état d'éveil, cette vitesse provoque une oscillation électromagnétique qui barre l'entrée dans le monde quadridimensionnel.

Pour la plupart des gens, il n'existe pas réellement d'être spirituel intérieur, tant que leur personnalité ou leur ego n'a pas été réduit au silence par la mort. L'état de transe est ce qui permet de simuler cette mort et de s'établir dans les mondes intérieurs.

Voici comment les choses doivent se passer : avant que vous entamiez votre processus de transe, faites de l'exercice pendant dix à quinze minutes, et prenez une douche chaude pour vous détendre. Il est préférable de ne rien manger quelques heures avant. Lorsque vous êtes prêt à commencer, allongez-vous en vous assurant que votre tête est située au nord et vos pieds au sud. Fermez les yeux, détendez-vous, et suivez le processus que je conseille dans tous mes ouvrages, et qui consiste à imaginer que son corps s'allonge pour atteindre le double de sa taille normale. Il s'agit d'une simple visualisation, dont le but est d'établir une certaine élasticité dans votre corps éthérique. Prenez ensuite le temps de visualiser vos principaux chakras, votre cœur, votre gorge, votre troisième œil, ainsi que l'ouverture du sommet de votre tête, pour recevoir et libérer de l'énergie. Lorsque vous êtes profondément détendu, et que vous avez activé et étendu votre énergie éthérique, vous devez commencer par observer l'obscurité.

343

Au premier abord, vous ne voyez rien, puisque votre moi intérieur est aveugle, comme l'est un enfant dans le ventre de sa mère. Il est fort probable que votre conscience trouve cette démarche ennuyeuse, et qu'elle aille même jusqu'à protester en vous faisant des propositions alléchantes pour vous ramener vers le monde extérieur. L'absence d'activité provoque un inconfort. L'ego tient absolument à ce qu'il y ait de l'action pour qu'il puisse se sentir vivant. Observer l'obscurité où il ne discerne rien lui apparaîtra comme une perte de temps considérable et peut-être même comme une menace. L'ego ne sait pas s'il est en train de mourir ou pas, et il ne comprend pas vraiment ce qui se passe.

Au départ, rien n'apparaît dans l'obscurité, parce que votre mémoire est uniquement constituée de souvenirs glanés dans le monde ordinaire. Il faut un certain temps avant que l'esprit subconscient parvienne à se libérer de l'influence du monde extérieur et à donner naissance à un être intérieur à partir de sa mémoire globale. De la même façon, il vous a fallu passer plusieurs années dans le monde extérieur avant de vous façonner une personnalité — vers l'âge de cinq ou six ans. Lorsque votre personnalité s'est formée, vous avez continué à évoluer au fil des ans pour devenir ce que vous êtes aujourd'hui, en accumulant les connaissances et les expériences, et en vous perfectionnant un peu plus.

344

Dans l'obscurité de notre méditation, le premier changement que l'on remarquera habituellement sera l'apparition de taches de couleur dans notre champ de vision. Elles sont généralement jaune doré, rouges ou vertes. Elles vont et viennent. Elles ne signifient rien, mais font simplement partie du processus oculaire de lumière et de couleur qui se déplace vers le cerveau. Vous pouvez faire l'expérience de ce même processus en regardant fixement un point de lumière et en fermant rapidement les paupières. Sur votre nerf optique, un résidu de lumière jaune doré apparaîtra et semblera briller à l'intérieur de vos paupières.

Après les va-et-vient de ces taches de couleur, vous ne verrez plus rien pendant un certain temps. Plusieurs mois, ou plusieurs jours — il est difficile de prévoir la durée de ce processus — pourraient s'écouler sans que rien ne se passe. Ensuite, vous verrez apparaître des images et des symboles qui auront peu d'éclat. Vous les verrez toujours se déplacer sur le fond noir de vos paupières fermées. La lumière qui entoure ces images et symboles sera faible, mais vous serez en mesure de les voir quand même. Ils passeront devant vos yeux en suivant des trajectoires en forme d'arc et en se déplaçant le plus souvent de gauche à droite, mais parfois aussi de droite à gauche, en fonction du côté de votre cerveau où se trouve votre logique. Pour la plupart des gens, la logique est située dans le côté gauche du cerveau, et les déplacements dans l'espace sont situés dans la partie droite. Mais il arrive que ce ne soit pas le cas, surtout chez les personnes gauchères.

345

À cette étape, les symboles que vous verrez se déplaceront avec une certaine lenteur. Au départ, ils seront plats, avec peu — ou pas — d'épaisseur. Vous remarquerez qu'ils ne seront pas forcément droits par rapport à votre ligne de vision, comme vous y êtes habitué dans le monde extérieur. La plupart de ces symboles, qui se déplaceront laconiquement sous vos yeux en flottant dans l'air, vous apparaîtront sous des angles inhabituels, parfois inclinés vers vous, d'autres fois penchés au contraire dans le sens opposé. Il vous arrivera également de les voir juste au-dessus de votre ligne de vision, et vous aurez alors l'impression de devoir lever les yeux pour les voir au-dessus de vous. Peut-être verrez-vous ainsi apparaître une silhouette humaine au-dessus de vous, et vous aurez la sensation d'être une fourmi qui marche sur un trottoir et voit, de dessous, les semelles de ce géant. Le contraire pourra également se produire, et vous aurez alors une vue plongeante sur le sommet de son crâne, au lieu de ses semelles. L'étrangeté de ces angles m'a toujours fasciné.

Ces premiers symboles, qui apparaissent sur un fond noir et dont l'éclat est assez faible, proviennent de votre subconscient. Il s'agit principalement de radiations aléatoires. Elles font non

seulement partie du processus de libération du monde extérieur, mais elles nous apprennent également à connaître le
monde intérieur, de la même façon qu'un enfant regarde des
formes et apprend à s'habituer à la perspective de profondeur
dans le monde extérieur. Les symboles inclinés vous permettent d'établir une perception tridimensionnelle de ce qui
deviendra bientôt un monde quadridimensionnel. Ainsi, les
premiers symboles sont plats et bidimensionnels, comme des
images sur une feuille de papier, mais dès qu'ils commencent
à se pencher en formant des angles différents, ils vous permettent de saisir les notions de distance et de profondeur. À
mon avis, les symboles penchés constituent une première
preuve de la distance que le subconscient prend avec le
monde ordinaire de l'esprit intellectuel. À cette étape, vous
commencez à réaliser à quel point votre capacité d'imagination va devenir importante, et dans quelle mesure le fait
d'avoir des perceptions et des idées inhabituelles vous libè-
rera de l'esprit du système, lequel est principalement tourné
vers un monde vertical.

Les symboles inclinés passeront sous vos yeux en chaîne,
en présentant chaque fois un point commun. Ainsi, vous
pourriez voir des visages pendant une semaine — en grandes
quantités — et vous n'en reconnaîtrez probablement aucun.
Ils traverseront votre ligne de vision en flottant, comme
entraînés par un courant régulier. Certains seront jeunes,
d'autres vieux, certains auront des traits magnifiques —
presque angéliques — tandis que d'autres vous sembleront
excessivement grotesques, dégoûtants et laids. Puis, ils disparaîtront de votre « écran », et une nouvelle série de symboles
prendra leur place, et pendant une semaine ou deux vous ne
verrez rien d'autre que des objets, comme des arbres par
exemple. Et il y en aura des centaines. Tous différents, la
plupart sous des angles inhabituels. Ensuite, cela pourrait être

346

la période des animaux, puis celle des formes géométriques, et ainsi de suite. Je pars du principe que vous faites une séance de méditation quotidienne d'environ trente minutes. Ainsi, lorsque je dis que vous verrez des visages pendant une semaine, je parle uniquement des périodes de méditation, et non de sept journées entières.

Lorsque vous en serez à cette étape, un certain laps de temps se sera écoulé — peut-être un an ou deux — et vous aurez continué votre progression en dehors du système. Si vous prenez le dessus sur votre ego, l'esprit qui est en vous sera libéré et vous enveloppera d'un sentiment de joie et de bien-être. Mais il vous arrivera également de ressentir de l'incertitude et de la terreur lorsque votre ego reprendra le dessus. Car il se sent menacé par votre travail intérieur qui le rend très suspicieux. Il n'aime pas perdre le contrôle.

347

Lorsque tous ces symboles inclinés auront terminé leur procession, votre écran redeviendra vierge. De nouveaux symboles apparaîtront ensuite, dans le cadre du prochain processus. Maintenant que vous avez appris à percevoir la profondeur, vous devrez vous tourner vers le langage. Les symboles que vous percevrez à cette étape permettront d'établir un dialogue. Pour simplifier les choses, appelons ces nouvelles images des « symboles L » (symboles du langage). Contrairement aux symboles inclinés, ils ne se présentent pas en groupes. Ils se déplacent individuellement. Les symboles L permettent à votre moi intérieur de passer du silence à la communication, en vous enseignant un mot à la fois, de la même façon qu'un enfant apprend à parler. Ils vous préparent à ce qui se produira plus tard dans les mondes célestes. Car vous trouverez à cet endroit des symboles complexes, véhiculant des significations et des informations infinies, qui s'expriment par le biais d'un sentiment spirituel d'une grande profondeur issu de la lumière céleste accompagnant chaque image. Les premiers symboles L que vous verrez auront peu d'éclat, mais leur profondeur sera supérieure à celle des symboles précédents. Chacun représente un mot tiré du vocabulaire de votre moi intérieur. Parfois, leur signification est évidente, mais il arrive également qu'il s'agisse d'une énigme à déchiffrer. Souvent, il s'agit d'un rapprochement phonétique, de mots que l'on peut associer de par leur prononciation. Ainsi, vous établirez leur signification par un processus d'élimination, un symbole à la fois. Ces premiers symboles ont une signification, mais ils ne sont pas encore habités par des sentiments. La source de tout sentiment intérieur est la lumière céleste, mais celle-ci ne brille pas encore avec une intensité suffisante à travers votre moi intérieur pour pouvoir conférer une véritable vitalité céleste aux symboles L. Au lieu de découvrir leur signification en percevant le sentiment qui les anime, vous devez les envisager comme une énigme ou les interpréter littéralement. Rappelez-vous qu'un cerveau dépourvu de lumière spirituelle ne peut pas avoir de sentiments intérieurs — à cette étape, il ne peut que *savoir* les choses. La véritable perception vient plus tard. Il arrive que la réponse à l'énigme posée par un symbole soit un synonyme établi par association. Ainsi, si votre esprit essaie d'évoquer le concept de la comédie, il se pourrait qu'il vous montre le visage d'une personne qui vous fait rire. S'il essaie d'évoquer un changement de direction, il pourrait vous montrer une rue que vous connaissez bien et qui tourne brutalement à un moment donné. S'il veut attirer votre attention sur la réalisation de quelque chose, il vous présentera peut-être une pierre tombale. En général, les gens trouvent cette image terrifiante. Les tombes évoquent souvent la fin, de la même façon que les naissances symbolisent le début. Votre esprit intérieur vous

348

parle, comme vous vous parlez à vous-même, et vous finirez donc par comprendre où il veut en venir.

Pour les symboles qui n'ont pas de signification évidente ou littérale, il faudra procéder par connotations. Imaginons par exemple que vous voyez une bouteille de whisky tous les jours, pendant une semaine. Vous pourriez éprouver une certaine difficulté à établir la signification de cette bouteille. En faisant une association d'idées, vous arriveriez à la conclusion que le whisky est une boisson spiritueuse — dont la consonance se rapproche du mot « spirituel » — et cette image vous apparaîtrait par la suite pour invoquer le terme « spirituel » dans le dialogue.

349

Les synonymes et associations phonétiques sont utilisés lorsque le dialogue intérieur fait référence à des notions abstraites pour lesquelles il n'existe pas de symbole particulier. Par exemple, si l'image d'un jeu apparaît dans votre champ de vision, il pourrait s'agir d'une référence au « je », c'est-à-dire à vous-même.

Il existe des centaines de symboles. Vous en avez probablement déjà vu un grand nombre, sans savoir déchiffrer leur signification, mais vous en serez capable dès que vous élargirez votre pensée au-delà des explications littérales ou évidentes qui ne sont habituellement pas appropriées. Quoi qu'il en soit, les idées concrètes disposent habituellement de symboles littéraux. Ainsi, voir apparaître une gousse d'ail ne signifie pas forcément que vous avez mal quelque part (onomatopée « aïe »), mais évoque peut-être tout simplement la plante bulbeuse. Le langage, qui est au départ une série de symboles désordonnés, finit par prendre un sens, en vous apprenant au passage à accroître vos capacités et perceptions intérieures, en adoptant des perspectives différentes. Il vous apprend également à être plus efficace, de façon à parvenir, avec le temps, à déchiffrer des données de plus en plus complexes, d'autant plus que celles-ci se présenteront à vous avec une plus grande rapidité.

Ces symboles vous apprendront également comment vous concentrer pour ne rien rater de ce qui passera dans votre champ de vision. Ils savent comment empêcher votre attention de se relâcher. Car si celle-ci se détourne d'eux, ne serait-ce qu'un instant, les symboles se figent jusqu'à ce que vous reveniez sur eux. Il vous arrivera peut-être de devoir abandonner votre état de transe et de reprendre votre séance le jour suivant.

350

Au début, lorsque votre moi intérieur est en phase d'apprentissage du langage, il n'est pas en mesure de voir les mondes intérieurs et n'en a aucune connaissance. Vous êtes donc aveugle pendant un certain temps. C'est pour cette raison que, lors de l'ascension de mille jours dont j'ai parlé précédemment, vous n'aurez pas vraiment idée de ce que vous devrez faire par la suite. Mais à mesure que vous développerez votre langage et apprendrez à contrôler votre ego, votre être intérieur s'emplira d'une plus grande spiritualité, et vous développerez les rudiments du sentiment spirituel intérieur. Vous serez toujours aveugle, mais vous pourrez néanmoins trouver votre chemin. Lorsque votre moi intérieur commence à prendre de la vitesse, sa progression devient plus régulière. Puis votre esprit finit par se libérer totalement de l'intellect et de l'ego, et vous pouvez développer les rudiments de la vision en plus de ceux du sentiment intérieur.

Lorsque vous en serez à cette étape, vous verrez apparaître de nouveaux symboles. Ces derniers sont différents des symboles L. Ils viendront directement à vous et apparaîtront bien droits devant vous, au lieu de se déplacer d'un côté à l'autre de votre champ de vision en suivant des trajectoires ondulées. Il existe quelques exceptions, mais d'une manière générale ces nouveaux symboles apparaissent dans le centre du champ de vision et se déplacent en suivant des lignes droites. Ces symboles célestes — ou symboles C — ont une vitesse de déplacement bien plus élevée que celle à laquelle vous êtes habitué. Ils apparaissent sur un fond noir et irradient d'une lumière dont l'éclat fait parfois penser à celui des mondes célestes, et peut également être moins intense à d'autres moments. Vous décèlerez facilement cette variation d'intensité.

Personnellement, lorsque j'ai commencé à voir ces symboles, ils m'apparaissaient principalement sous forme de lettres de l'alphabet. Ils étaient de couleur dorée et se présentaient à moi un par un, en se déplaçant à une grande rapidité.

351

Au départ, nombreux étaient ceux que je n'arrivais pas à « capter ». Il m'a fallu un certain temps pour réussir à m'ajuster à un mouvement d'une telle rapidité. Lorsque j'ai été en mesure de saisir une lettre à la fois, j'ai commencé à en recevoir deux, puis trois à la fois, jusqu'à ce que des mots entiers m'apparaissent. Il m'a fallu du temps avant de réussir à lire une phrase simple de trois ou quatre mots. Le problème est que les symboles célestes ont une vitesse d'oscillation bien plus élevée que celle à laquelle les humains sont habitués. L'information vient à vous avec une telle rapidité que vous n'avez pas le temps de vous concentrer pour l'intégrer. La durée de son impact s'élève à une fraction de seconde, et il vous faut donc apprendre à retenir des renseignements à des vitesses très élevées. Vous apprendrez à saisir ces informations à partir de la trace de mémoire que le symbole aura momentanément créée dans votre esprit — sa rémanence si vous préférez.

C'est un processus difficile à expliquer, mais vous devez parvenir à voir le symbole sans le regarder. Lorsqu'il arrive à vous, vous n'avez pas le temps de vous concentrer sur lui. Votre esprit doit être passif pour que les symboles C puissent venir vers vous et attirer votre attention. Au départ, vous en laisserez passer la plus grande partie, ce qui vous semblera peut-être frustrant. Dans notre monde physique, la lumière qui se reflète sur un objet — comme un mot sur une page — atteint votre œil et se déplace ensuite vers le cerveau sous un effet d'impulsion. La lumière du mot est continue, si bien que vous avez le temps de le regarder et de l'analyser, afin de le comprendre. À l'inverse, la lumière des symboles C n'est pas continue. Il s'agit plutôt d'un flash instantané. En effet, le symbole est comme suspendu dans ce flash. Vous devez être prêt à l'« attraper », mais il vous faudra être très rapide. Ce processus vous apprend à développer vos capacités de perception dans un contexte d'urgence. Avec le temps, vous deviendrez de plus en plus sensible aux changements de lumière et d'énergie les plus subtils. C'est pour cette raison que je vous conseille de remarquer tout ce qui vous entoure. Le fait d'être attentif apprend à votre esprit à être réceptif aux détails plus subtils des mondes intérieur et extérieur.

Les premières phrases que j'ai réussi à percevoir n'étaient pas d'une importance capitale. Il m'arrivait par exemple de voir le nom d'une personne qui allait apparaître dans ma vie deux ou trois jours plus tard. Il ne se passait donc rien de particulier, et la plupart du temps il s'agissait de rencontres informelles. Je discutais avec une personne à laquelle je demandais ensuite de se présenter. Les messages que je recevais étaient parfois des conseils personnels, mais il arrivait également que je ne parvienne pas à en saisir le sens. Par exemple, une phrase du style : « Les saules pleureurs longent la rivière » avait pour effet de me plonger dans une grande perplexité.

Il y a plusieurs années, j'ai eu accès pendant quelques jours, à une sorte de librairie céleste. Les livres qu'elle contenait étaient les plus magnifiques que j'aie jamais vus, et sur toutes les pages, chaque mot semblait éclairé par derrière. À travers les lettres de ces mots, une sorte de lumière colorée à plusieurs facettes formait une mosaïque de connaissances dont la sagesse et l'ancienneté étaient telles que je ne pouvais les comprendre.

Certains de ces livres étaient constitués de symboles techniques qui ne ressemblaient à aucune science terrestre de ma connaissance, et d'autres étaient rédigés avec une écriture qui n'existe pas dans notre monde. Ils étaient les réceptacles d'une connaissance immense. Je me rappelle clairement avoir observé une lettre majuscule qui commençait une des phrases de ces livres, et avoir réalisé qu'elle contenait, dans son immense éclat, l'histoire entière de l'humanité. Je ne comprenais pas le langage du livre, mais je me souviens avoir pensé à la simplicité et à l'humilité de la vie, et m'être dit que, si une majuscule pouvait représenter tout ce qu'il y a eu en ce monde, il n'y a pas de quoi en faire toute une histoire (de ce monde). Je me rappelle avoir ressenti de la fierté envers cette lettre, qui me semblait très spéciale. L'endroit où elle se trouvait dans le livre était tout à fait approprié, comme si elle était bien à sa place. Elle se trouvait au milieu des autres lettres, et elle n'avait rien de plus ou de moins que les autres — ce qui nous représente bien. Mais je ne disposais pas de la compréhension, de la vitesse et de l'énergie nécessaires pour rester à cet endroit, et mon espoir de pouvoir lire ces livres célestes s'est retrouvé temporairement ébranlé.

Pouvons-nous faire la différence entre une hallucination et un rêve lucide ? Je crois que oui. La lumière céleste n'est pas une lumière ordinaire. Les symboles C sont baignés d'une lumière d'amour, de sentiments, et de savoir infini — vous ne pouvez donc pas les rater. Lorsque vous percevez une scène céleste, l'immensité de la présence divine en ce lieu est manifeste, et la sérénité que l'on y ressent est indescriptible.

Lorsque nous rêvons, il est rare que les symboles apparaissent individuellement. Nous voyons des scénarios mis en scène et de courtes pièces de théâtre — des suites d'événements. La lumière des rêves est la même que celle que notre cerveau perçoit dans un état d'éveil et dont il se rappelle. Les séquences qui constituent un rêve ne sont pas logiques, et les événements semblent s'enchaîner de façon irrationnelle et incohérente. Lorsque l'on perçoit un monde céleste, la réalité de celui-ci peut se déplacer vers l'avant ou vers l'arrière. Mais elle a une certaine logique en ceci que les événements se suivent avec pertinence et apparaissent chacun leur tour. Les rêves lucides sont également habités d'une lumière ordinaire, et dans ceux-ci vous aurez souvent l'impression de survoler un paysage terrestre où rien ne laissera deviner, que ce soit dans la lumière ou dans le paysage, qu'il s'agit d'autre chose que d'un rêve. Je pense que cette sensation de vol que l'on a dans les rêves lucides a quelque chose à voir avec le fait que le subconscient désire profondément s'affranchir du monde intellectuel rigide des idées et de la force de gravité terrestre. L'envol est le moyen qu'a trouvé le subconscient pour exprimer sa liberté. La sensation de voler est euphorisante, mais elle n'est rien de plus qu'une virée dans les montagnes russes pour l'esprit.

354

Dans les mondes célestes, et même dans les mondes se trouvant à proximité de ces derniers, tout a un éclat et une lumière. Les objets ne sont pas inanimés puisqu'ils prennent vie. Les premiers symboles que vous y verrez et les symboles L, qui apparaîtront ultérieurement, ne dégagent qu'une lumière faible puisqu'ils proviennent de votre esprit. Il est important de mentionner que dans le monde astral, qui est pris en sandwich entre le monde tridimensionnel et l'état de miroir quadridimensionnel, les symboles manquent tellement d'éclat qu'il est possible de les confondre avec ceux qui proviennent de votre esprit. Mais vous pourrez faire la différence si vous les observez avec attention. Le monde astral est caractérisé par une teinte grise légèrement étrange, et nombre de ses symboles — et même de ses habitants — ont une signification que n'ont pas ceux qui proviennent de notre esprit. Les contours de ces derniers ont tendance à être flous. Dans le monde astral, la plupart de ce que vous voyez est clairement défini, en plus d'être teinté de gris. Il existe une grande quantité d'énergie satanique, menaçante, repoussante ou diabolique, mais vous n'éprouverez aucune difficulté à faire la différence. Notez également que les éléments du monde astral vous sembleront être derrière vous, ce qui est normal puisque vous aurez tendance à vouloir sortir de ce monde au plus vite, et donc de vous éloigner des éléments qui le constituent.

355

À mesure que vous ferez l'ascension des différents paliers intérieurs, votre vision s'affinera, mais la vision absolue n'existe qu'au-delà du tube de proximité de la mort. Sur les paliers situés entre la rotation et l'autre côté du tube, je n'ai jamais entendu de son audible, à l'exception d'un seul : il m'est arrivé une fois d'entendre des chœurs angéliques. La communication est intérieure, puisque les informations se déplacent par le biais de la lumière céleste qui englobe tout ce qu'il y a à savoir. En outre, les échanges se font d'esprit à esprit, sans le déplacement d'ondes sonores auquel nous sommes habitués. Lorsque l'on voyage à travers les différents paliers, il est difficile de déterminer si les mots qui traversent notre esprit viennent de soi ou de quelqu'un d'autre. À l'approche du tube, il existe des zones obscures dans lesquelles il est important d'être attentif à ce qui vous apparaîtra comme un dialogue intérieur. Personnellement, je pars du principe que celui-ci ne vient que de moi-même, à moins qu'il existe une preuve contraire. Cela ne revient pas à dire que les idées qui surgissent dans votre esprit sous forme de dialogues sont sans intérêt, puisqu'elles peuvent au contraire s'avérer très utiles. Mais j'évite de croire qu'il s'agit d'informations extérieures provenant de quelqu'un ou de quelque chose d'autre. Il est impossible de faire la différence tant que vous serez dans l'aveuglement. Je le mentionne en passant parce que je pense que de nombreuses personnes se leurrent en croyant qu'elles communiquent avec d'autres êtres. De ce côté-ci du tube, seuls les habitants des mondes astraux transmettent des dialogues mentaux. Ainsi, tant que vous ne serez pas de l'autre côté du tube, prenez garde à ne pas donner aux choses une signification qu'elles n'ont pas.

356

À mesure que vous ferez l'ascension des paliers, votre vision céleste se développera un peu plus, surtout lorsque vous approcherez du plan de la désolation et du tube. Quoi qu'il en soit, les symboles célestes peuvent vous apparaître à n'importe quel moment du voyage pour améliorer votre dialogue intérieur. À cette étape, vous devriez disposer des rudiments du langage, en supposant que vous avez établi une relation décente avec votre moi intérieur. C'est l'énergie qui s'écoule entre votre moi intérieur et votre moi conscient, laquelle est chargée d'une spiritualité grandissante, qui commence à changer réellement votre vie. Vous vous revêtez alors d'un éclat invisible que la plupart des gens n'ont pas, et cela se traduira dans votre vie par une énergie physique et un enthousiasme accrus, ainsi que par une accumulation d'événements positifs qui rendront votre vie plus facile.

Une fois que vous avez procédé à la rotation, cet éclat se développe progressivement. Peu importe que vous voyiez ou non les symboles célestes, vous pouvez vous en sortir en vous servant des perceptions et sentiments spirituels qui vous sont transmis par l'esprit. L'important est que vous établissiez une certaine distance entre ce que vous êtes à l'intérieur et la vision que vous avez du monde extérieur. En agissant ainsi, vous consolidez votre pouvoir dans une mesure inégalable. La plupart des gens n'ont pas la ténacité ou la discipline nécessaire pour parvenir à traverser le tube de leur vivant, et vous ne devriez pas vous en vouloir si ce voyage ne vous intéresse pas. Ce n'est en aucun cas obligatoire. Seules les personnes un peu illuminées et marginales seront intéressées.

Par le simple fait de contrôler votre énergie éthérique et d'atteindre un bon équilibre, vous rendez un grand service aux autres. L'éclat que vous dégagez vous est bénéfique et il irradie imperceptiblement vers les autres, sans que vous soyez vraiment conscient de ce qui se passe. En résumé, pour que les gens changent, ils doivent établir une nouvelle résonance à de nombreux niveaux différents, y compris les niveaux mental et psychologique. En menant une vie sereine et équilibrée, et en vous assurant d'avoir une énergie éthérique bien définie et libérée de l'onde tribale, vous contribuerez à entretenir le flux de lumière destiné à notre monde. Le processus est lent, mais chacun peut y contribuer en acceptant de laisser son esprit briller et de s'ouvrir à de nouvelles idées.

357

Ce qu'il y a de merveilleux, c'est que ce processus est véritablement en marche, et qu'il va prendre de plus en plus d'importance au fil du temps. Rappelez-vous qu'en tant que professionnels de l'attente, nous passerons, si nécessaire, notre vie à attendre.

Et après ?

CHAPITRE DOUZE

À MON AVIS, LES VINGT PROCHAINES ANNÉES SERONT MARQUÉES par une prise de conscience accrue relativement à l'ego et au statu quo. Grâce à cette conscientisation, les gens comprendront que la seule façon d'améliorer le sort de notre planète est de contrôler leur ego et d'assumer la responsabilité de leur vie. Les solutions d'urgence, qui consistent à « rafistoler » momentanément les gens et les nations, devront disparaître, pour qu'il devienne impossible d'emprunter de l'argent qui ne peut pas être remboursé. Pour mettre en route le processus de guérison, il n'existe pas d'autre moyen que celui d'apprendre aux gens à élever leur niveau d'énergie pour qu'ils puissent se débrouiller par eux-mêmes. C'est la prochaine étape logique. Ce mouvement vers une vision spirituelle deviendra une urgence et se répandra à tel point que tous les pays du monde occidental devront y adhérer rapidement. Le bon sens, qui n'était jusqu'à présent qu'une flamme vacillante, va maintenant pouvoir nous éclairer.

À mon avis, ce qui est formidable dans ce processus est que les gens, même mis à l'épreuve par des difficultés économiques, prendront conscience qu'ils ont été abusés et privés de leur pouvoir par un système visant à avantager une minorité. Lorsqu'ils seront suffisamment nombreux à réaliser que nos démocraties sont fondées sur une relation malsaine entre quelques personnes au pouvoir et la masse impuissante, il deviendra nécessaire que ces démocraties tiennent compte du peuple pour lequel elles ont été créées. Ce processus le rendra plus fort. En assumant la responsabilité de ce qui lui arrive, le peuple apprendra à contrôler sa vie. Ce ne sont pas les difficultés économiques qui posent problème, puisqu'elles permettront au contraire d'élaborer une solution.

Les gens réaliseront que, s'ils veulent prospérer dans ce nouveau monde, ils devront se réapproprier leur pouvoir. Au lieu de chercher des solutions à l'extérieur d'eux-mêmes, ils comprendront que c'est à l'intérieur qu'elles se trouvent. Au niveau métaphysique le plus basique, la seule denrée réelle du monde est l'énergie. En générant de l'énergie — et de l'enthousiasme — et en l'exprimant par le biais de votre action concertée et de votre créativité, vous vous assurez une vie prospère et heureuse.

362

Pour certains, prendre ses responsabilités et se libérer est un acte déconcertant. Le manque de confiance, lié à une répression qui sévit depuis longtemps, est le point faible de l'être humain. Il est difficile pour un prisonnier de dire à son gardien de prison « Tu es viré ! » — mais notre heure viendra.

Certains diront peut-être qu'un avenir dans lequel les communautés sont dirigées par leur propre peuple ne peut qu'entraîner une situation chaotique. Ce n'est pas ainsi que je vois les choses. Je n'envisage pas un avenir totalement dépourvu de gouvernement. Je pense que nous avons besoin d'un gouvernement moins présent, mais également dirigé par le peuple, selon une idéologie spirituelle, et non émotionnelle ou élitiste. C'est la principale différence. Et cela ne se fera pas en une nuit. Il est possible que cette transition se fasse lentement et en douceur. Le pouvoir peut être progressivement rendu aux gens du peuple, lesquels deviendront des individus qui partagent leurs efforts pour établir un nouvel ordre basé sur le respect mutuel. Pour la masse de l'humanité, l'idée que de petits groupes de personnes bienveillantes et avisées puissent atteindre un consensus dans le respect de l'autre et travailler ensemble pour gérer et améliorer leur communauté, leur usine, leur église ou autre, est très plaisante et attrayante. Ce n'est qu'une question de temps avant que tout cela ne devienne réalité.

On peut déjà se faire une idée du processus en regardant les quelques usines de fabrication dont l'organisation est devenue horizontale, et non plus verticale. Le plancher de production est géré par les ouvriers, lesquels forment de petites équipes de supervision reposant sur le respect et sur la contribution de chacun, dans l'intérêt de l'entreprise, par la mise en œuvre de pratiques efficaces et équitables.

363

Dans une quinzaine d'années, les entreprises qui veulent conserver une structure verticale, avec un pouvoir décisionnel situé au sommet de la hiérarchie, n'existeront plus. Je pense qu'au cours de la prochaine génération, le mouvement syndicaliste sera remplacé par une gestion consensuelle partagée entre de petits groupes de travailleurs démocrates et des propriétaires d'entreprises, dans l'intérêt de tous.

Ce vent de démocratie atteindra également les actionnaires. L'escroquerie, dont les fonds d'actionnaires de sociétés cotées en bourse sont les victimes, est le vol le plus important qui ait été perpétré dans l'histoire mondiale de l'économie.

Ce sont les fondements tout entiers du processus d'achat d'actions qui doivent être révisés. En théorie, une part dans une société ouverte vous accorde un droit de propriété sur celle-ci, mais vous n'avez jamais la possibilité d'exercer ce droit. Alors de quoi êtes-vous propriétaire ? De rien, si ce n'est d'un morceau de papier qui aura autant d'utilité pour vous qu'un bulletin de vote lors d'une élection parlementaire.

Lorsque les administrateurs de l'entreprise se seront emparés d'une partie des fonds de la société et que le gouvernement aura soumis le reste aux impôts, ce que vous récupérez en contrepartie de votre investissement se situera habituellement entre zéro et quatre pour cent. Et si vous avez la chance de recevoir un dividende, celui-ci sera souvent soumis à une deuxième imposition, par le biais de l'impôt sur le revenu. Le petit actionnaire ne reçoit rien, surtout lorsqu'il y a un facteur inflation à prendre en compte — ce qui n'est après tout qu'une autre forme d'imposition. Le marché des actions moderne n'est en réalité qu'une combine à la Ponzi légalisée. Le but du jeu est de vendre à des prix de plus en plus élevés ce qui n'est en réalité qu'un investissement sans valeur qui rapporte peu. J'aimerais que des lois soient adoptées pour que des représentants des petits actionnaires soient présents à chaque conseil d'administration, afin de contrôler les administrateurs et de s'assurer qu'ils ne manipulent pas l'actif des entreprises. Les gouvernements devront finir par voter des lois pour que les dividendes versés aux actionnaires ne soient pas soumis à l'imposition, surtout si l'on considère qu'ils touchent déjà leur part de l'argent des actionnaires en imposant les profits des entreprises. Dans certains pays, comme l'Australie, ce genre de loi existe déjà, et je pense que le concept de dividende non imposable se répandra de plus en plus. L'idée d'obtenir un rendement intéressant — suffisamment pour le déposer à la banque — sur le capital investi est un autre de ces concepts rafraîchissants auquel il est temps de donner vie.

364

Au cours des dix ou quinze prochaines années, le monde des affaires connaîtra l'évolution la plus importante de l'histoire. Il y aura, dans les domaines de la consommation, du travail, de l'environnement et de l'actionnariat, une prise de conscience d'une grande ampleur. Les entreprises devront faire preuve d'une plus grande honnêteté si elles veulent survivre. L'investissement éthique a pris sa place et ouvrira la voie à des normes plus ouvertes et plus justes. Il nous faudra apprendre à collaborer avec notre prochain et à le respecter, ce qui passera par une honnêteté totale et une bonne communication. Les profiteurs devront céder la place aux adeptes de l'équité. Chacun apportera une contribution en fonction de ses capacités et en récoltera les fruits de manière appropriée, le tout basé sur l'authenticité et l'esprit de collaboration. Je pense que ce processus s'installera naturellement et qu'il deviendra même nécessaire pour parer aux problèmes économiques que l'ego est en train de se créer. La pénurie de capital qui afflige la planète se retournera contre les entreprises malhonnêtes qui devront mettre fin à leurs pratiques douteuses. C'est d'ailleurs déjà le cas pour certaines d'entre elles.

365

Nos institutions occidentales seront également soumises à une pression croissante pour changer leur façon de faire. Nombre d'entre elles s'inspirent de l'ancien système féodal, en vertu duquel les gens du peuple ne sont que des roues remplaçables de l'engrenage. À mesure que le peuple se réappropriera son pouvoir, nos institutions devront adopter une nouvelle idéologie. Mais la corruption et la mauvaise gestion de certaines seront telles qu'elles ne verront pas ces changements arriver, ce qui les précipitera vers leur effondrement.

Le pouvoir gouvernemental qui est transmis de l'échelle nationale à l'échelle locale est devenu incontrôlable au fil du temps. La situation n'est pas dramatique aux États-Unis, mais au Canada, en Europe, au Royaume-Uni, en Australie et en Nouvelle-Zélande, le contrôle exercé par les gouvernements locaux sur le peuple a pris des proportions démesurées. En Grande-Bretagne, il s'écoule parfois entre deux et trois ans avant d'avoir l'autorisation de construire une maison, en sachant qu'elle peut très bien ne pas être accordée. Dans certaines banlieues de Sydney, en Australie, il est parfois nécessaire d'attendre quatre à six mois pour pouvoir construire une remise dans votre jardin.

En Europe, cent cinquante mille fonctionnaires, qui travaillent dans différents ministères de l'agriculture, ont pour mandat de superviser les activités de trois cent mille fermes, ce qui revient à un fonctionnaire pour deux fermiers ! Ce style d'incohérence ne pourra pas durer longtemps. La lutte pour le pouvoir, et les bouleversements qui suivront, seront très intéressants à observer, et même si un effondrement économique n'est pas une partie de plaisir, il contribue au processus de transformation. Sans lui, le peuple ne prendra jamais le contrôle, et les échelons actuels du pouvoir subsisteront jusqu'à ce qu'il n'y ait vraiment plus d'autre possibilité. Mais de toute façon, les choses devront changer — cela ne fait aucun doute.

Il y a une vingtaine d'années, les personnes qui portaient un regard spirituel sur la vie étaient considérées comme des illuminées. La plupart des gens n'avaient aucune perspective spirituelle, ou, s'ils en avaient une, elle était directement influencée par le statu quo religieux. Mais les choses ont changé. La prise de conscience qui s'est amorcée a pris de l'ampleur, et avec elle est née l'idée qu'une vie sans honneur et sans vertu ne valait pas la peine d'être vécue. Lorsqu'une personne adopte une perspective spirituelle plus vaste, elle ne peut plus accepter la domination du système. Aux yeux de l'esprit, la liberté démocratique n'a rien d'une liberté, et le peuple doit être en mesure d'exprimer sa spiritualité et sa conscientisation croissantes, sans être gêné par de vieux modes de pensée.

La transformation qui s'opère au niveau de la conscience finira par détruire le système actuel. À mesure que les gens se tourneront vers l'intérieur pour y créer un être infini, et qu'ils adopteront une perspective d'une plus grande pureté, l'énergie puissante qui se dégagera d'eux entraînera dans leur communauté des changements dont personne ne saura déterminer la source, si tant est qu'ils ne passent pas inaperçus. Avec ce processus, qui pourrait s'étaler sur une centaine d'années, la mort d'un système basé sur l'ego est inévitable. Au point de vue métaphysique, il est déjà mort. En effet, il ne détient pas de pouvoir véritable et n'est entretenu que par l'intellect, les émotions, la peur et l'habitude. Il y a quelques années, lors d'une conférence que j'ai donnée à Seattle, j'ai dit ceci : « Il est maintenant temps d'enterrer César au lieu de le glorifier. Nous sommes ici pour changer le système, et non pour le nourrir. » J'ai ajouté que le mouvement de conscientisation ne visait pas à rendre les gens plus importants ou spéciaux, mais à construire une guillotine pour couper la tête de l'ego, et libérer ainsi la planète, incarnant le reste du corps. Certaines personnes du public ont compris où je voulais en venir, d'autres ne saisissaient pas. Il est pourtant facile d'imaginer que ce processus se réalisera, et que l'avenir de notre monde se dessinera selon les critères de l'ordre divin qui prend sa source dans l'âme collective planétaire. Nous ne serons peut-être plus en vie lorsque ce processus aboutira, mais nos enfants, ou nos petits-enfants, seront là pour le voir. Il ne faut pas vous décourager. Rappelez-vous qu'en tant qu'adeptes de l'attente, nous pouvons passer notre vie à attendre. Même si l'espèce humaine est parfois soumise à de grands déséquilibres, on se rend compte, en analysant l'évolution de notre monde sur une période de dix mille ans, que chaque chose finit par reprendre la place qui lui revient. Avec le temps, le monde finira par adopter une vision spirituelle infinie qui ne sera plus celle de l'ego. Nous ne pouvons pas évoluer autrement. Les vieilles femmes peuvent terminer

367

leur tricotage ; la tête de l'ego est déjà tombée dans le panier. C'est terminé.

C'est notre manque de maturité et notre incapacité à prendre nos responsabilités qui ont placé ces personnes au-dessus de nous. L'étape de transition, qui consiste à s'affranchir des tribus pour créer des États-nations, avant de se tourner vers une indépendance spirituelle, pourrait s'étaler sur plusieurs centaines d'années — voire plus. Mais à mesure que les gens se réapproprieront un certain pouvoir à l'échelle individuelle, le peuple sera de plus en plus fort et bénéficiera d'une confiance et d'une rapidité d'esprit suffisantes pour se hisser vers une nouvelle réalité contenant des idées bénéfiques et les leaders spirituels que nous méritons.

368

D'ici là, le déclin du système moderne continuera à s'accélérer. Parce que les gens sauront voir le statu quo sous son vrai jour, ils le mettront au défi. Nos pays sont de plus en plus difficiles à gouverner, et la désobéissance deviendra la norme. Il est impossible de contrôler des centaines de millions de personnes qui s'opposent à vous. Plus nous serons exposés à ce système malsain, plus il y aura de gens qui s'en écarteront. En fin de compte, les institutions ne peuvent gouverner qu'avec notre consentement. Or, les citoyens ne donneront jamais leur consentement si leurs dirigeants ne se conforment pas à leurs idéaux. Si ce n'est pas le cas, l'esprit du peuple ira dans un sens, les dirigeants feront leurs magouilles, et Rome brûlera.

La mort de l'ego du monde et le déclin du pouvoir gouvernemental seront accompagnés de la chute de nombreuses devises. Les billets de banque sont une manifestation extérieure du pouvoir de l'ego. Créer de l'argent qui n'existe pas est un des moyens qu'ont trouvé nos dirigeants pour conserver un contrôle absolu. Les devises modernes — comme les actions — ne sont rien de plus que de jolis morceaux de papier. Le concept selon lequel des dirigeants peuvent générer une richesse à partir de rien, par la simple utilisation d'une presse à imprimer ou de quelques chiffres sur un ordinateur, s'autodétruira à mesure que les gens se libèreront du monde factice de l'ego pour se tourner vers le monde de l'authenticité. Le processus est déjà enclenché. La chute, qu'ont récemment affichée de nombreuses devises européennes, est en lien direct avec la mauvaise utilisation du pouvoir et la piètre gestion des affaires. Les gouvernements ont reporté le blâme sur les spéculateurs et il a été question d'adopter des lois visant à contrôler les courtiers de change. Les dirigeants nationaux n'apprécient pas que les marchés des devises exhibent leurs faiblesses en diminuant la cote de leurs morceaux de papier pour les ramener à leur juste valeur. La récente débâcle européenne est un avant-goût de ce qui nous attend au niveau planétaire, à mesure que les papiers monétaires du gouvernement et des sociétés retrouveront leur vraie valeur.

369

Mais ce n'est pas une mauvaise chose, car sans l'ajustement des devises, l'ego du monde n'aurait pas à s'ajuster également. Ainsi, même si les marchés sont un peu agités pendant un certain temps, nous y gagnerons un meilleur système. À cet égard, je n'entretiens aucune peur sur le long terme. En fait, au cours des dix prochaines années, le commerce de devises étrangères sera un bon moyen de gagner beaucoup d'argent.

Si vous possédez un minimum d'actifs, je pense qu'il serait plus sage d'en transférer une partie à l'étranger. Lorsque les gouvernements traversent des difficultés financières, ils ont toujours tendance à adopter de nouvelles réglementations en matière de change, en espérant ligoter leurs citoyens à une devise locale affaiblie. À long terme, les quatre devises les plus stables sont — dans mon ordre de préférence — l'euro, le yen japonais, le mark allemand et le franc suisse. À court terme, le dollar australien continuera à chuter, mais il se reprendra largement vers la fin de cette décennie, et le dollar américain s'en sortira bien pour les quelques années à venir. Après avoir enregistré une chute de trente à quarante pour cent au cours des dernières années, il ne s'affaiblira pas davantage sur le court terme. Quoi qu'il en soit, sur le long terme, le dollar américain sera sérieusement affecté par l'incapacité du gouvernement à rembourser ses dettes, qui, aux dires de certains, s'élèveraient à un montant de douze mille milliards de dollars, si l'on inclut les passifs actuel et futur de Washington, qui s'élèvent à près de quatre mille milliards de dollars[5]. L'or revient à la mode, puisqu'un nombre croissant d'investisseurs prend conscience de la grande instabilité des devises. Et même si son prix est assez faible à l'heure actuelle, je commencerais quand même à m'y intéresser si j'avais des fonds excédentaires. Je pense qu'il est avisé d'avoir un peu d'or de côté en cas d'urgence. En outre, c'est un moyen pour les citoyens de cacher leurs richesses aux autorités, puisque celles-ci ont une tendance marquée à piller le moindre dollar en votre possession. Cela dit, il n'est pas encore temps de faire des acquisitions pour se protéger de l'inflation, et il est donc inutile de se précipiter.

Je n'ai jamais été un grand adepte de l'immobilier, qui exige de l'attention, mais n'offre aucune flexibilité. De nombreuses personnes se retrouvent avec la totalité de leur richesse placée dans une maison ou un autre investissement immobilier. Il leur est alors impossible de mener une vie libre, et il s'agit pour la plupart d'une sorte de prison confortable dans laquelle elles peuvent vivre si elles travaillent toute leur vie pour rembourser leur hypothèque. Quoi qu'il en soit, je pense que le temps viendra où les petites propriétés d'environ trois à quinze hectares, situées dans de jolies villes rurales

370

---

5. N.d.T. : Au moment où l'auteur a écrit ce livre, à savoir les années 90.

et tranquilles, prendront une grande valeur. La migration des grandes villes vers l'extérieur s'accélèrera de plus en plus, et les gens se bousculeront pour aller vivre dans les banlieues et s'éloigner de la pollution, de la violence et de l'environnement stressant de la vie urbaine.

Le développement de systèmes de communication sophistiqués permet à de nombreuses personnes de travailler de chez elles, et à l'avenir, la majorité du petit commerce se fera de chez soi par le biais des modems, des télécopieurs, des antennes paraboliques et d'autres découvertes qui seront faites dans les domaines de la fibre optique et des technologies laser. Nous amorcerons progressivement un retour vers les pratiques anciennes, lorsque les familles vivaient et travaillaient ensemble, et que les parents étaient présents pour communiquer avec leurs enfants et les influencer de façon positive. Il est formidable pour des enfants que leurs parents travaillent chez eux ou à un endroit situé à proximité de leur maison. Le travail devient alors réel, et les enfants peuvent s'intéresser à ce que font leurs parents, en les observant et en apprenant à comprendre le lien qui existe entre l'effort déployé sur le marché du travail, la créativité et les finances. À mon avis, l'évolution des choses dans ce domaine est encourageante. Travailler de chez soi permet non seulement de mener une vie de famille plus sereine et cohésive, mais également de diminuer le taux de chômage dans les zones rurales, ce qui permet d'améliorer la qualité de vie de toute la région. En outre, le fait que les gens vivent de plus en plus dans de petites communes et dans des collectivités rurales est à leur avantage, puisqu'il est formidable de vivre en harmonie avec la nature, dans un contexte où les gens s'entraident avec bienveillance et laissent libre cours à leur spiritualité. Les seuls types de regroupements collectifs que je n'aime pas sont ceux qui s'organisent autour d'un personnage culte, car l'individu s'y fait toujours arnaquer. Les communautés qui respectent l'espace de chacun et son droit à la liberté sont louables et deviendront de plus en plus nombreuses. Beaucoup de personnes considèrent qu'une vie simple est une bénédiction, et non un rejet de l'ego et de son besoin d'être diverti.

Au point de vue politique, nous n'avons pas fini de nous amuser. Les présidents, gouvernements et dirigeants feront des va-et-vient réguliers et changeront aussi vite que vous changez de chaussettes. Chacun disposera d'un plan basé sur l'ego et visant à entretenir l'émotion populaire. Mais leurs plans ne fonctionneront pas et ils seront éjectés du tourbillon à une vitesse croissante. Ces personnages se succèderont en un spectacle qui rappellera un cirque présentant simultanément plusieurs numéros, comme ce qui s'est produit en Italie, où l'enquête *Mani Pulite* (Mains propres), basée à Milan, consistait à faire du ménage dans les partis politiques de gauche et de droite. Jusqu'à présent, huit cent vingt-cinq politiciens, hommes d'affaires et mafiosi malhonnêtes ont été mis en accusation, et ils pourraient être plusieurs milliers au final. En Italie, le système parlementaire tout entier a tendance à se réformer à mesure que les gens exigent des dirigeants plus honnêtes.

L'Italie est un pays très civilisé, mais juste un peu malhonnête. Cela dit, les choses vont bien plus mal à d'autres endroits de la planète. De nos jours, il y a de nombreuses personnes au pouvoir dont la simple existence est un affront à la décence commune. Ce qui m'agace est que nos gouvernements soutiennent ces minables pour des raisons politiques et commerciales. Ça me gêne de penser que le comité olympique a accepté la candidature du gouvernement chinois pour accueillir les Jeux olympiques en 2008. On parle bien du parti communiste de Chine qui a assassiné des millions de

Chinois depuis qu'il est au pouvoir. Je n'ai pas beaucoup de respect pour le comité olympique, et tout son blabla sur la fraternité me paraît légèrement hypocrite. Il semblerait qu'il y ait également de grands enjeux politiques à la clé.

Personnellement, j'ai très hâte que ces régimes répressifs modernes soient renversés et que l'on puisse appeler un chat un chat. Cela dit, ça ne me dérange pas d'attendre. J'assiste constamment à des améliorations, et des organismes tels qu'Amnistie Internationale jouent un rôle de conscientisation important. Malheureusement, tant que nos dirigeants feront leur crise de pouvoir, ils ne pourront pas s'élever au niveau spirituel que nous exigeons d'eux. Quoi qu'il en soit, à mesure qu'une plus grande spiritualité se répandra dans l'âme collective planétaire, il y aura de moins en moins de place pour ces dirigeants diaboliques. Je trouve que les États-Unis ont eu beaucoup de chance d'avoir eu un président aussi jeune que Bill Clinton, qui a eu l'avantage d'être accompagné d'une épouse intelligente. Le problème avec le système politique américain, c'est que le président n'est pas autorisé à promulguer des lois, et que le pouvoir législatif revient à un Congrès corrompu et complaisant qui se trouve entre les mains du même parti politique depuis plus de quarante ans. Pour l'écrivain P.J. O'Rourke, il s'agit de ce qu'il appelle un « parlement de prostituées », ce qui ne me semble pas juste vis-à-vis des femmes dont c'est le métier. À moins que le Congrès ne retrouve un minimum de bon sens, je ne pense pas que les États-Unis connaîtront un changement important pendant un certain temps. Cependant, il est important de réaliser que les deux principaux partis politiques de ce pays connaissent un déclin progressif, et qu'il devra se produire quelque chose de nouveau et de différent.

J'ai voyagé un peu partout aux États-Unis, à l'exception de quatre États : le Vermont, le Dakota du Nord, le Dakota du

373

Sud et l'Alaska. Je voue une foi profonde au peuple américain, qui a une grande énergie. À mon avis, son conservatisme, son manque de connaissance du monde extérieur et sa crédulité politique sont les facteurs qui lui nuisent le plus. Mais les difficultés économiques et sociales dont il fait l'expérience l'inciteront à passer à l'action. Le fait que des millions d'Américains aient voté en faveur du rationalisme économique de Perot lors des dernières élections est un signe. Les États-Unis ne peuvent pas régler leurs problèmes au niveau national, puisqu'il leur est difficile de se débarrasser de l'influence de Washington qui contrôle tout. Il leur faudra donc commencer au niveau local, un État après l'autre.

374

Lorsque les difficultés deviendront trop grandes, les États s'éloigneront un peu plus du pouvoir central, ce qui me fait supposer que ce pays finira par se diviser en plusieurs parties distinctes. L'autre alternative possible est un coup militaire visant à faire tomber quelques têtes et à évincer le Congrès. Mais ce ne sera pas pour tout de suite. Par contre, dans quinze ou vingt ans, une prise de contrôle militaire serait envisageable si le gouvernement ne change pas sa façon de faire. À l'heure actuelle, une telle idée paraît absurde, mais attendez que l'endettement ait augmenté et que le Congrès — qui est animé par l'ego — ait encore plus détérioré la situation du pays en cherchant à conserver son pouvoir. Le peuple américain, qui est le cœur du pays, est juste et raisonnable — il s'agit d'un fait indéniable. C'est son bon sens qui lui permettra de réparer les dégâts. Quoi qu'il en soit, tant que Washington domine le pays, le bon sens devra attendre. Mais son heure viendra.

Alors qu'aux États-Unis, la décentralisation et la chute du statu quo de style britannique qui sévit à Washington ne sont pas imminents, au Canada, la décentralisation se fera dans un avenir proche. À l'échelle nationale, les principaux partis politiques canadiens sont en train de s'effondrer, tandis que les partis régionaux se portent très bien. Je peux facilement imaginer que les différentes parties du Canada finiront par se séparer. Au mieux, elles seront liées par une sorte de confédération d'États canadiens. Ce sera une très bonne chose pour les Canadiens qui sont sous l'emprise de la maison de Windsor et de la loi de 1867 sur l'Amérique du Nord britannique depuis trop longtemps. Je me demande ce qu'un pays aussi grand que le Canada et avec un tel potentiel a à voir avec la vieille reine d'un pays éloigné. Je pense qu'il est temps que les Canadiens grandissent et se débarrassent de la reine et du contrôle d'Ottawa, ainsi que de tout le blabla démocratique qui n'a aucun intérêt pour eux sur le plan individuel, puisqu'il ne vise en réalité qu'à les dépouiller du moindre sou en leur possession. À mon avis, il serait préférable que les provinces et les Inuits puissent mener leur vie comme ils le souhaitent. Mais ce n'est qu'une question de temps.

375

Les choses se présentent bien. Il y a certes quelques points d'ombre, mais et après ? La période de 1980 à 1993 me semble être une réplique exacte de celle qui s'est déroulée entre 1920 et 1933. Tout comme les années quatre-vingt, les années vingt ont été une période de boom, caractérisée par de nombreuses spéculations, une hausse du marché boursier, une inflation, une montée en flèche de l'immobilier, et une crise des devises européennes. À ce titre, le mark allemand a atteint son niveau le plus bas en novembre de l'année 1923.

Les années vingt ont été, comme les années quatre-vingt, des années de plaisir, caractérisées par une plus grande liberté morale et sexuelle. Il y avait une nouvelle musique, de nouvelles danses, les jupes étaient plus courtes, et l'avenir semblait radieux. Mais le krach boursier de 1929 a entraîné la Grande Dépression. Le krach que nous avons connu en 1987 et les excès des années quatre-vingt ont entraîné des problèmes similaires de chômage et d'instabilité économique. En 1933, les nazis sont arrivés au pouvoir en Allemagne, et la monarchie britannique a traversé une crise (comme celle qu'elle connaît encore aujourd'hui) lorsque Édouard VIII a abdiqué, en 1936, pour se marier avec madame Simpson, une Américaine divorcée. La guerre civile espagnole, qui a fait rage entre 1936 et 1939, pourrait être comparée, à certains égards, à la guerre de Yougoslavie. Ces événements ont plus de points communs que l'inverse.

376

Ma seule inquiétude est que l'ego du statu quo puisse faire chuter notre économie au point où le seul moyen de s'en sortir soit de déclencher une guerre. Mais je pense que nous sommes un peu plus raisonnables désormais. La plupart des Occidentaux refuseraient probablement de se battre. Le temps où il était possible de forcer le peuple à prendre les armes pour défendre la structure du pouvoir est dépassé depuis longtemps. Un nouveau système de résolution des problèmes semble en cours au sein des Nations Unies, mais même si c'est une bonne chose, je crains que celles-ci ne finissent par devenir une sorte de parlement mondial servant à approuver sans discussion les dictats d'un nouvel ordre mondial. Il est déjà possible de constater cet état de fait. Les résolutions des Nations Unies sont mises en vigueur lorsqu'elles plaisent au gouvernement américain. Elles ne le sont pas dans le cas inverse.

Notre monde occidental n'est pas dans une situation dramatique, si ce n'est qu'il souffre d'une carence considérable en énergie. Si des millions de citoyens ne sachant pas lire ou écrire correctement s'efforcent d'exister dans un monde technologique tout en faisant concurrence aux pays asiatiques (certains dépensant plus de seize pour cent de leurs revenus dans l'éducation), de gros problèmes risquent de se présenter. Nos sociétés sont constituées d'hommes et de femmes, dotés d'une énergie et d'un pouvoir considérables, qui génèrent de grandes richesses, mais le fait est qu'elles comptent également un pourcentage élevé de citoyens qui ne peuvent ou ne veulent pas apporter leur contribution.

Cet état de fait n'aurait pas d'importance si ces personnes moins aptes ou moins déterminées acceptaient de mener une vie plus modeste. Mais dès l'instant où vous faites croire aux gens qu'ils sont spéciaux, vous devez payer le prix fort pour le déficit d'énergie qui en découle.

Appelons un chat un chat. Il y a trop de personnes non productives qui profitent de ceux qui travaillent. Elles sont des millions à exploiter le système, en échange de quoi elles ne donnent rien — ou donnent peu — à une société censée les entretenir. La faible contribution qu'elles voudront bien apporter se fera souvent balayée par la violence qui ne manque pas de se déclarer lorsque l'ego ne peut pas obtenir le statut et l'importance qu'il souhaite. Notre système moderne est le fruit d'un délire de l'ego qui cherche à être assuré de son état de particule sans avoir à faire d'efforts. Mais il n'existe pas de telles garanties, et il faudra que les gens finissent par le comprendre. Entraîner notre pays vers la faillite et exposer le monde occidental tout entier à de terribles dangers dans le seul objectif d'établir notre importance n'est pas très intelligent. Nous ne sommes importants que lorsque d'autres le décident. Car l'être humain est peu de chose comparé à l'immensité de tout ce qui nous entoure. Nous finirons bien par le comprendre.

Regardez notre jeunesse urbaine. On se pâme devant un jeune qui est capable d'exécuter une petite danse à la mode et de marquer quelques paniers avec son ballon. Pourtant, il n'y a là rien d'intéressant à une ère marquée par la technologie. Si nous gonflons l'ego de nos enfants sans leur transmettre de compétences ou de discipline, et sans leur apprendre à générer de l'énergie, ce sera la loi de la jungle qui prévaudra. Ce n'est pas entièrement la faute des enfants, car ceux-ci réagissent en fonction de leur « programmation ». Nous les sensibilisons à l'ego et à la philosophie du moindre effort, alors ils l'acceptent.

Il n'est pas exagéré de dire que la jeunesse urbaine des États-Unis est un fardeau pour son peuple. Les jeunes qui errent dans les rues des villes sont dépourvus de morale et n'ont aucun scrupule à profiter égoïstement de leurs concitoyens. Tout cela fait partie de la philosophie qui prévaut dans le monde occidental, et qui consiste à ne rien se refuser ; pourquoi travailler pour se payer une paire de chaussures quand on peut la voler ?

Notre système d'éducation a également sa part de responsabilité puisqu'il encourage les comportements laxistes au lieu de mettre l'accent sur les résultats. Certes, nous disposons de formidables universités et institutions d'éducation supérieure, mais elles ne serviront pas à grand-chose si nous oublions d'éduquer et de discipliner ceux qui se trouvent en bas de l'échelle. Sinon, toute l'éducation et la productivité du monde ne pourront pas résister à la pression exercée par toute cette incompétence. Il y a tant d'enfants qui sortent de l'école sans savoir lire ou écrire. Quarante millions d'Américains sont illettrés, et nombre d'entre eux sont armés. Dans l'État du Maryland, qui compte 4,7 millions d'habitants, on recense plus de trois millions d'armes enregistrées. Ajoutez à ce chiffre celles qui ne sont pas enregistrées et pratiquement tout le monde aura la sienne. En outre, si l'on tient compte de l'influence de la religion, qui encourage la paresse et la bêtise en affirmant que même les êtres les plus minables et dysfonctionnels seront élevés et épaulés sans que rien ne soit exigé d'eux, on a tous les ingrédients d'un beau cocktail Molotov. L'ego prend le dessus sur l'activité légitime, et cette prépon-

378

dérance se propage par l'intermédiaire de la télévision et se déplace même des États-Unis vers d'autres pays. Prenez l'exemple du quartier Moss Side à Manchester, en Angleterre ; c'est devenu une zone défendue où des gangs armés ont pris le contrôle. De la même façon que le SIDA attaque le système immunitaire, le mal qui affecte nos villes a pour effet de détruire la fibre morale de notre peuple et de créer une atmosphère d'impuissance. Les gens vous diront qu'il faut dépenser plus d'argent pour régler le problème, mais autant injecter une dose d'héroïne à l'ego ! Un tel état d'esprit entretient les faiblesses. La seule solution réside dans l'éducation et la prise de conscience.

379

C'est nous qui décidons pendant combien de temps nous voulons jouer au jeu de l'ego, mais je pense que nous devrions commencer à le voir tel qu'il est : prétentieux et totalement inadapté à l'environnement compétitif qui prévaut actuellement. Pour améliorer la situation que traversent nos pays, nous devons descendre de nos grands chevaux et être réalistes. Et les gouvernements devront en faire de même. Il n'existe pas de solution globale, qui vaille pour tous, mais des millions de solutions individuelles. À mesure que la spiritualité prendra le pas sur l'égoïsme, les gens commenceront à voir que le bon sens est préférable au matérialisme. Les parents qui ont beaucoup travaillé pour offrir un confort matériel à leurs enfants réalisent maintenant qu'ils les ont négligés sur le plan émotionnel, en ne s'occupant pas d'eux ou en les confiant à des tiers. Nous ne pourrons pas améliorer le sort de nos enfants tant que nous n'accepterons pas d'assumer notre responsabilité en tant que parents. Et cela passe par une diminution de la consommation, au profit du temps passé ensemble. Le processus est déjà en marche, et de nombreuses personnes ont commencé à réaliser que l'amour et les liens familiaux étaient plus importants que l'argent et les biens matériels. En outre, je pense qu'il est nécessaire de prendre des mesures — éducatives et législatives — pour parer au comportement des hommes qui font des enfants et abandonnent ensuite leur famille aux bons soins de l'État. Il faudrait adopter des lois pour que la responsabilité des enfants soit partagée entre les deux parents. Les mères et les pères célibataires qui vivent grâce à des allocations de l'État devraient être tenus de s'impliquer dans la vie scolaire de leurs enfants et de participer activement à leur éducation.

380

Les choses sont en train de s'arranger, et des enseignants avisés s'efforcent d'insuffler un peu de nouveauté dans leurs cours, mais le système qui prévalait jusqu'ici doit continuer à sévir pour que les gens comprennent quelles sont ses failles. Plusieurs générations seront nécessaires pour rééduquer une nation tout entière — cela ne se fera pas en un jour. Le rationalisme doit s'installer progressivement, car la société ne supporterait pas qu'il prenne trop de place d'un coup. Pour cette raison, il est très important que le gouvernement adopte un comportement plus responsable en matière d'impôts. Si l'économie devait chuter trop rapidement, nous tomberions tête la première dans un état de réalisme auquel la plupart des gens ne sont pas préparés. Les masses doivent s'éveiller progressivement à la réalité, mais les personnes plus avisées, qui ne veulent pas attendre pour prendre leur vie en main, peuvent suivre un processus accéléré. Tout le monde devra en passer par là. C'est le meilleur moyen de retrouver notre bon sens, et même s'il est difficile pour l'être humain d'être réaliste, il n'en sera que plus fort — ainsi commence le processus de guérison. Nous devons apprendre à nos concitoyens à prendre leurs responsabilités et à s'interroger sur la contribution qu'ils apportent à notre société. En responsabilisant les gens, tant au niveau collectif qu'individuel, nous les aiderons à oublier le raisonnement égocentrique qui consiste à demander « qu'est-ce que je peux obtenir ? » pour adopter un comportement plus spirituel qui demande « qu'est-ce que je peux donner ? » Nous devons leur montrer qu'en se mettant au service de nos sociétés, ils y gagneront à long terme.

Cela dit, tant que l'Occident n'aura pas compris le message, sa situation sera très chaotique. Les pays qui bordent le Pacifique hériteront temporairement de la planète — les parties qu'elle ne possède pas déjà — non pas parce que les Asiatiques possèdent un talent particulier que nous n'avons pas, mais plutôt parce qu'ils ne souffrent pas du même problème d'ego que nous. Dans les années 90, le gouvernement britannique dépensait quarante-sept pour cent de son budget annuel de 240 milliards de livres sterling en pensions, prestations de retraite et allocations, alors qu'il n'investissait pratiquement rien dans la recherche. Et le peu qu'il dépensait à cet égard concernait principalement le domaine militaire. Comment la Grande-Bretagne pourrait-elle se mesurer à des pays asiatiques qui versent peu d'allocations et investissent principalement dans l'éducation et la recherche ? En Asie, où le noyau familial est encore très important, il est mal vu d'abandonner ses proches aux soins de l'État pour pouvoir consommer davantage. Chacun s'occupe des siens et assume ses responsabilités. Un tel système peut fonctionner parce que les personnes âgées ne demandent pas autant qu'en Occident. Prendre soin de sa famille n'est donc pas un fardeau trop lourd à porter. En Occident, nous ne pouvons pas nous occuper de nos aînés, mais la situation finira par changer, chacun baissera le niveau de ses attentes, et l'idée d'une famille autosuffisante refera surface. C'est ainsi que les choses devraient se passer. Il est temps que nous reprenions nos responsabilités filiales et que nous réapprenions à apprécier et à respecter la sagesse des anciens. Nous devrions prendre soin

381

d'eux et les impliquer dans notre vie, au lieu de les placer dans des institutions qui les mettent au ban de la société. Mais eux aussi doivent contribuer à ce processus en exigeant moins, pour que nous soyons en mesure d'assumer nos responsabilités à leur égard.

À mon avis, il est préférable que nous entamions ce processus sur une base volontaire, plutôt que de nous le voir imposé par un contexte économique, mais seul le temps nous dira dans quel sens la situation va évoluer. À partir du moment où vous comprenez que cette transformation est inévitable, vous pouvez apporter des changements à votre vie, en respectant le rythme qui vous convient. Si vous prenez le contrôle des événements en vous imposant une certaine discipline, il n'y a pas de raison pour que vous soyez victime des circonstances.

Si vous voulez plus d'argent, créez plus d'énergie. Si vous vous contentez d'une vie simple, sachez tirer profit de ce que vous avez. Savourez la beauté de la merveilleuse planète qui nous permet de faire l'expérience de l'immensité de cette existence. Nous devrons tous ralentir le rythme à un moment ou à un autre, puisque notre économie ne pourra pas supporter la pression que nous lui imposons. Le temps ralentit lorsque le calme et la sérénité s'installent. Une telle atmosphère nous permet de trouver l'équilibre, d'accroître notre capacité de perception et de prendre confiance en nous. C'est le rythme effréné de la vie moderne qui accélère notre perception du temps, tout en détruisant notre énergie éthérique si subtile et précieuse, et qui nous oblige à penser à la mort et à l'effondrement.

Les gens parlent des tremblements de terre en Californie et au Japon, ainsi que de la propagation du SIDA, comme s'il s'agissait des principaux événements des années quatre-vingt-dix. Pourtant, ces questions sont secondaires. Le seul véritable événement des dix prochaines années concerne la prise de conscience massive qui découlera d'un contexte de pression économique. La mort de l'ego et l'élévation de l'esprit dans les cœurs des gens toucheront tout le monde. Il s'agira de l'événement marquant de cette ère, et de la source de notre libération.

Rappelez-vous qu'il ne sert à rien d'être important, spécial ou prestigieux, l'essentiel étant de prendre plaisir et de réussir dans ce que vous avez décidé de faire de votre vie. Vous n'avez pas à être quelqu'un aux yeux des autres, car vous devez le faire pour vous-même. C'est de cette attitude que pourra naître la douce sérénité qui accompagne la guérison personnelle et la réconciliation spirituelle.

383

Bien que le pouvoir du peuple soit la force motrice de ce nouveau millénaire, il ne sera d'aucune utilité s'il vise à créer plus d'importance et de plus grands déficits d'énergie. Ce pouvoir doit être utilisé de façon équitable, dans le but de montrer aux gens ce qu'ils doivent faire pour se libérer. La logique et l'esprit de solidarité veulent que chacun apporte sa contribution, au lieu de laisser à un groupe la responsabilité d'entretenir les autres. Pour que l'âme collective planétaire de notre peuple puisse s'épanouir, il est nécessaire que toutes ses composantes se renforcent. Pour ce faire, chacune doit comprendre qu'elle peut apporter sa contribution et vouloir aller dans ce sens.

D'un point de vue métaphysique, il est impossible d'élever des gens en vous mettant au-dessus d'eux et en les tirant vers le haut. En agissant ainsi, leurs pieds quitteraient le sol, et ils perdraient donc contact avec la réalité. Ils tomberaient à la minute où vous les lâcheriez. La seule façon d'aider les autres et de dompter notre ego consiste à nous placer en dessous d'eux pour les aider, les guider, et les pousser vers le haut. C'est une question d'amour, et pas seulement d'ego, d'émotion ou de charité. Ainsi, sur le plan métaphysique, nous sommes temporairement leurs jambes, et ils profitent de l'équilibre que nous leur offrons, jusqu'à ce qu'ils aient la capacité et la confiance nécessaires pour se débrouiller tout seuls. À long terme, le seul système viable consistera à aider et à encourager les gens à atteindre leur objectif par le biais de leurs efforts personnels, et à négliger l'ego au profit de l'esprit.

Il est simplement question de transformer son état d'esprit. Nous ne pouvons apprendre aux autres que lorsque nous avons nous-mêmes compris. Ce qu'il y a de beau dans tout cela, c'est qu'une révolution spirituelle peut se produire sans manifestation de violence, et sans blesser personne. Il s'agit seulement d'un déclic dans notre mode de pensée et d'une transformation de notre attitude. Rien de plus. Le processus peut être long, mais qu'est-ce que vingt-cinq ou cinquante ans lorsque l'humanité a l'éternité pour apprendre à se connaître ?

384

Ce processus de transformation est déjà bien entamé, même s'il est loin d'être au point. De nombreuses personnes ont commencé à se tourner vers l'intérieur, en adoptant une nouvelle discipline, certaines pour des raisons spirituelles, et d'autres pour se renforcer afin d'atteindre plus facilement l'état de particule externe. Je n'y vois pas d'inconvénient. J'aime les philosophies qui permettent de faire du profit, tant qu'elles sont authentiques. Mais à long terme — c'est-à-dire plusieurs dizaines d'années — l'esprit finira par prendre le dessus sur l'état de particule externe en offrant la possibilité d'une solution spirituelle et philosophique basée sur un état de particule interne. Il sera question d'une réalité authentique, et non d'une soi-disant vérité qui aura été fabriquée en invoquant de fausses intentions.

À mon avis, les femmes ont un rôle essentiel à jouer dans ce processus. Pendant les années soixante-dix et quatre-vingt, c'est-à-dire au moment où les femmes commençaient à se réapproprier leur pouvoir, l'ego masculin et son besoin de contrôle n'étaient pas menacés. Mais maintenant que les femmes ont dépassé leur colère initiale, ainsi que les exigences qui vont avec, elles sont plus à même de contribuer au sentiment spirituel général d'une façon qui leur est propre. Je ne pense pas que le féminisme devrait être une lutte des sexes. Il me semble que les femmes ont la possibilité d'utiliser leur pouvoir pour mettre l'accent sur les aspects spirituels de la vie. Nous devrions faire le maximum pour que les hommes et les femmes collaborent. L'idée qu'un ego masculin puisse être remplacé par son équivalent féminin me semble peu attrayante, car en fin de compte on obtient le même résultat. J'envisage plutôt la femme comme la voix de la raison qui ramène l'ego du monde — que celui-ci soit masculin ou féminin — vers une vie plus simple et légère. Beaucoup de femmes ont perdu la douceur et la beauté inhérentes à leur sexe. Cela dit, elles jouent un rôle essentiel dans le processus qui consiste à ramener la spiritualité dans le cœur des gens. Elles peuvent désormais prendre leur place dans tous les aspects de la vie et se faire les porte-parole de l'âme collective planétaire, de la même façon que Jeanne d'Arc s'est imposée comme l'esprit populaire de la France. Celle-ci a couronné un roi d'ego dans l'intérêt politique et militaire de la France, les femmes d'aujourd'hui ont la possibilité de couronner un roi et une reine spirituels, et de tracer ainsi un nouveau chemin. Celui-ci ne sera pas basé sur la faiblesse et le manque, mais sur la bienveillance, la collaboration et la compréhension — à l'inverse du système qui prévalait jusque-là, chacun devra assumer les responsabilités qui lui incombent. Les habitants de la marge spirituelle jouent également un rôle important dans ce processus. Ils sont allés jusqu'à la montagne et en sont revenus. Ainsi, ils peuvent expliquer aux autres l'importance d'une auto-discipline et la beauté d'une sérénité intérieure et d'une réconciliation personnelle. Ils enseignent par l'exemple, et ils montrent aux gens comment s'y prendre pour dépasser leurs peurs. La séparation qui s'est produite entre la courbe des habitants de la marge, qui évoluait à la hausse, et celle du système, qui se dirigeait au contraire vers le bas, a créé un écart. Cette distance, qui apparaissait comme un inconvénient, s'est révélée être un facteur positif, puisqu'elle a rendu l'observation possible. Les habitants de la marge sont là pour être vus. Aux yeux du commun des mortels, ils sont un peu bizarres, mais à mesure que les gens se familiariseront avec des philosophies spirituelles plus authentiques et réalistes, le reste de l'humanité suivra. La majorité des gens ont peur de se réapproprier leur pouvoir et de devenir indépendants, mais les choses vont changer, et ils seront de plus en plus nombreux à réaliser que cette indépendance a bien plus de valeur que tout le matériel qu'un travail monotone nous permet d'acheter ou que la promesse de toucher une prestation de retraite pour nos vieux jours.

À un niveau individuel, si vous effectuez une observation adéquate et que vous développez votre moi intérieur, vous finirez par provoquer la liaison d'énergie qui permet de faire fusionner les deux parties de votre être — intérieure et extérieure. Ainsi, la force de l'unité spirituelle qui constitue votre moi global pourra se développer rapidement, ce qui rendra possible une guérison complète. Vous aurez atteint dans ce monde une intégrité qui vous ouvrira toutes les portes, et vous pourrez agir ou flâner, être ou faire, ou un peu des deux à la fois. Ensuite, vous pourrez montrer aux autres comment ils doivent s'y prendre.

L'historien occulte Trevor Ravenscroft, à qui l'on doit l'ouvrage *The Spear of Destiny*, m'a confié il y a quelques années, avant de mourir, que le début du XXIe siècle serait témoin de la renaissance de sociétés sacrées, dont celle des Templiers fait partie. Il m'avait dit que ce que j'appelais « habitants de la marge » était le résultat d'une dimension intérieure de l'évolution qui allait donner naissance à une nouvelle destinée au sein de l'âme collective planétaire de l'humanité. Selon lui, l'ère du Poisson, qui avait débuté deux mille ans plus tôt, touchait à sa fin et allait être remplacée par l'ère du Verseau, laquelle prendrait son origine dans l'esprit des êtres qui se seraient affranchis de la destinée des masses, ainsi que des pensées et des rêves hérités de l'ère du Poisson.

Je me souviens avoir été fasciné lorsque Trevor m'a confié ses pensées dans un café de Californie, en 1985, mais je ne voyais pas comment tout cela pouvait se concrétiser. C'était un homme brillant, et il en savait probablement plus sur la légende du saint Graal ou sur l'histoire de l'ésotérisme que n'importe qui, mais il avait également tendance à s'enflammer et à tirer des conclusions en se basant sur des ressemblances historiques, lesquelles ne pouvaient être que spéculation. L'histoire peut nous révéler des tendances, mais elle ne nous donne aucune assurance quant aux événements futurs. Ainsi, lorsque Trevor a tenu ces propos relativement aux sociétés secrètes, je me suis demandé si de telles hypothèses étaient envisageables dans le contexte de l'époque. Au cours des années qui ont suivi, j'ai assisté à des événements qui m'incitent à penser qu'il avait raison.

Parce que le cerveau de l'humanité est en mauvais état, la vision globale en a été affectée. Lorsque la spiritualité et le bon sens prennent le dessus sur l'ego, celui-ci est obligé de s'éclipser, et il prend cette perte d'influence comme un affront personnel. Sa vexation prend de l'ampleur au point de brouiller la vision de l'humanité. Même si la majorité des gens commençaient à remettre de l'ordre dans leur vie, il subsisterait toujours des traces de cette terrible humiliation imposée à l'ego. Seules les générations à venir, qui seront éloignées de ce souvenir, ou les personnes, parmi les générations actuelles, qui ont su s'affranchir de l'état d'esprit de l'ère du Poisson, disposeront de la sérénité, du détachement et de la spiritualité nécessaires pour passer outre les blessures de l'ego.

L'humanité pourrait avoir besoin d'une centaine d'années pour faire la transition entre les idées de l'ère du Poisson et celles de l'ère du Verseau. À l'heure actuelle, la vision de notre peuple est déformée par toutes les idées dont il hérite depuis des centaines, voire des milliers, d'années. Il n'est pas en mesure de voir correctement. C'est l'ego, et la souffrance qu'il subit, qui brouillent sa vision. La destinée de l'humanité, qui naît de son esprit, est mal définie. Alors que la vision qui accompagnait l'ère du Poisson n'est plus de mise, l'ère du Verseau n'a pas encore défini la sienne, ce qui entraîne une certaine confusion. Les gens se sentent perdus. Ils ne peuvent donc pas croire à un avenir. La plupart d'entre eux ont un horizon qui ne dépasse pas deux ou trois ans, et les jeunes n'ont aucun horizon.

388

Le problème peut être facilement réglé, puisqu'il nous suffit de créer une nouvelle vision pour remplacer l'ancienne. La technologie nous entraîne vers l'avenir, mais les croyances qui se sont enracinées en nous sont dépassées et s'adaptent mal au monde moderne.

Le souvenir de l'ère du Poisson ne pourra pas subsister dans l'ère moderne. Le futur est une dimension différente dans laquelle il ne pourra pas pénétrer puisqu'il s'éteindra avant. Cette période de deux mille ans qui touche à sa fin a été dominée, dans le monde occidental, par la vision du Christ sur la croix, qui incarne la mort de l'ego et la naissance de l'esprit. Il s'agissait d'une prophétie. Notre peuple, dans sa grande naïveté, a interprété ce symbole comme une nécessité d'éviter la mort à tout prix. Le bien-être physique et la survie de l'ego sont alors devenus d'une importance primordiale. Ceux qui défendaient cette vision prétendaient que le peuple n'avait pas à être responsable de ce qui lui arrivait, et que le sauveur était mort sur la croix pour nous libérer de nos souffrances.

La peur de la mort et l'impact émotionnel de l'image du Christ sur la croix ont incité les gens simples à croire que l'ego ne devait pas subir le même sort. Mais cette idée a permis à une minorité de contrôler la vision spirituelle du reste du monde, en lui proposant des règles et des dogmes permettant soi-disant de garantir le bien-être de l'ego. Et lorsque l'ego devait mourir, la personne qui y était attachée — qualifiée d'« âme » — obtenait l'immortalité en allant au paradis. Cette immortalité n'était garantie que si l'individu en question acceptait d'abandonner sa liberté pour suivre les règles imposées et soutenir le système. L'intégrité psychique de cette idée devait être maintenue pour assurer la sécurité de tous et appuyer l'hypothèse de l'immortalité. Toute opposition était fermement rejetée.

389

La couronne d'épines symbolise quant à elle la blessure qui afflige le cerveau de l'humanité et la souffrance endurée par l'ego. La lance plantée dans le flanc du Christ incarne la souffrance émotionnelle que l'individu ressent à la mort de l'ego. Le sang versé à la suite de cette blessure est l'hémorragie éthérique provoquée par l'impact émotionnel de la mort de l'ego. Il est incarné par une perte d'énergie éthérique au niveau du nombril. Les femmes prosternées en bas de la croix symbolisent la compassion de l'essence spirituelle *yin*, qui ne peut rien faire pour sauver l'ego. Il n'a pas d'autre choix que d'accepter son corps.

Au niveau le plus profond, le symbole du Christ sur la croix raconte l'histoire de la mort de l'ego. Quoi qu'il en soit, si on ne l'envisage qu'en surface, il a confirmé l'importance de l'ego, qui, à l'époque, s'incarnait entièrement dans la masculinité, et n'était rien de moins qu'une sorte de dieu. Le symbole du sauveur sur la croix a permis de positionner la vision propre à l'ère du Poisson dans un contexte émotionnel. À partir de là sont nés les droits individuels et la notion de respect, ce qui conférait une grande valeur à cette vision. Mais celle-ci ne permettait pas au peuple de prendre le contrôle. Elle véhiculait l'idée que le sauveur était là pour assumer les responsabilités du peuple et le protéger, tout en lui assurant l'immortalité au paradis. Celui-ci ne pouvait donc que res-

390

sentir de la gratitude pour cette promesse qui lui était faite, en déléguant ses pouvoirs au Sauveur et en remettant son sort entre les mains de cette vision, au lieu de penser qu'il pourrait contrôler sa vie. C'est pour cette raison que les chrétiens fondamentalistes considèrent les philosophies modernes du Nouvel Âge comme des rivales. L'idée qu'un individu puisse prendre le contrôle de sa vie et assumer la responsabilité de ce qui lui arrive au lieu de déposer son sort aux pieds du Christ semble contraire aux enseignements de la chrétienté. Ce n'est pourtant pas le cas. La vision avait en partie prévu ce processus ; le Sauveur est ressuscité après trois jours, laissant ainsi la possibilité au monde de l'ego d'accueillir celui de l'esprit. L'ascension du Christ incarne en réalité la naissance de votre moi intérieur exprimé sous la forme de l'individualisme spirituel de l'état de particule intérieure. Je pense que le christianisme traversera une transformation importante lorsque la vision aura été totalement réalisée et que toute l'émotion qui l'entoure aura disparu. Cela pourrait nécessiter plusieurs centaines d'années, mais une nouvelle destinée finira par naître d'une nouvelle vision.

Actuellement, les gens disent que la nouvelle vision du Verseau, avec ses notions d'abondance et de garanties pour tous, provient en partie de l'héritage de l'ère du Poisson. Le concept de la fratrie de l'humanité est tout à fait louable, mais il repose actuellement sur l'idée qu'un État providence à l'échelle mondiale doit rendre tout le monde important. Le statut et l'importance sont toujours considérés comme des éléments essentiels, et des efforts importants sont déployés pour élever tout le monde, tandis que la vision moderne cherche toujours à respecter la promesse qui nous a été faite, c'est-à-dire que le Christ prend la responsabilité de nos faiblesses et de nos peurs (péchés), qu'il intercède auprès de Dieu en notre faveur, et qu'il nous permet de mener une vie agréable et d'atteindre l'immortalité plus ou moins facilement.

391

Les habitants de la marge spirituelle, et tous ceux qui se sont détachés de l'état d'esprit de l'ère du Poisson avant les autres, sont responsables de l'émergence d'une nouvelle vision. Ce sont les seuls êtres vivants qui se sont affranchis des émotions propres à l'ère du Poisson. Il faudra une centaine d'années ou plus avant que les vieux idéaux du Poisson ne disparaissent, et il ne fait aucun doute que l'ego aura besoin de temps avant de réussir à oublier la souffrance qu'il a endurée. Le souvenir de cette souffrance se transmet d'une génération à l'autre sous forme de tristesse et de remords, constituant ainsi une partie de l'histoire tribale. Avec le temps, l'humanité finira par dépasser la vision de la croix et de la mort de l'ego. Une nouvelle vision la remplacera, en établissant une nouvelle destinée pour le peuple.

Lorsque le reste de l'humanité en sera à la même étape, le scénario qui deviendra le destin du monde dans quelques centaines d'années existera déjà sous forme d'embryon, et notre peuple se lancera en masse vers ce nouveau destin pour lui donner vérité et le concrétiser. La prise de conscience actuelle est non seulement bénéfique dans les circonstances, puisqu'elle offre des solutions de remplacement et montre à l'ego comment changer sans traumatisme, mais notre peuple en profitera également dans deux, trois, ou même cinq cents ans.

À ma connaissance, les légendes de Merlin et de Camelot datent d'environ cinq cents ans avant la signature de la Magna Carta (ou Grande Charte) par le roi Jean d'Angleterre, frère de Richard Cœur de Lion, en 1215 après Jésus-Christ. Cette charte, qui soulignait les droits du peuple et visait à établir une meilleure justice, comme le droit à un jugement équitable, a donné naissance à l'*habeas corpus*, qui est le fondement de notre système juridique moderne. Lorsque des chanteurs entonnaient dans les tavernes des chansons qui parlaient de chevalerie et de Camelot, les idéaux qu'ils véhiculaient s'enracinaient dans le cœur et dans l'esprit de ceux qui deviendraient plus tard le peuple britannique. La légende de Camelot a contribué à la Magna Carta, en ceci qu'elle a posé les prémisses du changement en affirmant les droits du peuple, et en s'inspirant à cet égard des notions de chevalerie, d'honneur, et d'égalité. Bien sûr, il y a une grande différence de l'égalité entre les êtres humains, qui se fait dans le respect, et la prise de responsabilité au nom de tous les êtres humains, qui provient de la vision émotionnelle du sauveur rattachée à l'ère du Poisson. Tous les idéaux liés à Camelot ne se sont pas encore réalisés. Les idées de chevalerie et d'honneur se sont perdues dans la quête de l'état de particule, et l'émotion a temporairement pris le pas sur le bon sens. Notre nouvelle vision, liée à l'ère du Verseau, doit encore s'affiner et se différencier davantage de celle du Poisson. Cette nouvelle vision nous permettra peut-être de comprendre qu'il existe un monde après la mort de l'ego — un monde de sérénité, de calme et d'idées humbles qui nourrissent l'esprit. Elle sera probablement beaucoup moins effrayante, et nous assisterons peut-être à l'émergence d'un nouveau Camelot, et avec lui, au rétablissement de la chevalerie et de l'honneur.

Cette vision ne prendra le dessus que lorsque celle qui prévaut actuellement aura terminé son cycle. Il nous faudra tout d'abord pallier le manque d'énergie. Notre monde sera incapable de s'aimer, d'atteindre la stabilité et d'adopter une nouvelle vision de lui-même tant que notre peuple sera en déficit d'énergie. La faiblesse amène la peur, et la peur amène un comportement malsain et déraisonnable.

Lentement, la présence de l'esprit modifie votre réalité actuelle et vous donne un aperçu de la suivante. La spiritualité vous permet de grandir, et vous vous détournez progressivement de vos besoins personnels pour vous intéresser aux autres et les aider à assumer leurs responsabilités en créant de l'énergie. À partir de là, vous pouvez commencer à réfléchir à la contribution que vous apporterez à l'esprit populaire de votre peuple, et vos pensées se tourneront vers ce qui pourrait renforcer l'âme collective planétaire. Il vous faudra réfléchir à ce dont votre peuple pourrait avoir besoin dans trois cents ou cinq cents ans, et pas seulement dans l'immédiat. Vous devez garder à l'esprit que vous aidez les autres au niveau de l'énergie, et que vous ne devez pas vous mêler de leurs affaires s'ils ne vous ont rien demandé, pour ne pas empiéter sur leur vie. Ravenscroft avait raison, mais le fait qu'il parlait d'un avenir proche m'a fait douter. Si vous pensez à ce que seront la vision et les besoins de notre peuple dans plusieurs centaines d'années, vous comprendrez en quoi le rétablissement des sociétés sacrées, de l'honneur des Templiers et des dames de la Cour peut permettre de réinventer l'esprit de Camelot, afin d'affirmer une justesse spirituelle dont nous avons grandement besoin.

La dimension qui abrite la vision de Camelot pourrait être intérieure et cachée à la vue du monde. Même si la vision de Camelot est présente dans la mémoire éternelle des archives akashiques, ainsi qu'on les appelle parfois, elle existe au-del

393

de l'évolution actuelle de l'âme collective planétaire, en attendant d'être utilisée. Ne vous attendez pas à en entendre parler dans les émissions de talk-show. De par sa nature, elle ne peut pas s'apparenter à des notions de pouvoir ou de prestige, pas plus qu'elle ne peut être saisie par l'intellect. Si elle devait redevenir réalité, elle existerait principalement au-delà de l'horizon des événements actuellement programmés. Son état en devenir l'empêche d'être perçu par la plupart des gens, puisque leur vue est temporairement brouillée. D'ici là, je pense que les personnes dont la conscience est élevée devront se faire entendre. Nous devons regarder le statu quo dans les yeux et lui dire poliment que c'en est assez. Nous voulons un nouvel ordre, qui ne détruira plus nos nations avec ses excès financiers. Nous avons besoin d'un système qui montre à notre peuple comment passer de la co-dépendance à l'autonomie, et de politiques qui encouragent la croissance grâce à des écosystèmes ayant un effet neutre, si ce n'est bénéfique, sur l'environnement. Nous n'avons pas besoin de politiques environnementales sur le réchauffement de la planète, car nous les voulons réalistes et basiques. Si notre peuple accepte de consommer moins et de vivre plus simplement — avec moins d'ego et plus d'esprit — et si nous pouvons instaurer une relation saine entre l'intellect et l'esprit, nous serons en mesure de créer des systèmes autonomes et renouvelables dont la durée de vie sera illimitée. Je ne pense pas qu'il nous faille attendre d'avoir atteint l'effondrement pour amorcer ce changement. Il n'y a pas de crise, du moins il n'y en a pas que nous ne pouvons résorber.

Nous devons apprendre à regarder le grand mensonge en face et à montrer au système actuel qu'il n'est en réalité qu'un vaste simulacre. Lorsque ceux qui nous dirigent comprendront que nous ne voulons plus accepter l'hypocrisie et les mensonges de l'ego et que nous exigeons la vérité, celle-ci ne fera plus peur au peuple, qui mettra un terme au processus de déni et entamera celui, bien plus agréable, de la guérison. Il n'y a rien de plus stimulant que de se retrousser les manches pour régler un problème, au lieu de choisir d'en être les victimes.

Peut-être n'avez-vous pas envie de vous élever et de protester — c'est fonction de chacun — mais vous pouvez quand même parler dès aujourd'hui à une personne du pouvoir de l'âme collective planétaire ou de l'esprit populaire de votre peuple, et lui dévoiler la vérité, en lui suggérant de modifier son état d'esprit comme vous l'avez fait. Et si vous ne pouvez pas conscientiser une personne chaque jour, une par semaine fera l'affaire. Ou même une par an ou par mois. En bout de ligne, ce qui compte c'est que l'esprit en sorte vainqueur. Et vous et moi, ainsi que toutes les relations que nous avons sur la planète, nous devrons, en dépit de nos imperfections, de notre manque de confiance et de nos faiblesses, affronter le système pour lui parler du rêve, de la Mère sacrée, et de l'Esprit qui règne en toute chose, et lui révéler la vérité, en affirmant courageusement, au nom de l'Esprit, et du fond de notre cœur : « Nous voulons récupérer notre peuple — chaque homme, chaque femme, chaque enfant. Nous le voulons, et nous le voulons maintenant ! »

395

Disparaître de l'autre côté du miroir

ANNEXE

E VOUS CONSEILLERAI POUR COMMENCER D'EFFECTUER l'exercice suivant avant chaque séance de méditation : entraînez-vous à imaginer que vous vous retournez dans votre corps et que vous en sortez par l'arrière, pour atteindre un point de la pièce qui se trouve derrière ce corps physique. Vous serez plus détendu après.

Lorsque vous sentez que vous êtes prêt à faire une incursion « de l'autre côté du miroir », mettez-vous face à un miroir d'une bonne grandeur, par exemple celui de votre salle de bain, et prenez le temps de vous observer, en vous assurant de noter mentalement ce que vous voyez. Vous devez apprendre à bien connaître la personne qui est en face de vous. Trouvez ensuite une pièce agréable où vous pourrez vous allonger confortablement, la tête vers le nord et les pieds vers le sud, sans risquer d'être dérangé. Ralentissez votre vitesse cérébrale, en vous rapprochant le plus possible de l'état de transe, mais sans vous endormir.

Souvenez-vous maintenant de l'image que vous avez vue dans le miroir. Retournez mentalement dans la salle de bain et observez dans le miroir l'image que vous avez gardée en mémoire. Restez ainsi pendant un moment, et imaginez que vous traversez le miroir en effectuant une rotation, afin de devenir l'image du miroir et d'être tourné vers la salle de bain.

La première chose que vous remarquerez est que, ce que vous considérez comme votre vrai moi — c'est-à-dire la personne qui est dans la salle de bain et se regarde dans le miroir — n'est plus là. *La salle de bain sera vide.* Les choses vont maintenant pouvoir devenir intéressantes. Vous êtes donc dans l'image miroir, tourné vers la salle de bain, et vous commencez à reculer, de façon à vous éloigner du miroir. Imaginez que vous faites ces quelques pas en arrière avec vigueur et dynamisme. Votre intention est de vous distancier de l'arrière du miroir qui est accroché au mur de la salle de bain, et qui fait partie du monde tridimensionnel. En reculant ainsi vous tentez d'établir un écart.

400

Après avoir fait cinq ou six pas vers l'arrière, faites un demi-tour très rapide. Au lieu de faire face à la salle de bain et au monde tridimensionnel, vous vous trouvez maintenant dos au miroir. Continuez à vous éloigner avec vigueur du monde tridimensionnel. À cette étape, si vous avez correctement effectué votre rotation, et si votre état de transe est suffisamment profond pour que vous ne soyez pas distrait par votre corps physique ou votre environnement, vous perdrez le contact avec votre personnalité, au moment de la rotation ou juste après. Vous aurez momentanément disparu.

Vous venez de pénétrer dans une sorte de fissure située entre deux mondes, au-delà de la rotation et de la perception de votre personnalité tridimensionnelle normale.

En reculant rapidement, vous vous étirez momentanément. L'écart que vous établissez est la distance qui sépare votre personnalité, située dans votre corps en transe, et celle qui s'est détachée pour se retrouver temporairement dans la « personne miroir » intérieure qui s'éloigne au-delà de la rotation. Avoir la sensation que l'on perd de vue sa propre personnalité est plutôt effrayant, mais il s'agit d'une expérience mystique qui vous prépare à d'autres événements. Je pense qu'elle vous permet de solidifier votre voyage intérieur et de vous ouvrir à un autre monde. Si, après avoir terminé votre rotation, vous savez encore où vous êtes, c'est habituellement parce que votre transe n'est pas assez profonde. Il est également possible que votre état de transe soit approprié, mais que le problème réside plutôt dans votre rotation. Dans de telles éventualités, faites l'exercice suivant : retournez-vous pour faire de nouveau face au miroir, avancez de quelques pas, vers le monde tridimensionnel, puis faites un demi-tour vigoureux avant de vous éloigner d'un pas rapide comme vous l'avez fait précédemment. Il arrive que la peur prenne le dessus et vous empêche d'effectuer correctement votre rotation. En effet, votre personnalité tridimensionnelle essaie de vous empêcher de pénétrer dans un monde auquel elle n'a pas accès. Elle ne peut pas supporter l'idée que vous puissiez la laisser tomber, même pour un court instant.

401

Si tout se passe bien la première fois, ce qui devrait être le cas, vous devriez être en mesure de réintégrer cet état chaque fois que vous effectuerez cet exercice, qui est relativement simple. Vous saurez que vous y êtes parce que votre personnalité aura temporairement été balayée et que vous serez incapable de la retrouver immédiatement.

À cette étape, votre moi intérieur, qui a procédé à la rotation, ne voit toujours pas. Vous pouvez ressentir, mais vous êtes aveugle. Les sensations que vous éprouverez seront assez légères, mais elles vous permettront de comprendre que vous vous trouvez quelque part, même si vous ne savez pas encore où. Elles vous permettront de trouver un certain équilibre. Si vous le pouvez, résistez à la tentation de partir en quête de votre personnalité. Dans ce lieu situé entre deux mondes se dissimule un secret merveilleux. Si vous pouvez contrôler votre peur et vous laisser aller confortablement à ce nouvel état, vous découvrirez ce secret et libèrerez une énergie à laquelle les êtres humains n'ont habituellement pas accès — elle n'a d'ailleurs pas été utilisée sur une base régulière depuis plus de mille ans.

Passer d'un monde à un autre, ne serait-ce qu'un court instant, est une expérience transcendante qui vous émerveillera. C'est à travers ce processus que pourra exister l'état de particule interne. La rotation, lorsqu'elle est effectuée comme je le préconise, vous place sur une trajectoire qui se dirige vers le monde intérieur et vous permet donc de vous y établir. Celui-ci constitue votre point d'ancrage et vous fera découvrir des merveilles qui dépassent vos rêves les plus fous.

402

Quoi qu'il en soit, le simple fait de vous lancer dans cet exercice et d'accepter de vous « perdre » dans le processus de rotation révèle que vous n'avez pas peur de vous lancer dans l'inconnu, lorsqu'il est question d'accroître vos connaissances et d'avancer dans votre quête.

Revenons à votre corps physique, qui est en état de transe, et pour lequel il se passe également des choses intéressantes. Une personne extérieure qui se trouverait à proximité de votre corps ne vous verrait pas. Bien sûr, votre corps se trouve toujours dans le monde physique, mais le fait est que vous n'êtes pas visible, parce que nous sommes habitués à voir les gens habités de leur personnalité. C'est vrai également pendant la période de sommeil, où notre personnalité s'exprime par le biais de nos rêves. Comme c'est le cas lorsque nous sommes éveillés, cette expression de nous-mêmes irradie par le biais de notre énergie éthérique, ce qui nous permet d'être perçus par les autres. Cependant, quand notre personnalité est absente, notre énergie éthérique est immobile. Ainsi, une personne qui entre dans la pièce où se trouve votre corps en transe peut regarder dans votre direction, mais elle ne vous verra pas. La pièce lui semblera vide. Cette illusion d'absence ne s'applique pas si la personne est avec vous depuis le début de la transe, car le fait qu'elle vous ait vu alors que votre personnalité était encore active lui permet de savoir que vous êtes là. Elle est donc en mesure de vous voir si elle regarde votre corps.

On atteint donc l'état « entre-deux » après avoir effectué la rotation entre notre monde tridimensionnel et le canal de proximité de la mort. Normalement, lorsque vous méditez, votre moi interne se trouve dans cet état. La différence est que votre autre moi n'est pas perdu, et que vous savez donc où vous êtes et ce que vous faites.

403

Si vous êtes gêné par le fait que vous ne savez pas où vous êtes (ou, pire, que vous ne savez pas si vous existez), et que vous voulez revenir à votre état de départ, concentrez-vous sur l'endroit où se trouve votre main droite dans vos souvenirs, et souhaitez fermement la faire bouger. En ce faisant, votre conscience extérieure — qui se trouve dans votre corps physique en état de transe — se réveillera doucement, et vous reprendrez contact avec vous-même.

Il n'y a aucun moyen de savoir combien d'humains ont pénétré dans ce monde *entre-deux*. Quoi qu'il en soit, lorsque les gens réalisent qu'ils peuvent y faire des va-et-vient, leur expérience dans le domaine se propage progressivement vers les autres, puisque nous sommes tous reliés entre nous. Les limites des possibilités humaines se redéfiniront, et le rêve qui en découle changera avec elles. Notre peuple commencera à rêver de ce qui lui était jusque-là inconnu. Nous en bénéficierons tous, et nous aurons accès à une nouvelle évolution supérieure qui se concrétisera progressivement, car les sentiments de nos frères et de nos sœurs deviendront réalité.

Imaginez qu'un ange vienne à vous et vous dise : « Fais en silence un rêve dont l'humanité aura besoin en l'an 2500 après Jésus-Christ. » Votre réaction première sera probablement :

« Pourquoi moi ? Je n'ai pas les compétences requises, je n'ai pas l'habitude de rêver de cette façon. » Maintenant, multipliez votre réaction par six milliards de personnes, qui ne voient pas plus loin qu'aujourd'hui et demain, et vous comprendrez pourquoi l'humanité ne dispose pas d'un état futur solide.

Lorsque vous êtes dans ce monde *entre-deux* et que vous regardez autour de vous et ressentez les sensations qui accompagnent cette expérience, vous pouvez comprendre sans difficulté ce dont l'humanité aura besoin lorsque l'ego se sera autodétruit. Et vous êtes en mesure de créer le rêve en question. Il ne fait aucun doute que les êtres humains, lorsqu'ils atteindront l'année 2500, auront changé et devront modifier le rêve en conséquence, mais d'ici là, il est important de poser les fondations et de concevoir un nouvel état de valeur spirituelle, en lui donnant naissance de la même façon que nos ancêtres ont fait naître notre monde actuel.

Alors ce pourrait bien être vous et moi, accompagnés de quelques dizaines de milliers d'autres personnes, qui nous mettrons au travail. Quelqu'un devra le faire, et nous sommes tous aussi peu qualifiés les uns que les autres pour ce genre de tâche. Il se trouve qu'aucune personne compétente n'est disponible, alors c'est à nous que reviendra cette responsabilité. Mais peut-être sommes-nous plus qualifiés que ce que nous le pensons. Nous n'avons pas besoin de dons particuliers pour rêver en grand. Il nous suffit d'être audacieux, courageux, et de ne pas nous limiter dans notre approche. Lançons-nous ! Après tout, on a rien de plus intéressant à faire jeudi prochain...

Merci pour votre attention.

Bien le bonsoir de Skippy le kangourou !

À propos de Stuart Wilde

L'auteur et conférencier Stuart Wilde est de ceux qui apportent une réelle contribution au domaine de la croissance personnelle et au mouvement du potentiel humain. Il manie aussi bien l'art de l'humour que celui de la controverse, et son écriture passionnante a le pouvoir de transformer. Il a onze livres à son actif, y compris la série très populaire du Taos Quintet, considérée comme un classique du genre, et qui contient les titres *Affirmations*, *The Force*, *Miracles*, *The Quickening*, et *The Trick to Money Is Having Some*. Ses livres ont été traduits dans une dizaine de langues.

Site internet : **stuartwilde.com**

Pour obtenir une copie de notre catalogue :

Éditions AdA Inc.
1385, boul. Lionel-Boulet, Varennes, Québec, J3X 1P7
Télécopieur : (450) 929-0220
info@ada-inc.com
www.ada-inc.com

Pour l'Europe :

France : D.G. Diffusion Tél.: 05.61.00.09.99
Belgique : D.G. Diffusion Tél.: 05.61.00.09.99
Suisse : Transat Tél.: 23.42.77.40

www.AdA-inc.com
info@AdA-inc.com